비대면
선거의
제왕

THE LORD OF
THE UNTACT CAMPAIGN

비대면 선거의 제왕

윤재우 지음

목차

추천사

추천사

지난 몇 년간 스마트폰과 결합된 인터넷 및 SNS의 발전으로 인해 비대면 플랫폼을 통한 정치참여가 빠른 속도로 확대되고 있다. 이러한 비대면 플랫폼을 통한 정치참여는 그동안 오랫동안 유지되어 왔던 공급자 중심의 수동형 정치지형에 일대 지각변동을 가져오고 있다.

비대면 플랫폼은 참여자인 내가 중심이 되고, 내가 주도하는 공간이다. 내가 만들어가고, 내 스스로가 참여하는, 능동적 자발적 수평적 관계가 그 본질이다. 민주주의 발전의 새로운 모형을 제시하며 대의민주정치의 한계를 보완하는 도구로 평가받기도 한다.

유권자들의 정치참여가 오프라인 공간에서 비대면 플랫폼으로 변화함에 따라 '정치의 꽃'이라 할 수 있는 선거운동 역시 비대면 플랫폼 중심의 선거운동 방식으로 빠르게 변화하고 있다. 유세차와 대중연설로 대표되던 오프라인 선거운동 방식이 온라인 비대면 플랫폼을 활용한 선거운동으로 진화하고 있는 것이다.

그러나 선거운동 환경이 급변하고 있는 것과는 대조적으로 아직까지 후보자들이 비대면 플랫폼을 어떻게 활용해야 하는가에 구체적인 방법을 제시하고 있는 경우는 많지 않다. 현재 비대면 선거의 큰 싸움터는 네이버, 다음, 구글, 유튜브, 인스타그램, 페이스북, 트위터 등과 같은 인터넷 플랫폼 들이다. 각각 다른 특성을 지닌 플랫폼을 정확히 이해해야 하며, 이들이 하나둘 모여서 만들어내는 비대면 방식의 조화 역시 잘 고려해야 한다.

이처럼 정치활동의 공간이 빠르게 변화하고 대중들의 정치참여도 온라인 플랫폼을 통해 이루어지고 있지만 비대면 정치와 선거의 전문안내서가 없다는 아쉬움에 갈증을 느껴오던 차에, 비대면 플랫폼을 중심으로 정치와 선거를 해석하는 반가운 책이 출간되었다.

저자 윤재우 대표는 지난 10년 동안 한국뉴미디어협회 수석대표, 정당 대표비서실 뉴미디어담당 부실장, 종교단체 SNS 대변인 등을 비롯한 다양한 분야에서 비대면 뉴미디어 책임자로 활동하면서 정치와 선거에 깊은 이해를 갖추고 있다. 특히 오프라인 선거의 한계를 뛰어 넘을 비대면 플랫폼 중심의 선거에 대해 깊게 고민해 왔으며 온-오프 일체화에 특별한 노하우와 남다른 경험을 쌓아 왔다.

이 책은 국민의 눈높이에서, 국민이 바라보는 시각에서 정치와 선거를 해석하고 비대면 언택트 관점에서 깊이 있게 조명하고 있다. 단순히 이론적 전략지침에 그치는 것이 아니라 현장에서 바로 써먹을 수 있는, 실제 싸움에 활용하는 실전 교범이다. 선거를 승리로 이끄는 남다른 싸움의 기술, 바로 야전교범Field Manual 이라고 할 수 있다.

100개 중점 분야에 대한 스토리텔링 위주의 설명과 정립된 비대면 체계에서 실전에 즉시 활용하는 실천적 기술은 비대면 정치선거운동에서 뉴미디어 전문가의 길을 제시한다.

후보들 모두는 자신에게 더 적합하고 더 잘 싸우는 싸움의 기술이 필요하다. 그것은 묘수일수도 있고 비법일 수도 있다. 부디 이 책이 비대면 선거의 정치문화를 발전시키는 창의적 융합전략의 실전적 경험을 함께 나누는 기회를 제공해 줄 수 있기를 기대한다.

선거는 국민 모두가 흥거워하는 민주주의 축제의 장이다. 공정한 룰과 공정한 과정으로 이루어지는 공정한 게임이어야 한다. 비대면 플랫폼을 통한 국민들의 능동적 정치참여 확대가 대한민국의 민주주의를 한 단계 더 발전시키는 원동력이 되기를 희망한다.

2021년 05월 06일

제주도지사 원희룡

New 페르소나, '국민이 정치와 선거의 주체'

비대면 플랫폼은 민주주의 발전의 공론장이다. 대의민주정치의 한계를 직접민주주의 확대로 보완하는 도구이다. 지금의 시대정신은 '국민이 주체'이다. 국민은 정치와 선거의 주체로서의 페르소나이다. 자신의 의견을 표현하고 공동체에 참여한다. 선출직 정치인을 결정하는 의사결정의 주체이다. 적극적으로 소통 참여하며 함께 결정하는 주체인 것이다. 국민을 선거의 대상으로보는 관점은 구시대적인 시각이다. 더 이상 국민은 정치의 객체로서의 페르소나가 아니다. 국민이 정치와 선거의 주체임을 인식하는 것이 비대면 선거의 출발점이 되어야 한다.

비대면 언택트는 프리즘^{Prism}이다

인공지능과 빅데이터도 코로나를 예측하지 못했다. 상상할수 없는 전 세계적인 재난이 닥쳐왔다. 당연히 예측해 줄 것이라 기대한 우리 인간이 어리석었던 것이다. 첨단과학 자료를 분석하고 판단하고 예측하는 인간의 통찰력이 더 중요한 것임을 깨닫는 시간이었다. 비대면 언택트는 프리즘Prism이다. 백색광인 햇빛이 프리즘을 통과하면 7가지 무지개색이 생긴다. 같은 검색어로 검색하였지만 국민들의 관심은 무지개색처럼 적극적 관심에서부터 적극적 반대까지 아주 다양하다. 한번 더 거꾸로 프리즘을 통과하면 백색광인 햇빛이 다시 만들어진다. 다양한 관심과 의견이 다시 하나의 여론으로 만들어진다. 3쿠션 당구 고수는 공을 치기전 당구각을 계산한다. 되튀어 나오는 당구각을 잘 계산하여 목표공을 맞춘다. 비대면 전문가는 포스팅 전

플랫폼의 반응을 고려한다. 프리즘 통과후 나타날 반응을 잘 예측하여 국민들의 마음을 움직인다. 비대면 플랫폼을 통한 정치참여가 일상화 되었지만, 아쉽게도 지금까지 비대면 정치와 선거의 올바른 길을 제시하고 세분화된 국민의 니즈를 담는 방법을 제시하는 전문안내서가 없었다. 사회의 다양성을 담을 수 있는 기본적 모델을 정립하고자 한다. 이 모델을 바탕으로 시대적 트렌드에 발맞추어 국민들과 함께 호흡하는 비대면 선거가 되고자 한다.

절대반지, '온오프 일체화' O2O O4O OMO

비대면 선거의 절대반지OneRing는 온오프 일체화이다. 오프라인 조직과 온라인 뉴미디어를 일체화 시스템화 시킨다. 일정한 컨트롤 타워 아래 강한 결집력을 갖추어 실시간으로 상황변화에 대처한다. 느슨한 커뮤니티 단계를 거쳐 조직화된 네트워크로 나아간다. 많은 시간과 인내와 노력을 필요로 한다. 객관적 다수 즉 집단지성의 토대가 구축되면 비대면 언택트 선거는 순풍에 돛을 달게 된다. 국민들의 일상에서 온오프 경계가 희미해져 가고있다. 전통적 온오프 구조는 무너지고 해체되고 재구축되고 있다. 국민들의 일상에 맞추는 생활맞춤형 정치가 되어야 한다. O2O Online to Offline O4O Online for Offline OMO Online Merge with Offline는 이제 선택이 아니라 필수이다.

남다른 싸움의 기술, 마이크로타겟팅 핀셋공격 핀셋방어

선거는 인간의 마음을 얻는 민주적 게임이다. 심리학과 인지과학을 이해하는 것도 필요하다. 선거는 100미터 달리기처럼 기록경기가 아니다. 상대보다 1표라도 더 얻으면 이기는 상대적 게임이다. 1등이 되는 싸움의 기술은 먼저 잘 때리는 것이다. 상대의 기대와 예상을 뒤엎어서 전혀 예측하지 못한 비장의 카드로 단번에 승패를 뒤집는 싸움의 기술, 즉 공격의 기술이 남달라야 한다. 공격이 최선의 방어인 것이다.

1등이 되는 또 하나 싸움의 기술은 잘 피하는 것이다. 상대의 심리와 전력을 파악하고 다가올 상대의 공격을 예측하여 철저히 이를 대비하는 싸움의 기술, 즉 방어의 기술이 남달라야 한다. 고스톱 게임의 기본은 상대방 패를 잘 읽고 대처하는 것이다. 이러한 공격과 방어를 잘하는 싸움의 기술은 마이크로 타겟팅 즉 "핀셋pincette"이다.

핀셋공격 핀셋방어 핀셋영입 핀셋지원 핀셋복지 핀셋마케팅 핀셋인사 핀셋교체 핀셋조정 핀셋경영 핀셋대책 핀셋방역 핀셋봉쇄 핀셋해결 핀셋제거 핀셋제재 핀셋수사 핀셋단속 핀셋징계 핀셋규제 핀셋적발... 원하는 곳만 정확하게 찍어 공격과 방어를 하는 핀셋이 대세이다.

공정한 비대면 정치문화 발전에 기여하고자 한다

민주주의의 기본이 바로 서야 올바른 나라가 된다. 공정한 절차에 따라 치열하게 싸우지만 공정한 결과에 대한 공정한 승복이 민주주의를 발전시키는 기본적인 원동력이다. 편법을 넘어 불법이 난무하는 비대면 마케팅 현실은 정상적인 노력으로 정상적인 결과물을 만들어내는 제대로 된 전문가가 설 자리를 좁히고 있다. 드루킹사건은 우리 정치문화의 한 단면이다. 정치주체인 국민의 의지와 여론을 왜곡하는 행위를 근절하여 국민에게 신뢰받는 올바른 가치와 철학을 지닌 정치인들이 성공하는 공정한 비대면 언택트 정치문화 발전에 기여하고자 한다.

이 책은 전체적 맥락의 창의적 통찰력 전략(1장에 상세내용)
속도 파급력의 온오프 일체화 전략(2장에 상세내용)
관심 확장력의 콘텐츠 경쟁력 전략(3장에 상세내용)
예측 정확성의 데이터 과학화 전략(4장에 상세내용)으로 구성하였다.

24시간 잠들지 않는 비대면 언택트의 쉽지 않은 길을 오랜 시간 함께 걸어왔으며 앞으로도 함께 걸어갈 뉴미디어미래연구원과 한국뉴미디어협회 회원들에게 고개숙여 가슴에서 우러나오는 깊은 감사의 말을 전한다. 향후 한국뉴미디어협회를 중심으로 인력양성 시스템을 개설하여 이론과 실전의 균형적 감각을 갖춘 비대면 정치선거분야의 전문가들을 배출하고자 한다. 특히 지면관계상 세밀하게 기술하지 못한 실패로부터 배우는 승리를 위한 교훈을 공유하고자 한다. 미래는 준비하는 사람의 것이다. 더 멀리, 더 오랫동안, 더 갈망하는 열정을 가지며 나아갈 때 승리의 여신은 미소를 짓는다.

<내용 관련 문의/연락 yunjaeu@naver.com>

PART 01

타겟팅과 지지가 다른
창의적 통찰력 전략

001 프레임

"우리는 전투^{battle}에서 몇 번 진 적이 있지만,
전쟁^{war}에서 단 한 번도 진 적이 없다..."
베트남의 독립영웅이자 전쟁영웅인 '붉은 나폴레옹'
보응우옌잡$^{Vo\ Nguyên\ Giap}$이 한 말을 새겨보아야 한다.
프레임^{Frame}이 달라야 선거라는 전쟁을 이긴다.

베트남전쟁^{war}에서 미국은 케산전투 후에전투 등 수없이 많은 전투^{battle}에서 승리하였지만 자존심에 상처를 입고 결국 북베트남에게 패배하였다. 사람들은 케산전투 후에전투에서 누가 이겼는지 모른다. 단지 북베트남이 베트남전쟁을 이긴 것만 기억한다. 마지막에 웃는 자가 승자인 것이다.

'뜨거운 감자' 전선

전쟁을 이기는 방법은 힘의 전체적 통제권 즉 프레임을 쥐는 것이다. 언론 이슈이든 실시간 검색이든 먼저 '뜨거운 감자'가 되어야 한다. 국민들이 자주 찾는 모든 플랫폼에서 논란이 되도록 한다. 큰 판을 뒤집을 수 있는 싸움의 전선이 형성되어야 프레임이 될 수 있다. 노이즈마케팅$^{Noise\ Marketing}$은

권장할만한 방안은 아니다. 단기적으로 관심끌기에 성공하는 효과는 있다. 그러나 국민의 선택이 결정적 요소인 선거에서는 부정적 이미지가 누적되면서 부정층이 늘어나고, 나아가 중도층의 지지율에 부정적으로 작용하게 된다. 돌출적 행동으로 네이버 검색에서만 1일 10만건이라는 엄청난 양을 포털에서 불러일으킨 후보자가 있었다. 1차적으로는 성공이었다. 그러나 검색은 긍정적이든 부정적이든 중립적이든 관심을 표현하는 것이지 지지가 아니다. 부정적 이미지로 여론조사 지지율이 낮아 결국 국민들로부터 선택받지 못했다. 현재 관심과 향후 지지를 함께 고려하여야 한다.

1장 타겟팅과 지지가 다른 창의적 통찰력 전략

가치적 이슈 선점

가치적 이슈를 먼저 선점하여야 한다. 지난 4.15총선은 '국난극복' 프레임과 '폭주견제' 프레임의 대결이었다. 코로나 불안 속에 국민들은 '국난극복'에 더 많은 지지를 보냈다. '공정경제를 하자'는데 국민들이 반대할 이유가 없다. 우선 이름이 가져다주는 '공정'이라는 이미지가 의사결정에 큰 영향을 미친다. 세세한 내용과 문제점을 국민들이 알기도 쉽지 않고, 반대하는 측에서 공정하지 않다고 입증하는 것은 더더욱 어렵다.

프레임 전환

상대방이 만든 기존 프레임에 대해서는 적절한 타이밍에 프레임 전환을 해야한다. 그대로 끌려가서는 안된다. 친일논쟁 프레임에 대해 친일하지 않았다고 친일여부를 다투면 그 싸움은 진 것이나 다름없다. 친일프레임에 이미 끌려들어가 있기 때문이다. '친일여부'가 아닌 '플러스 알파(+α)' 예를들어 '애국행위' 같은 논쟁하는 메시지를 던져야 프레임 전환이 가능하다. 전환하고자 하는 이슈 또한 먼저 '뜨거운 감자'가 되어야함은 물론이다. 정권교체 정권심판 정권창출 국난극복 공정 정의 적폐청산 개혁 반개혁 친일 친북 색깔론 성추행 미투 등 관심사가 큰 것들이 프레임이다. 지역경제활성화 가덕도신공항 등도 지역선거의 프레임이다.

미디어 트렌드 변화

전통 미디어인 언론이 먼저 이슈를 설정하고 이 이슈가 대중에게 영향력을 미치던 시대는 지나가고 있다. 오히려 정반대로 대중의 관심이 급증하는 키워드나 검색어가 인터넷 플랫폼에서 먼저 이슈가 되고, 이 검색어를 위주로 한 언론의 기사들이 뒤이어 쓰여지는 움직임이 많이 나타나고 있다. 비대면 언택트의 흐름을 정확히 꿰뚫어야 한다. 관심있는 주제이어야 국민들은 클릭한다. 언론은 국민의 관심을 기사화 한다. 관심에 비례하여 언론기사도 그만큼 많아진다. 플랫폼 인공지능 배열과 추천 알고리즘에 의해 국민들에게 자주 노출된다. 이것이 자연스럽게 후보자의 인지도와 여론조사의 지지율이 높아지는 것으로 이어지며, 그 결과 승리의 가능성이 높아진다. 어떠한 가치를 선점하는가에 따라 국민의 선택이 달라지고 선거의 승패가 달라진다. 시야를 넓혀 더 큰 목표에 집중하고 초점을 맞추어야 한다.

[나만의 창의적 융합]

〈온오프 일체화〉〈콘텐츠 경쟁력〉〈데이터 과학화〉 각 항목을 응용하여 프레임이 남다르게 하는 나만의 실행방안은?

002　페르소나

그리스에는 민주주의 요람 아고라^{Agora} 광장이 있다.
대한민국에는 촛불집회 상징 광화문 광장이 있다.
광장은 휴식처로, 축제공간으로, 정치적 의사표현공간으로,
활동에 따라 정체성을 달리하는 대면 컨택트 공간이다.
인터넷 플랫폼은 비대면 언택트 광장이자 공간이다.

아고라는 다수결원칙 아래 직접 권한을 행사하며 정치적 의사결정을 하는 직접민주주의가 생겨난 민주정치의 현장이다. 아쉽게도 고대에는 시민권을 가진 남자들만이 주체로서의 페르소나였다. 분석심리학자 칼 융Carl Jung은 세상을 마주할 때 마음을 나타내는 얼굴이라는 뜻으로 페르소나 이론을 발전시켰다. 인간은 천 개의 페르소나Persona를 지니고 있어서 상황에 따라 적절한 페르소나를 쓰고 관계를 이루어 간다고 주장했다. 고대 그리스의 무대극에서 사용한 '가면'에서 유래한 페르소나는 이성과 의지를 가지고 자유로이 책임을 지며 행동하는 주체를 말한다.

국민이 주체

페르소나가 달라야 선거를 이길 수 있다. 지금의 시대정신은 '국민이 주체'이다. 국민은 정치와 선거의 주체로서의 페르소나이다. 인터넷 플랫폼의 발전은 국민을 정치의 주체로 확고하게 자리잡게 하였다. 국민은 선출적 정치인을 결정하는 의사결정의 주체이다. 자신의 의견을 표현하고 공동체에 참여한다. 적극적으로 소통에 참여하며 함께 정치적 결정을 한다. 국민을 선거의 대상으로보는 관점은 구시대적인 시각이다. 더 이상 국민은 정치의 객체로서의 페르소나가 아니다. 통치의 대상으로서의 페르소나가 아니다.

민주주의 광장

광장은 사람이 모이는 곳이다. 민주주의 역사에서 대면 컨택트 공간인 광장에서 국민들의 정치적 의사표현이 활발히 있었다. 비대면 언택트 공간에서는 인터넷 플랫폼이 그 역할을 하고 있다. 비대면 플랫폼은 살아있는 민심이 표현되는 곳이며 민주주의 발전의 공론장이자 광장이다. 대의민주정치의 한계를 직접민주주의 확대로 보완하는 공간이다. 빅데이터 전문가들은 이곳을 통해 표현된 국민들의 의견을 정교하고 입체적으로 분석하여 인사이트를 찾아 이를 선거에 활용한다.

수평적 관계

비대면 언택트는 참여자인 내가 중심이 되고, 내가 주도하고, 내가 만들어가고, 내 스스로가 참여하는 능동적 자발적 수평적 관계의 특성이 강하다. 따라서 비대면 플랫폼에서 정치적 의사표현을 하는 공간인 광장을 만들어 놓는다고 해서 모두 생명력 있는 공간이 되는 것은 아니다. 국민이 능동적으로 자발적으로 참여하도록 하고, 수평적 관계로 역할을 할 수 있도록 만들어야 생명력 있는 공간이 된다. 그렇게 해야 살아있는 민심을 실시간으로 들을 수 있음은 물론 국민과 자연스럽게 소통하는 공간으로 자리매김할 수 있다.

New 페르소나

민주주의 완성은 선거에서의 승리를 통해 이루어진다. 정치와 선거의 주체로서의 페르소나가 국민인 이유이다. 광장은 민주주의를 보완하는 곳이지 완성하는 곳은 아니다. 촛불집회를 통해 우리 사회가 변화되어지고 촛불집회의 상징인 광화문 광장이 민주주의를 보완하였지만 완성한 것은 아니었다. 광장의 민심이 선거에서의 투표로 옮겨올 때 그때 비로소 민주주의는 완성되는 것이다. 정치와 선거에서 후보자는 국민을 진정한 인격체로서 인간으로서의 다양한 삶의 모습을 보아야 한다. 선거의 대상인 유권자로서 국민을 보는 관점을 넘어서야 한다. 관점이 다르면 접근방법이 다르고 보여지는 세상 또한 다르다. 흘러간 물로 물레방아를 돌릴 수 없다. 비대면 뉴미디어의 발전으로 유튜브 인스타그램 페이스북 블로그 트위터가 이제는 더 이상 'New'한 미디어가 아닌 그냥 미디어 이듯이, 민주주의 발전으로 국민이 주체인 페르소나는 머지않아 'New'한 페르소나가 아니라 당연한 페르소나가 될 것임을 믿어 의심치 않는다.

[나만의 창의적 융합]

〈온오프 일체화〉〈콘텐츠 경쟁력〉〈데이터 과학화〉 각 항목을 응용하여 페르소나가 남다르게 하는 나만의 실행방안은?

003 　　　　　　　　　　　　필터 버블

보고 싶은 것만 보고, 듣고 싶은 것만 듣고, 믿고 싶은 것만
믿는다. '확증편향Confirmation Bias'은 인간의 아집·오류·편견이다.
영국 심리학자 피터 웨이슨Peter Wason은 실험을 통해
실체적 진실fact과 경험적 지각perception의 괴리를 확인하였다.

인터넷에서 내가 검색한 키워드가 자꾸 따라다니고 내가 좋아하는 주제와 연
관된 콘텐츠가 자주 화면에 뜨는 것을 느낄 수 있다. 예를 들어 내가 여행을
좋아해 검색하면 주로 여행과 연관된 기사나 광고, 동영상이 추천되어 보인다.
필터 버블Filter Bubble은 사용자 성향에 맞추어 필터링된 정보만을 제공하여 비
슷한 성향 사용자들을 하나의 버블 안에 가두는 현상이다. 인터넷 플랫폼들은
개별 사용자 취향, 성향, 관점, 기호 등을 파악해 사용자에게 맞춤형 정보만을
제공하는 개별화 전략을 사용하고 있다. 이것이 필터 버블을 생겨나게 한다.

즐기면서 적극 활용

　비대면 선거의 큰 싸움터는 네이버, 다음, 구글, 유튜브, 인스타그램, 페

이스북, 트위터 등과 같은 인터넷 플랫폼이다. 큰 싸움터의 특성을 잘 활용하여야 싸움에서 이기는 길을 찾을 수 있다. 운영자들은 사용자들이 사이트에 보다 오랜 시간을 머물면서 보다 많은 페이지를 보게 만든다. 필터 버블의 심각성을 우려하여 개선하기 위한 다양한 노력들이 이루어지고 있지만, 플랫폼의 기본전략을 사용자 개인이 바꿀 수는 없다. 개인은 단지 플랫폼을 이용할 뿐이다. 피할 수 없으면 즐겨야 한다. 생각을 바꾸어 적극적으로 활용하도록 한다. 필터 버블이 가진 특성을 역으로 활용하여 후보자에게 유리하도록 만들어 가는 것이다.

검색어 반복 입력

검색어를 반복 입력하면 인공지능과 추천 알고리즘이 이를 인식하고 사용자에게 새로운 필터 버블이 만들어진다. 네이버 검색창에 검색어를 직접 넣거나 공유한 링크주소를 눌러 네이버 검색이 되도록 한다. 모바일 네이버 하단의 화살표 모양을 눌러 공유 가능 뉴미디어 중 '카카오톡=>내게 보내기'를 선택하여 단축된 링크주소를 만든 후 이웃들에게 공유한다. 보다 많은 사람들이 참여하도록 하고, 1일 1회이상 검색하도록 한다. 유튜브나 다른 플랫폼도 마찬가지이다.

추천 알고리즘과 확증편향

국내 포털의 뉴스 편집 알고리즘은 비슷한 행동을 한 사용자를 그룹으로 묶어 그들이 많이 본 기사를 추천하는 '협력 필터링/협업 필터링 Collaborative Filtering' 방식이다. 사용자 개개인의 기사 소비 성향을 바탕으로 유사한 성향을 가진 사람들이 많이 본 기사를 추천하는 것이다. 여기에 인공지능을 보완하여 기사의 퀄리티를 판단하는 '품질모델'을 결합해 작동한다. 각 기사별로 점수를 부여하고 높은 점수의 기사가 사용자 화면에 뜨는 것이다. 사용자가 '읽고 싶은 뉴스'와 '보고 싶은 영상'만 소비하다보면 확증편향이 더 공고화 된다. 필터 버블이 사용자에게 확증편향을 더 심화시킨다는 지적이 끊이지 않는다.

이슈 그룹화

개별화 전략 하에 검색엔진에 적용된 인공지능AI과 추천 알고리즘은 사용자의 취향과 관점을 데이터로 분석한 후 선호도가 높은 기사나 영상을 지속적으로 추천한다. 자신의 생각과 비슷한 사람과 친해지고 자신의 생각과 다른 사람과는 불편하므로 멀어지고 싶어 한다. 비대면 플랫폼에서는 견해가 비슷한 사람과 친구맺기를 하고 다른 사람과 친구끊기를 하게 된다. 특히 첨예하게 대립하는 정치적 이슈에는 더더욱 이런 경향이 강하다. 정치적 이슈에 대해 자신의 생각과 비슷한 국민들을 그룹화하여 새로운 필터 버블을 만들어 가도록 한다. 이슈에 대한 클릭을 하게하여 추천 알고리즘이 기억하도록 하는 것이다. 지역적 현안을 공감하는 국민들과 이익집단에 대해서도 마찬가지이다. 점차 확대하여 자연스럽게 더 많은 필터 버블이 생성되도록 한다. 개개인으로는 검색어 반복 입력의 방법으로, 집단적으로는 이슈를 그룹화 하는 방안으로 필터 버블이 가진 특성을 적극적으로 활용하도록 한다.

[나만의 창의적 융합]

〈온오프 일체화〉 〈콘텐츠 경쟁력〉 〈데이터 과학화〉 각 항목을 응용하여 필터 버블이 남다르게 하는 나만의 실행방안은?

1장 타겟팅과 지지가 다른 창의적 통찰력 전략

004 노출효과

에펠탑^{Eiffel Tower}은 1889년 처음 건립되었을 때 혐오의
대상이었다.
고풍스러운 파리전경을 망치는 악마의 표시라고 하였다.
무선 중계소 역할이라는 명분으로 겨우 철거를 면하였다.
멀리서 매일 바라보면서 시민들은 어느새 정이 들었다.
파리의 상징이자 파리 시민의 자랑으로 자리매김하였다.

반복적 노출이 가지는 단순노출효과Mere-exposure Effect는 많이 연구되고 실
증된 이론으로 '에펠탑효과Eiffel Tower Effect'라고도 한다. 친숙성 원리로 자주
보면 정이 드는 것이다. 인지적으로 숙고하는 것이 아니다. 정서를 바탕으로
한 정서적 반응이다. 감정적으로 친숙하기에 더 신뢰하고, 왜 그 대상을 좋
아하는지에 대해 고민하지 않는다. 즉 단순히 노출되는 것만으로도 긍정적
태도가 형성되는 것이다.

단순노출 3일과 3개월

　비대면 언택트 현실을 국민의 관점에서 직시해야한다. 네이버에서 특
정 키워드를 검색하면, 첫페이지에서 보여지는 뉴스는 보통 3일 노출되지만

VIEW(블로그 카페)는 길게 3개월도 노출된다. 언론기사는 국민들에게 신뢰도가 더 강하지만 며칠 후 다른 기사에 밀려서 노출이 잘되지 않는다. 반면 블로그나 카페에 포스팅된 것은 길면 3개월동안 네이버 첫페이지에 노출되면서 후보자 이미지에 긍정적인 또는 부정적인 효과를 미친다. 상대를 공격할때나 본인을 방어할때나 모두 필요하다. 당연히 후보자 블로그가 중심이 되어야 한다. 최대효과를 위해서는 지원 협력 블로그도 최소 5개 이상 운영될 수 있도록 준비가 되어 있어야 한다. 노력 대비 효율성 측면에서는 필수사항이다. 우선 후보자 블로그부터 3개월 노출이 가능한 수준으로 꾸준히 키워나가도록 한다.

상위노출 마케팅

비대면 마케팅에서 판매를 극대화하려면 네이버, 쿠팡, 인스타그램, 유튜브 등 플랫폼에서 상위노출이 기본이다. 이용행태 분석 결과 사용자 90% 이상은 검색결과 3페이지 이내 콘텐츠만을 확인한다. 3페이지를 넘어서면 국민들은 아예 보려고 하지 않는다. 상위노출이 중요한 이유이다. 비대면 정치와 선거분야도 다르지 않다. 상위노출된 콘텐츠는 조회수가 다르고 후보자 이미지에 미치는 영향이 크다. 노출이 모든 것을 결정하는 시발점이다. 총성 없는 전쟁터이다.

'언론 아닌 언론' 포털

인터넷 포털은 직접 뉴스 생산을 하지 않아도 국민 대다수는 '언론'이라고 인식한다. '2020년 언론수용자 조사' 보고서에서 언론이라고 생각하는 비율은 65.1%로, 언론이 아니라는 의견 28.6%에 비해 2배 이상 높았다. 주요한 포인트는 '언론 아닌 언론' 네이버나 다음의 첫페이지에서 검색되어 노출되는 것에 국민들은 영향을 받는다는 점이다. 그것이 언론뉴스이든, 블로그와 카페에서 포스팅된 것이든, 영상이나 이미지에서 보여지는 것이든, 큰 차이를 두지않고 긍정적으로 또는 부정적으로 이미지를 형성하는 것에 크게 작용한다.

기사 블로그 포스팅

노출에 사활을 걸어야 한다. 1차적으로 국민들에게 노출이 잘 되도록 하는 것은 후보자의 몫이다. 노출이 잘 된 것을 보느냐 보지않느냐 하는 것은 국민의 몫이다. 국민들이 후보자를 검색하여 찾아오는 경우를 기대하기보다. 국민들에게 노출되어진 후보자의 콘텐츠를 클릭하도록 하는 것이다. 후보자의 인지도를 높이는 효율적 방법이다. 나아가 노출되는 콘텐츠가 국민들에게 신뢰감을 주어서 오래 기억되도록 하여야 한다. 신뢰감과 장기기억효과 측면에서는 언론기사가 개인적인 의견을 담은 포스팅보다 각인이 더 센 것은 확실하다. 이 부분에서 각각의 장점을 융합하여 응용하도록 한다. 언론기사 중 우호적이고 긍정적인 주요한 부분만을 블로그에 포스팅한다. 포스팅 제목에 언론기사임을 표시하여 내용을 읽지않고 제목만 보아도 신뢰감을 주도록 한다. 오랫동안 노출시키면서 신뢰감과 장기기억효과를 모두 만족시키도록 하는 것이다. 언론에 한번 노출된 것을 다시 뉴미디어로 재생산 노출시켜 콘텐츠의 생명력을 훨씬 더 길게하도록 한다.

[나만의 창의적 융합]

〈온오프 일체화〉 〈콘텐츠 경쟁력〉 〈데이터 과학화〉 각 항목을 응용하여 노출효과가 남다르게 하는 나만의 실행방안은?

005   **통찰력**

'누가 내 치즈를 옮겼을까Who Moved My Cheese?'는
스펜서 존슨Spencer Johnson이 쓴 짧은 우화이다.
전세계 수천만 명 독자들에게 삶의 통찰력을 일깨워 준다.
급변하는 세상속에 슬기롭게 대처하는 창조적 삶의 지혜는
'자신이 먼저 변화하여야 다른 것도 변한다'는 것이다.

엘리베이터에서 잠시나마 지겨워하는 고객을 위해 만들어낸 해결책은 거울이었다. 속도관점에서 더 빠른 엘리베이터로 접근한 것이 아니라, 거울을 보며 다른 곳에 신경을 쓰며 지루함을 해결하도록 한 것이다. 창의적 문제해결 통찰력을 가지기 위해서는 새로운 관점에서 접근하고 재해석하며 관점전환을 잘 하여야 한다. 또한 다른 영역에서 활용되던 것을 그 영역을 넘어 새롭게 적용하는 영역 전이성을 가져야 한다.

모바일 변화속도

국민들의 삶과 생활은 모바일 변화속도에 맞추어 급격히 변화하고 있다. 1983년 세계최초 상용 휴대전화 모토로라의 '다이나택DynaTAC'이 발명된 이

래 기술은 비약적으로 향상되었다. 전화기 기능을 넘어 카메라 사진 인터넷 시계 지도 네비게이션 캘린더 알람 계산기 메모장 연락처 뉴미디어 애플리케이션 메신저 음성메모 쇼핑 결제 등 별도로 관리하던 것들을 점차 하나씩 묶어서 통합했다. 그 기능도 업그레이드 되어가고 있다. 모바일은 국민들에게 필수품이 된지 오래이다. 비대면 언택트 선거는 모바일의 변화속도와 방향에 발맞추는 통찰력을 갖추어야 한다. 모바일의 변화가 국민들 삶의 변화이고, 국민들 삶에 맞추는 것이 비대면 선거의 통찰력인 것이다.

변화 창조적 적응

국내 최초 휴대전화는 1988년 삼성전자 'SH-100' 모델로 한 손으로 들수 없을 정도로 두껍고 무거워 '냉장고폰' '벽돌폰'이라고 불리기도 했다. 삼성전자는 이후 '애니콜'을 거쳐 2009년 '갤럭시'로 세계인들의 생활속 깊숙이 파고들어가고 있다. 국민들 일상의 사고는 갤럭시S21인데, 후보자 사고는 갤럭시 초기모델 2010년대 아니 그 이전 애니콜 모델 사고로 비대면 선거를 치르고 있는 것은 아닌지 냉철하게 판단하여야 한다.

스니프 스커리 헴 허

우리는 수많은 변화의 순간을 마주치며 살고 있다. '누가 내 치즈를 옮겼을까?'는 현대인들에게 변화에 적응하는 방법을 명쾌하고도 간단하게 알려준다. 변화의 의지를 갖고 새로운 것을 받아들이는 자세를 가진 자는 모험의 즐거움과 적응의 지혜를 배우게 된다. '스니프'와 '스커리'라는 두 마리 작은 생쥐의 모습이다. 변화에 적응하지 못하는 가장 큰 방해물은 자신의 사고속에 있다. 변화의 사실을 부정하고 불평만 하는 것이다. '헴'과 '허'라는 두 사람 꼬마 인간의 모습이다. '허'는 나중에 상황을 인식하고, '헴'과 달리, 또 다른 치즈를 찾아 미로 속으로 들어간다.

활용수준 체크리스트

국민들 대부분은 최신 모바일의 첨단기술 활용이 익숙하다. 안타깝게도 현재 비대면 정치와 선거는 국민들 수준에 미치지 못하고 있다. 정치가 뒤쳐

져 있다는 인식이 생겨나게하는 한 요인이다. 모든 것을 판단하고 결정할 때 모바일 변화속도와 방향이 맞는 것이면 긍정적이지만, 그렇지 않으면 부정적일 것이라는 기본적 통찰력을 우선 가지도록 한다. 세부적인 자기진단을 위해서는 업무진행 시 문제점과 상황파악을 용이하게 해주는 체크리스트를 활용한다. 모바일의 주요기능을 항목별로 정리한다. 정리된 항목의 활용정도를 5단계로 나누어 현재 적용하는 정도를 체크한다. 기존 콘텐츠는 물론 새로운 콘텐츠를 제작할 때에도 항상 체크하는 습관을 가져서 국민들 눈에 비대면 언택트의 기본적인 통찰력을 가진 인물로 비추어지는가를 항상 점검한다. 모바일의 발전에 발맞추어서 후보자의 비대면 언택트 활동이 발전되도록 하여야 한다.

[나만의 창의적 융합]

〈온오프 일체화〉〈콘텐츠 경쟁력〉〈데이터 과학화〉 각 항목을 응용하여 통찰력이 남다르게 하는 나만의 실행방안은?

006

아젠다

들판에서 어린 소녀가 데이지 꽃잎을 떼어내며
해맑은 얼굴로 '원, 투, 쓰리, 포…' 숫자를 세어나간다...
핵전쟁의 위험성을 알린 '데이지걸[Daisy Girl]' 광고로
린든 존슨[Lyndon Johnson]은 대선을 승리로 이끌었다.

1964년 미국 대선 당시 데이지걸 광고는 너무나 자극적이어서 딱 한 번 방영되었다. 숫자를 세던 아이의 눈이 클로즈업되고 눈동자에 핵폭발이 일어나는 버섯구름이 피어오른다. 이때 린든 존슨이 "우리는 서로 사랑해야 한다. 그렇지 않으면 모두 죽는다"고 경고한다. 공화당 후보인 배리 골드워터[Barry Goldwater]가 당선되면 전 세계가 핵전쟁에 휘말리게 되리라는 아젠다를 제시한 것이다. 국민들은 "아이들은 죄가 없다" "절대 핵전쟁이 일어나선 안 된다"라며 압도적인 지지를 보냈다. 민주당 린든 존슨은 재선에 성공하였다.

미래비전 아젠다

정치인은 과거에 더 관심을 두지만, 국민은 미래에 더욱 더 관심이 있다.

국민 눈높이에서 보면 정당이나 정치인의 도덕성도 중요하지만, 더 중요한 것은 미래 아젠다이다. 국민은 더 나은 미래를 위해 과거를 비판하고 반성하고 이를 고쳐나가는 정치인을 원한다. 과거만을 비판하는 정치인을 원하지 않는다. 아젠다Agenda는 공공정책 의제가 되는 문제나 이슈의 집합체이다. 비대면 선거는 과거에 대한 잘못을 심판하는 것보다, 미래를 위한 비전을 제시하는 아젠다에 더 중점을 두어야 한다. 미래를 향한 이슈를 더 적극적으로 제시하여야 한다. 미래에 큰 가치를 안겨 줄 것이라 믿으면 과거에 대하여 무관심 할 수도 있다.

1장 타겟팅과 지지가 다른 창의적 통찰력 전략

아젠다 세팅^{Agenda-setting}

미디어가 특정 이슈를 선정하여 중점적으로 다루면 국민의 관심은 그 이슈에 집중되고 다른 이슈는 묻히게 된다. 아젠다는 찬성과 반대의견이 존재하여서 자연스럽게 이슈화를 유발하고 가급적 논쟁이 되며 공공정책 의제가 되는 이슈로 설정한다. 특히 상대 후보자가 반대를 제기하는 이슈인 경우가 가장 바람직하다. 이슈를 제기하여 언론에서 관심을 가지고 나아가 국민이 공공정책 반영여부에 관심을 가지면 일단 아젠다 세팅은 성공한 것이다.

아젠다 키핑^{Agenda-keeping}

아젠다 키핑 또한 중요하다. 관심있는 이슈로 꾸준히 문제제기를 하고 국민의 입에 오르내리게하여 사회적 이슈가 되도록 하고 나아가 공공정책의 의제인 아젠다가 되도록 한다. JTBC는 200일 동안 세월호 참사를 메인뉴스에서 다뤘고 4대강 역시 반년 가까이 보도했다. 손석희 전 사장은 아젠다 키핑 차원에서 한 일이라고 하였다. 미디어 시장에서는 모든 정보가 빠르게 소비된다. 주요한 정보를 선별하여 꾸준히 문제제기를 하는 아젠다 키핑은 국민들에게 지속적 관심을 불러일으킬 수 있다. 비대면 뉴미디어에서도 지속적인 아젠다 키핑이 필요하다.

한겨레21과 기본소득

내가 만든 싸움터에서, 내가 주도하는 이슈에 대해, 상대 후보자를 끌어들여 논쟁을 하는 것이 가장 최선이다. 〈한겨레21〉은 2014년 3월 창간 20

주년 기념호 제1000호의 표지이야기로 '그런 것도 있다'로 기본소득을 다뤘다. 그 이후에도 크고 작은 특집 기사와 추적 기사, 그리고 '스토리펀딩'을 통해 기본소득 문제의식을 공론화하였다. 이 과정에서 성남시 청년배당과 서울시 청년수당이 기본소득에 대한 사회적 논의를 크게 확장시키게 만들었다. 이재명 경기도지사는 꾸준한 아젠다 키핑으로 세계적 기본소득 주창자의 한 사람으로 손꼽힌다. 한겨레21의 표현처럼 '변방의 행정'에서 '세계의 시대정신'으로 일약 발돋움한 것이다. 후보자가 주도권을 쥘 수 있는 것으로, 선거에 영향을 미칠 수 있는 것으로, 그리고 국민과 언론이 관심을 가지며 찬반이 분명한 것을 아젠다로 선정하여 지속적으로 키핑하도록 한다. '이재명=기본소득'이 바로 그것이다. 한 정치인의 성공적 사례는 또 다른 정치인의 성공적인 사례가 나타나도록 미리 알려주는 나침반이다.

[나만의 창의적 융합]

〈온오프 일제화〉 〈콘텐츠 경생력〉 〈데이터 과학화〉 각 항목을 응용하여 아젠다가 남다르게 하는 나만의 실행방안은?

1장 타겟팅과 지지가 다른 창의적 통찰력 전략

007 리더십

‘당신은 사랑입니다...’
아프리카 남수단 작은 톤즈 마을에서 이태석 신부는
사제로서 의사로서 생의 마지막까지 희망의 씨앗을 심었다.
그가 지은 허름한 학교에서 그가 뿌린 사랑의 씨앗이
6년 만에 의사나 의대생이 된 제자 57명으로 '부활'하였다.

〈울지마, 톤즈〉! 이태석 신부의 크나큰 사랑과 희생이 느껴지는 다큐였다. 그의 숭고한 정신과 고귀한 삶에 저절로 머리가 숙여진다. 환한 웃음 속에 담긴 그의 미소가 세상을 아름답게 만들었다. 헌신과 겸손으로 실천하면서 자신은 행복해 하였다. 사회를 이끌어 가고자하는 정치인들이 누구나 한번은 되새겨 보아야 할 리더십이다.

섬김의 리더십

정치의 주체인 국민의 목소리가 점차 커지면서 바람직한 리더십으로 서번트 리더십Servant Leadership이 각광을 받고 있다. 상호 인격을 존중하면서 섬기고 봉사하는 자세로 구성원들이 잠재력을 발휘할 수 있도록 앞에서 이끌어주는 섬김의 리더십이다. 수직적인 카리스마와 권위로 조직을 일사불란하게 이끄는 것이 바람직한 리더의 모습이던 시대도 있었다. 그러나 이제는 부드럽고 따뜻한 이미지로 수평적인 관계에서 협력하고 이끌어주는 리더가 존중받는 시대이다. 비대면 정치문화의 발전으로 뉴미디어를 비롯한 여러 미디어에서 후보자의 일거수 일투족이 알려질 수밖에 없는 현실이 되어 있다. 일부 정치인들이 본인의 의지와는 무관하게 외부에서 보여지는 권위적(?) 행동으로 국민의 비난을 받는 경우를 가끔씩 본다. 다소 억울할 수도 있지만 평가는 엄연히 국민의 몫이기에 그저 묵묵히 따를 수 밖에 없다.

캡처: 모바일 스타뉴스 2021.03.16 기사

캡처: 모바일 네이버TV KBS 스페셜 2016.06.09

1장 타겟팅과 지지가 다른 창의적 통찰력 전략

권위 버리기

KBS가 몇 년전 스웨덴과 덴마크의 정치를 스페셜로 방영한 적이 있었다. 정치인은 권위가 없고 국민의 친근한 이웃이었다. 권력의 주인인 국민으로부터 권한을 위임받은 봉사자일 뿐이기에 특권의식은 물론 없었다. 봉사자로서 자부심을 가지고 겸손하게 말이 아닌 행동으로 실천할 뿐이었다. 정치인이 특권과 권위를 내려놓으면 국민이 행복하며, 정치는 사회를 평등하게 하고 더 좋은 삶을 꿈꾸게 한다는 그들의 믿음과 신뢰가 인상적이었다.

검소한 정치

스웨덴과 덴마크의 정치인은 검소한 정치로 국민의 마음을 얻고 있었다. 국회의원 대다수가 자전거와 소형차를 타고 다니고, 다른 사람보다 높지 않은 일반 근로자라는 인식이 있기에 작은 사무실로 출퇴근하였다. 보좌관 없이 수많은 법안을 직접 작성해 제출하고, 국민들이 정보공개 청구한 내역을 스스럼없이 전부 공개하였다. 10년간 총리로 지낸 정치인이 '정치는 서민의 삶과 함께 해야 한다'는 소신으로 방 두 칸짜리 작은 아파트에서 47년간 서민들과 다르지 않은 삶을 살았다. 이웃주민은 이같은 사실을 당연한 것으로 이야기하였다.

행복한 리더

이태석 신부의 다큐영화를 보면서 항상 여운으로 남아있었던 것은 그의 환한 해맑은 미소였다. 자신이 좋아하는 일을 하면서, 스스로 자부심을 가지고, 즐겁게 행복한 삶을 살았던 것이다. 비대면 선거에서의 리더십은 정치의 주체인 국민이 항상 중심에 보여지고 국민을 섬기는 모습의 리더 이미지가 바람직하다. 국민은 보이지 않거나, 말로만 섬기는 모습으로 비쳐지거나, 국민이 아닌 대통령을 섬기는 모습으로 비쳐지는 것은 지양하여야 한다. 객관적으로 타인들이 평가하는 탈권위적이고 검소한 서민의 삶으로 섬김의 리더십을 실천하는 것도 중요하다. 그보다 더 중요한 것은 섬김의 리더십이 자신의 삶의 가치와 철학에 부합하여 후보자로서 국민들을 대할 때 행복한 리더의 모습으로 비춰져야 한다. 좋아서 하는 일이며, 자신이 스스로 자부심을 가지는 일이며, 자신이 가장 행복한 일이어야 한다. 활짝 웃는 행복한 미소가 비대면 언택트로 국민에게 전달하여질 때, 겸손의 리더십은 후보자의 이미지로 각인이 된다.

[나만의 창의적 융합]
〈온오프 일체화〉〈콘텐츠 경쟁력〉〈데이터 과학화〉 각 항목을 응용하여 리더십이 남다르게 하는 나만의 실행방안은?

008 심리전

'사막의 여우'The Desert Fox 에르빈 롬멜Erwin Rommel은
대담하고 신출귀몰한 작전과 전격전 블리츠크리크Blitzkrieg로
영국군에게 두려움의 대상이자 때론 경외의 대상이기도 하였다.
북아프리카의 영국군은 그를 슈퍼맨이나 마법사로 생각하였다.

롬멜은 유리하지 않더라도 변화하는 상황에 맞게 전술을 펼침으로써, 병력 수가 적거나 전차 수가 연합군의 약 1/20에 불과한 최악의 여건에서도 승리를 이끌어냈다. 상대가 두려워하는 것을 실천하여 심리적으로 위축시키고 예측불가능한 모습을 보여주어 우선 심리전에서 적을 제압하였기에 연전연승하는 '전쟁 영웅'이 될 수 있었다.

본선 경쟁력

싸움의 최고의 고수는 싸우지 않고 싸움을 이기는 자이다. 심리전은 그 한 방법이다. 비대면 선거 심리전의 핵심은 본선경쟁력 즉 당선가능성이다. 음식맛집에 사람들이 장소를 찾아서 오듯이, 이길 가능성이 높으면 저절로

사람이 몰려든다. 불확실성이 지배하는 선거는 심리적 자신감이 미치는 효과가 크다. 확률은 똑같이 50%이지만, 심리전에서 이기면 승리확률은 비상식적으로 터무니없이 70~80%로 높아진다. 비대면 언택트로 후보자의 본선 경쟁력을 국민에게 보여줄 수 있는 것은 인지도와 높은 여론조사 적합도이다. 공표용 여론조사 최초 발표에서 두자리 숫자 10% 이상을 얻도록, 통찰력이든 온오프 일체화이든 콘텐츠이든 데이터이든, 모든 전력을 여론조사에 집중하여야 한다. 심리전의 첫 단추가 성공적이어야 승리의 길이 가까워진다. 후보자의 경쟁력을 객관적으로 평가하는 것이 여론조사밖에 없기 때문이다.

기선제압 전격전

　기선제압이 달라야 선거를 이길 수 있다. 제2차 세계대전 초기 독일 군대는 굉장한 속도의 전격전 블리츠크리크Blitzkrieg로 기선을 제압하였다. 마치 번개가 치듯이 신속하게 공격을 하였다. 북아프리카에서 롬멜 전차군단은 밤에 불빛을 낮추고 엄청난 속력으로 진군하여 영국군의 측면과 후방으로 신출귀몰하며 여러 차례 불시에 공격했다. 미국 대통령 선거에서는 후보자가 매일 5개 도시를 순회하는 고강도 집중적 선거운동을 블리츠Blitz라 부르기도 한다.

위장기만전술

　핵심적인 선거전략은 은밀하게 잘 감추고 있다가 결정적인 순간에 단 한 번의 일격으로 승리를 거머쥘 수 있도록 하여야 한다. 롬멜은 주력부대를 매복시켜 놓고 허술한 소규모 부대로 먼저 공격하여 전력을 얕본 연합군이 따라오면 기다리고 있던 주력부대가 기습공격을 하여 승리하였다. 또한 영국군에 비해 열세인 전차 수를 폴크스바겐 자동차에 나무판을 씌우고 색깔을 칠해 탱크처럼 보이게 하여 전차처럼 위장하고 모래바람을 일으키며 전진하였다. 예상보다 훨씬 많은 전차부대가 한꺼번에 몰려오는 것을 보고 영국군은 깜짝 놀라 후퇴하였다.

시대앞선 인물

　심리전은 게임을 이기는 단순하지만 아주 고난도의 싸움의 기술이다. 빅데이터 인공지능 활용 등 4차산업혁명 시대를 이끌어 갈 인물로 부각시키는 것은 아주 좋은 방안이다. 미국 흑인 대통령 오바마 선거운동 당시 전략가들은 흑백차별 시각을 대처한 방법으로 시대의 변화에 뒤떨어진 사람으로 분위기를 몰아가도록 모든 수단을 동원하였다. 최근 바이든 행정부는 미국역사의 다양성을 반영하여 20달러 지폐에 흑인 여성운동가 해리엇 터브먼 Harriet Tubman의 얼굴을 넣는다고 한다. 대표적 노예폐지론자로 '지하철로'라는 비밀 조직을 결성해 수백 명의 노예를 탈출시켰으며 여성 참정권 운동을 지속해서 펼친 인물이다. 도널드 트럼프 전 대통령이 영웅으로 삼던 인종차별주의자 앤드루 잭슨 전 대통령 얼굴이 약 100년 만에 빠질 것으로 보인다. 협상이든 싸움이든 항상 유리한 고지와 유리한 입장, 유리한 영향력을 차지하도록 하여야 한다. 바이든 대통령은 흑백인종차별을 반대하는 국민들의 지지를 얻는데 유리한 고지를 차지한 것이다.

[나만의 창의적 융합]

〈온오프 일체화〉 〈콘텐츠 경쟁력〉 〈데이터 과학화〉 각 항목을 응용하여 심리전이 남다르게 하는 나만의 실행방안은?

009

정신전력

마사다^{Masada}는 이스라엘인들에게 불멸의 성지이다.
군인들은 이곳까지 행진하여 훈련을 끝내고 선서한다.
3년동안 로마군에 대항하여 끝까지 항전하였던 유대인의
저항정신을 기리며 자긍심과 정신전력을 강화하는 곳이다.

역사적으로 유대인들에게 가해진 갖은 차별과 압박에도 불구하고 이스라엘
인들은 민족의 정체성과 언어를 지켜나가고 있다. 마사다는 880만인구의 이
스라엘이 1억명이 넘는 주위 이슬람 중동국가들로부터 그들을 지켜나가는
자유를 향한 불굴의 저항정신의 상징이다.

승부근성^{Killer Instinct}

선거라는 전쟁을 이기기 위해서는 먼저 정신전력에서 상대를 이겨야 한
다. 특히 전투를 하는 각 구성원들의 정신력이 중요하다. 무형의 정신전력은
명령이나 지시에 의해 생겨나는 것이 아니다. 자발적인 의지나 노력으로 만
들어지도록 잘 이끌어내야 하는 것이다. 말을 물가로 데려갈 수는 있지만 억

지로 물을 먹일수는 없다. 승부근성이 있어야 한다. 동기부여와 지속적인 독려로 승부에 대한 불타는 열정이 생겨나도록 해야 하는 것이다. 싸움을 잘한다에서 만족하지 않아야 한다. 잘하는 것과 1등하는 것은 엄연히 다르다. 자신에게 적합한 방안을 항상 생각하여야 한다. 잘하는 방안을 찾는 것이 아니라, 집요한 승부근성으로 1등하는 방안을 항상 찾도록 한다. 비대면 선거에서 같이 활동을 하다보면 이 정도면 충분하다고 느끼면서 적당히 안주하는 구성원들을 적지않게 본다. 끝날 때까지 절대 끝난 것이 아니다. 그 순간이 위기의 순간이다.

1장 타겟팅과 지지가 다른 창의적 통찰력 전략

허슬플레이^{Hustle Play}

경기에서 한 선수의 방만한 실수가 이기는 경기를 패배하는 흐름으로 바꾸는 경우가 있는가 하면, 한 선수의 적극적인 투지넘치는 허슬플레이가 지는 경기를 이기는 흐름으로 바꾸어 승리하는 경우를 적지않게 본다. 간절함이 만들어내는 기적아닌 기적인 것이다. 선거운동은 여러 구성원들이 각자 역할을 맡아서 활동하면 전체가 하나의 팀으로 그 결과물을 만들어 가는 시스템이다. 보이지 않는 허슬 플레이가 팀 전체를 살릴 수 있음을 잊지 말아야 한다.

사기진작

후보자가 가장 유념하여야 할 것은 자신감을 가지고 평정심을 유지하는 것이다. 질책과 비판보다는 격려와 칭찬하는 자세를 가져야 한다. 비대면 선거에서는 특히 모든 부분을 상대 후보자보다 다 잘할 수 없기에 부족한 부분이 크게 느껴지는 경우가 많다. 그러나 부족한 부분을 지적하기보다는, 잘하는 부분을 칭찬하여 더 강화하기를 권장한다. 부족한 부분은 언제나 있기 마련이다. 상대 후보자에게 약점으로 크게 노출되어 집중적인 공격을 당하지 않도록 잘 방어하는 것에 중점을 두어야한다. 사기를 떨어뜨려야 할 곳은 조직 내부가 아니라 상대 후보자 진영임을 명심하여야 한다.

권력의지^{Will to Power}

정치의 주체인 국민은 항상 현명하고 항상 옳다는 강한 믿음을 가져야 한다. 충분한 시간 준비와 충분한 인력을 투입할 때 국민은 소중한 한 표를 던져 줄 것이다라는 강한 신념을 가져야 한다. 정신전력의 완결은 후보자의 권력의지이다. 권력의지란 시간을 준비하고 인력을 투입하는 행동이다. 준비와 투자없이 정신력만으로 승리하는 경기는 없다. 준비와 투자가 부족한 것은 권력의지가 부족한 것이다. 국민은 항상 현명하기에 국민의 눈에는 권력의지가 강한지 약한지의 여부가 쉽게 보인다. 한두번은 속일 수가 있다. 한두번은 실수할 수 있다. 실수가 반복되면 그것은 실수가 아니라 실력이 그 정도밖에 안되는 것이다. 국민이 원하는 가장 바람직한 리더는 외유내강형이다. 권력을 쟁취하고 싶다면 권력의지를 가지고 시간과 노력과 인력을 투자하여야 한다. 한두번의 실패는 목표에 다다르기 위한 과정일 뿐이다. 그 어떠한 실패나 어려움도 권력의지를 꺾을 수는 없다.

[나만의 창의적 융합]

〈온오프 일체화〉〈콘텐츠 경쟁력〉〈데이터 과학화〉 각 항목을 응용하여 정신전력이 남다르게 하는 나만의 실행방안은?

1장 타겟팅과 지지가 다른 창의적 통찰력 전략

010 　　　　　　　　　　　　타겟팅

**미국 본토에서 원격조종하여 이라크 공항에 있는
이란 군사령관을 무인드론으로 '핀셋공격' 하였다.
미군은 한 명의 피해도 없었다. 야간이나 악천후에도
레이더·센서·스텔스 기능으로 작전을 수행한다.
공격용 드론의 진화는 '미래 전쟁' 양상도 바꾸어가고 있다.**

무인드론은 인공지능AI와 로봇, 다중통신 등 4차산업 기술발전과 함께 갈수록 정확도를 갖춰가고 있다. 움직이는 차량의 운전자는 놔두고 조수석에 앉은 표적만 '핀셋제거'하는 것이 가능하다. 중동의 알카에다와 아프가니스탄의 탈레반 조직을 와해시키고 있다. 시대변화에 따른 남다른 싸움의 무기, 소리없는 암살자 무인드론의 타겟팅 기술이다.

마이크로 타겟팅^{Micro Targeting}

　　2012년 미국 주요 언론은 오바마 대통령 재선 후 그 비결로 마이크로 타겟팅을 꼽으며 주목하였다. <u>마케팅에 쓰이는 기법이 정치와 선거분야에 활용되어 효과를 발휘한 것이었다.</u> 국내에서도 그 이후 관련 책들이 출간되고 소개되었다. 또한 민주당을 중심으로 빅데이터 구축과 마이크로 전략지도를 통한 실질적이고 다양한 시도가 지방선거와 총선과 대선에서 이루어졌다. 마이크로 타겟팅은 데이터베이스 분석을 통해 얻어진 개별 자료를 바탕으로 연령 계층 지역 관심사 결혼 직장 등 다양한 요소로 국민들을 섬세하게 분석하여 유형별로 최적화된 정교한 맞춤형 선거 전략을 구사하는 것을 말한다. 뉴미디어 SNS 이용확대와 빅데이터 기술향상에 따라 마이크로 타겟팅은 향후 무한히 발전할 것이다. 세분화되지 않은 포괄적 정보로 누구나 맞겠지 하고 쏘는 것과 세분화된 정보로 타겟을 명확히 하여 쏘는 것과의 차이이다.

1장 타겟팅과 지지가 다른 창의적 통찰력 전략

캠페인 동행 주체

이해의 편의를 위해 타겟팅이라는 용어를 쓰지만 선거운동의 객체나 대상으로서의 타겟팅이 아니다. 함께 가야 할 선거운동 캠페인 동행의 주체로서의 타겟팅이다. 자발적 수평적 능동적 참여자인 국민을 찾아가는 과정으로서의 타겟팅이다. 기존의 의미와는 다르다. 국민에게 정보를 안내하여 참여자를 찾기 위해서는 뉴미디어를 이용하거나, 기존 데이터베이스를 활용하거나, 지인들의 추천을 받는 방법 등이 있다. 취미나 관심사 위주로 만들어져 운영되고 있는 네이트판 MLB파크 보배드림 FM 클리앙 루리웹 사커라인 디시인사이드 인벤 가생이닷컴 뽐뿌 더쿠 웃긴대학 이종격투기 소울드레서 쌍화차코코아 레몬테라스 82쿡 등을 비롯한 커뮤니티나 카페에서 찾는 것도 좋은 방안이다.

마이크로 세분화

마이크로 타겟팅은 특히 치열한 선거에서 소극적 지지자와 중도층 지지자의 마음을 바꾸어 전체 결과를 좌우한다. 국민을 깊이 분석하면 분석할수록 후보자의 당선 가능성은 높아진다. 방대한 데이터를 수집하고 분석하여 패턴과 상관관계를 찾아내어 세분화하는 것이 작아지면 작아질수록 정확하고 강력한 효과를 낸다. 빅Big으로 모으고, 마이크로Micro, Small로 세분화 하여야 한다. 오바마 전 대통령은 1,500여가지 방식으로 국민들과 소통하였다고 한다. 타겟팅의 통찰력은 "가장 작은 것이 가장 크다"는 사실을 인식하는 것이다.

핀셋공격 핀셋방어

선거는 인간의 마음을 얻는 민주적 게임이다. 100미터 달리기처럼 기록 경기가 아니라, 상대보다 1표라도 더 얻으면 이기는 상대적 게임이다. 자신에게 더 적합하고 더 잘 싸우는 싸움의 기술이 후보자에게 필요하다. 싸움을 이기는 묘수일수도 있고, 싸움을 이기는 비법일 수도 있다. 공격과 방어를 잘하는 남다른 싸움의 기술은 마이크로 타겟팅 즉 "핀셋pincette"이다. 핀셋 공격 핀셋방어 핀셋영입 핀셋지원 핀셋복지 핀셋인사 핀셋교체 핀셋조정 핀셋경영 핀셋대책 핀셋방역 핀셋봉쇄 핀셋제거 핀셋제재 핀셋수사 핀셋단속 핀셋징계 핀셋규제 핀셋적발...원하는 곳만 정확하게 찍어 공격과 방어를 하는 핀셋이 대세이다. 세분화되고 다양화된 국민의 니즈를 핀셋으로 찾아서 맞추어야 한다.

[나만의 창의적 융합]

〈온오프 일체화〉〈콘텐츠 경쟁력〉〈데이터 과학화〉 각 항목을 응용하여 타겟팅이 남다르게 하는 나만의 실행방안은?

011 마스터플랜

절대로 적이 읽으면 안될 책이라는 서평이 시선을 끈다.
위대한 승리자들의 비밀 전략술을 날카롭게 꿰뚫었다.
로버트 그린^{Robert Greene}의 '전쟁의 기술^{The 33 Strategies of War}'은
승리의 길로 이끄는 시대를 초월한 지혜의 정수이다.

'전쟁의 기술'은 승리하는 인생을 위한 33가지 전략이다. 오늘의 관점에서 역사상 위대한 승리자들이 알던 경험과 지식을 정리하였다. '책갈피를 넘길때마다 화약냄새가 진동한다...정치인 특히 대선후보들과 참모는 이 책을 읽지말았으면 한다.'라는 또 다른 서평도 있다.

창의적 통찰력

가장 뛰어난 전략은 자신의 장점을 잘 발휘하는 자신에게 맞는 전략이다. 자신에게 적합한 전략을 실행하기 위해서 꼭 갖추어야 할 것이 창의적 통찰력이다. 승리를 위한 조직은 온오프 일체화 전략으로, 내용은 콘텐츠 경쟁력 전략으로, 방법은 데이터 과학화 전략으로 기본적 방향을 정한다. 이 3

가지 전략을 바탕으로 자신만의 창의적 통찰력이 잘 드러나도록 마스터플랜Master Plan을 수립한다. 장기적인 안목에서 목표를 추구하기 위한 실현 가능한 기본적 계획이어야 한다. 장기 중기 단기 플랜, 분기단위 월단위 주단위 일단위 프로세스, 타임스케줄 등 다음 단계를 내다보고 최종단계까지 과정과 결과 그리고 장애물을 고려하여 치밀하게 계획을 세운다. 단계별 심화에 따른 플랜 또한 필요하다. 국민들에게 변화의 필요성을 알리는 1단계, 자신이 그러한 변화를 이끌어내는 최적의 적임자라는 2단계, 이를 국민들에게 확신시키는 3단계로 나누어 수립하여야 한다.

　　　　　　　　　　　　　　　1장 타겟팅과 지지가 다른 창의적 통찰력 전략

온오프 일체화

승리하는 남다른 싸움의 기술은 잘 때리고 잘 피하는 것이다. 즉 남다른 공격의 기술과 남다른 방어의 기술이다. 선거는 투표에서 누가 지지를 더 많이 획득하는가에 따라 승패를 결정하는 민주적 게임이다. 그 본질에는 '숫자'라는 키워드가 내재되어 있다. 퀄리티를 생각하기 이전에 '다수'라는 객관적 숫자의 우위가 먼저 필요하다. 나폴레옹의 국민징병제도처럼, 국민적 지지를 객관적 숫자로 이끌어내는 온라인 조직과 오프라인 조직을 총동원하는 일체화 전략을 수립한다.

콘텐츠 경쟁력

화장하지 않은 민낯으로 일기를 남기고, 친구들과 함께 술 한잔에 노래도 부르고, 아예 일정 자체를 생중계하기도 하고, 토크쇼도 하고, 청년들과 화상채팅도 하고... 관심을 끌기위한 치열한 비대면 선거운동의 모습이다. 비대면 언택트는 공간 제약 없이 소통할 수 있다는 장점이 있지만, 직접 만나 스킨십을 하는 대면소통 정도의 표심을 잡기는 어렵다는 한계가 있다. 국민들의 마음을 움직일 수 있는 '콘텐츠'인지 아닌지 하는 여부가 비대면 선거의 핵심 경쟁력이다. 2017년 대선의 '문재인1번가'는 국민들의 관심이 폭주하여 접속이 한동안 마비되기도 하였다. 여러 측면에서 다각도로 경쟁력 강화를 위한 단계별 전략을 세우도록 한다.

데이터 과학화

　동일한 상황이 반복되는 선거는 없다. 후보자의 능력과 공약이 다르고, 상대방의 능력과 공약이 다르고, 국민적 이슈와 정당의 지지율 등 시대적 상황이 모두 다르다. 사실이 이러함에도 불구하고 경험이라는 낡은 무기를 앞세워 지난 선거에서 사용하던 방식과 패턴 그대로 다른 상황에 적용하며 싸워 이기고자 한다. 저지르기 쉬운 흔한 실수이다. 작은 나라 베트남의 보응우예잡은 강대국 프랑스 미국 중국을 상대로 싸워 이긴 전쟁영웅이다. 그는 적이 원하는 시간에 싸우지 않았고, 적이 좋아하는 장소에서 싸우지 않았고, 적이 예상할 수 있는 방법으로 싸우지 않았다. 전투교범이나 병법을 따라 싸우기 보다는, 처해진 상황을 분석하고 잘 활용하여 싸웠다. 상황을 정확하게 분석할 수 있어야 해결방안을 제대로 세울 수 있다. 잘못된 상황분석으로 올바른 해결책을 기대할 수는 없다. 데이터 과학화 전략이 필요한 이유이다.

[나만의 창의적 융합]

〈온오프 일체화〉〈콘텐츠 경쟁력〉〈데이터 과학화〉각 항목을 응용하여 마스터플랜이 남다르게 하는 나만의 실행방안은?

012   **Giving First**

사소한 행동을 정당화하기 위해 기꺼이 주요한 생각을 바꾼다.
대가가 작은 세뇌가 대가가 큰 세뇌보다 훨씬 효과가 있다.
미국 사회심리학자 레온 페스팅거^{Leon Festinger}의
'인지부조화 이론^{A Theory of Cognitive Dissonance}'이다.

인간은 '사실_{Behaviours}'과 '인지_{Beliefs}' 사이에서 발생한 부조화를 해소하기 위해, 사실을 바꿀 수는 없기에 자신의 인지를 바꾼다. 세뇌기법에도 쓰여진다. 큰 대가는 신념에 반하는 뇌물이기에 심리적 압박이 커서 쉽게 승낙하지 않지만, 작은 대가는 심리적 압박이 적기에 쉽게 받아들인다. 그러나 작은 대가를 받았다는 사실 자체는 엄연히 존재하기에 결국에는 자신의 행위와 신념 사이의 부조화를 해소하기 위해 강도를 낮추어 신념을 바꾼다. 쉽사리 이해하기 어려운 인간의 비합리적 행동을 이해가 되도록 인지부조화 이론은 설명해 준다.

먼저 찾아가기

비대면 언택트에서 효과를 내려면 뉴미디어 운영자들의 특성을 잘 알고

그에 맞는 방향을 정하여 활동하여야 한다. 뉴미디어 운영자들은 먼저 찾아와서 자신의 포스팅에 관심을 가지고 좋아요를 눌러주고 이웃신청을 하는 방문자들에게 호감을 가지게 되고 좋은 이미지를 가진다. 대면 선거운동에서 후보자의 명함을 사무실에 쌓아놓고 국민들이 찾아와 한 장씩 가져가기를 기다리는 후보자는 아무도 없다. 그런데 비대면 뉴미디어 선거운동에서는 대부분 이런 오류를 범한다. 국민들이 '당연히 찾아오겠지' '방문하여 봐 주겠지' 하면서 포스팅만 하고 무작정 기다린다. 비대면에서 국민을 먼저 찾아가서 좋아요를 누르고 먼저 이웃신청하는 것은 '비대면 명함돌리며 인사하기'이다.

필터 버블 벗어나기

비대면 선거에서 특히 인지도가 낮은 후보자들은 필터 버블로 인해 더욱 어려움을 겪는다. 대면 선거운동은 길거리에서 국민들을 우연히 만나서 명함이라도 돌리고 알릴 기회라도 만들 수 있다. 비대면 선거에서 콘텐츠를 강화해 국민들에게 다가가고자 시도하지만 '필터 버블' 때문에 큰 도움이 되지 않는다. 오히려 낮은 인지도나 지지율을 반전시키기가 더 어려워진다. 이러한 상황을 타개하여 비대면에서 만날 기회를 넓혀가고 필터 버블을 벗어나는 것이 '먼저 찾아가기'이다.

시작은 작은 관심

네이버 블로그의 경우, 앱이나 PC에서 지역관련 키워드 검색을 하여 현재 운영되고 있는 블로그를 검색한다. 최근순으로 검색 방문하여 지역주민이 운영하는 블로그인지 확인한다. 최근 포스팅 2~3개를 읽고 좋아요를 누르고, 댓글을 달고, 먼저 서로이웃 신청하기를 하여 작은 관심을 만든다. 1일 최대 100명 서로이웃 신청하기의 제한이 있다. 인스타그램의 경우, 해시태그로 지역관련 키워드 검색을 하여 현재 운영되고 있는 인스타그램을 검색한다. 최근순으로 검색 방문하여 지역주민이 운영하는 인스타그램인지 확인한다. 최근 포스팅 2~3개를 보고 좋아요를 누르고, 댓글을 달고, 먼저 팔로잉을 한다. 짧은 시간에 댓글을 여러 곳에 달면 인공지능이 인식하여 1~3일 댓글기능이 정지될 수 있으니, 댓글은 천천히 시간간격을 두고 작성하여야 한다.

바닥민심 훑기

　뉴미디어 운영자들은 수많은 비대면 이웃 중 한 사람이기에 큰 거부감 없이 작은 관심으로 시작하여 이웃수락을 하는 경우가 적지 않다. 시작이 어느 단계이든, 이 작은 관심이 이어져서 적극적 반대자=>소극적 반대자=>중립=>소극적 지지자=>적극적 지지자의 단계로 한 클릭씩 이동하는 결과를 낳는다. 운영자들이 관심을 가지고 후보자의 뉴미디어를 방문하기 시작하면 필터 버블을 벗어날 수 있다. 좋아요를 눌러 주었거나 이웃이라는 '사실'과, 좋아하지 않는다는 '인지' 사이의 부조화를 해소하고자, 좋아하지 않는 감정을 '조금은 호의가 있을지도'로 바꾼다. 인지부조화 이론을 응용하여 지지의 단계를 강화하도록 한다. 처음부터 지지를 이끌어내고자 하는 것은 무모한 시도이다. 비대면 바닥민심 훑기를 지속적으로 하면 승리의 길이 아주 환하게 보인다.

[나만의 창의적 융합]

〈온오프 일체화〉 〈콘텐츠 경쟁력〉 〈데이터 과학화〉 각 항목을 응용하여 Giving First가 남다르게 하는 나만의 실행방안은?

013   매커니즘 활용

다용도 도구가 달린 빨간색 칼 하나만으로
어려운 상황에서 다양한 시도를 하고 결국 묘책을 찾아낸다.
천재적 임기응변과 기지를 이용해 수많은 일들을 해결한다.
'맥가이버^{MacGyver}'는 만능해결사를 뜻하는 단어가 되었다.

미드 '맥가이버'에서 주인공은 스위스 아미 나이프(일명 맥가이버칼)를 항상 몸에 지니고 다닌다. 주변 잡동사니로 못 만드는 것이 없다. 총과 최신 무기와 각종 첨단 기기가 난무하는 첩보물들 사이에서 오직 칼 하나만으로 승부하였다. 1980년대말 작품이지만 아직도 그를 기억하는 사람들이 적지 않다. 못하는 일이 없는 만능 천재이기 때문이다.

집중공격 지점

    싸움을 이기려고 하면 상대방의 핵심을 집중공략하여야 한다. 전체를 움직이는 축이나 무게를 지탱하는 중심이 되는 부분이 집중공격 지점이다. 이곳에 공격을 가하면 엄청난 데미지를 입힐 수 있다. 자신에게는 집중방어

지점이기도 하다. 비대면 언택트에서는 네이버 상대 후보자 이름 검색이 바로 이 지점이다. 국민들에게 첫인상으로 주는 이미지가 부정적으로 비치도록 하는 것이다. 네티즌들은 식당 카페 등을 가고자 할 때 보통 네이버에서 검색한 후 검색에서 나오는 방문자들의 좋아요나 댓글 등을 참조하여 갈 것인지의 여부를 어느정도 평가한다. 네이버 검색을 통하여 평가가 좋으면 관심을 가지면서 더 찾아보고, 평가가 나쁘면 아예 검토하지도 않고 다른 곳을 검색한다. 네이버 첫화면에서 상대 후보자 이미지를 부정적으로 만드는 것이 싸움을 유리하게 만드는 주요한 첫걸음이다.

　　　　　　　　　　　　1장 타겟팅과 지지가 다른 창의적 통찰력 전략

후보자 비교

　네이버 검색전략 실행에 경쟁 후보자 키워드를 함께 넣어서 국민들에게 비교와 대조의 기회가 자연스럽게 노출되도록 하여야 한다. 최선의 공격이 최선의 방어이다. 경쟁 후보자 검색을 하면 자연스럽게 자신이 보다 더 강한 이미지로 노출되도록 만드는 것이다. 언론에서 발표한 공표용 여론조사 결과를 블로그에 인용하는 것이 가장 좋은 방안이다. 제목에 인용하여야 노출이 잘되니 필히 제목에 인용하여야 한다. 유튜브는 제목에서, 인스타그램은 이미지나 해시태그로 노출시킨다.

지식in 이미지 동영상

　네이버 첫화면에서 검색을 하면 지식in 이미지 동영상 등도 밑에 함께 검색되어 나타난다. 이곳에서도 자신의 이미지는 보다 긍정적으로, 상대 후보자의 이미지는 보다 부정적으로 비추어지도록 만드는 것이다. 유튜브 동영상만 중요한 것이 아니다. 네이버 동영상도 그에못지않게 중요하다. 특히 검색에서 비추어지는 이미지를 만들어감에 주요한 역할을 하므로 네이버 검색에 잘 노출되는 특화된 제목으로 동영상을 포스팅하도록 한다.

연관검색어 노출

　비대면 언택트의 매커니즘을 잘 이해하여야 비대면 선거에서 좋은 결과를 만들어 낼 수 있다. 후보자 이름이나 상대 후보자 이름을 직접적으로 검색하여 콘텐츠를 보는 경우도 있지만, 후보자 입장에서는 국민들이 다른 것을 검색하였는데 후보자 이름이 우연히 그곳에 보여지는 경우가 가장 확장의 가능성을 보여주는 지점이다. 그러므로 실행전략을 수립할 때 이러한 가능성이 많이 발생할 수 있도록 연관검색어를 선정하여 이 검색어에서 후보자 이름이 자연스럽게 노출되는지를 꾸준히 확인하고 콘텐츠를 지속적으로 업데이트 하여야 한다. 비대면 검색전략은 첫 번째 자신의 이름을 검색하는 경우, 두 번째 상대 후보자의 이름을 검색하는 경우, 세 번째 연관검색어를 검색하는 경우로 나누어서 실행계획을 세운다. 각각의 경우에 자신만 검색되는 콘텐츠와 상대 후보자와 같이 비교하여 검색되는 콘텐츠로 구체적으로 나누어 포스팅 계획을 세우고 실행하도록 하여야 한다. 비대면 언택트는 플랫폼의 인공지능을 상대하여 좋은 효과를 내고자 하는 싸움터이다. 당연히 세밀하고 정교한 액션플랜이 필요하다.

[나만의 창의적 융합]

〈온오프 일체화〉 〈콘텐츠 경쟁력〉 〈데이터 과학화〉 각 항목을 응용하여 매커니즘 활용이 남다르게 하는 나만의 실행방안은?

1장 타겟팅과 지지가 다른 창의적 통찰력 전략

014   선택과 집중

역사상 1944년 6월 6일은 '가장 길었던 하루' 였다.
2차대전 가장 중차대한 군사작전 D-Day로, 연합군은 비교적
방비가 허술한 노르망디 해안을 상륙지점으로 선정하였다.
영화 '지상 최대의 작전^{The Longest Day}' 제목이기도 하다.

연합군은 노르망디 상륙작전을 장기간 준비하였다. 장비와 보급품을 준비하고, 철도와 교량 등을 집중 폭격해 독일군 보급체계를 와해시키고, 파드칼레 해안에 상륙작전을 실시할 태세를 보이는 기만책도 사용하였다. 독일군은 해안 일대를 요새화하여 방어를 강화하였지만, 연합군은 비교적 방어가 치밀하지 않은 지점을 기습적으로 상륙하여 마침내 제2차 세계대전을 끝내는 승리의 발판을 마련하였다.

집중화 전략^{Focus Strategy}

비대면 언택트의 모든 것을 처음부터 잘하겠다라는 것은 사실상 쉽지가 않다. 우선 가장 강점을 낼 수 있는 한 곳에 시간과 노력과 인력 등 모든 것

을 집중하는 집중화전략으로 일정한 성과를 내도록 한다. 그런 다음에 그 효과를 주위로 점차 넓혀가면서 다른 부분도 강화시켜 가도록 한다. 비대면 플랫폼 중 유튜브는 다른 뉴미디어보다 콘텐츠를 통한 타겟팅 성격이 강하기에 일정수준에 도달하기까지 많은 시간과 노력을 필요로 한다. 그러므로 단기간에 성과를 내려고 하는 시도는 바람직하지도 않고 또 실제 성과가 잘 나지도 않는다. 따라서 현실적으로 이루기 힘든 부분은 그 현실을 인정하고, 성취 가능한 뉴미디어에 힘을 집중하도록 실행전략을 수립하여야 한다. 정작 실행가능한 것에 투자해야 할 귀중한 시간과 노력을 헛되이 하지 말아야 할 것이다.

1장 타겟팅과 지지가 다른 창의적 통찰력 전략

숨겨진 강점

모든 것을 다 잘하거나 모든 것을 다 못하는 후보자는 없다. 아무리 강한 후보자이더라도 당연히 제대로 준비를 갖추지 못한 부분이 있다. 아무리 약한 후보자이더라도 승리를 가져올 수 있는 숨겨진 강점이 있기 마련이다. 강점을 가지고 있는 특정한 뉴미디어에 상대 후보자보다 강력한 전투력을 집중하여 그 효과가 확산되도록 하는 것이 싸움을 승리로 이끄는 길이다. 그 뉴미디어가 무엇이든 상관이 없다. 시간과 자원이 제한된 관계로 효율적 활용을 위해서 용기와 결단력이 필요하다.

우선순위 선정

온오프 일체화로 조직을 체계화 한 후에는 여러 뉴미디어 중 어느 것을 우선하여 활용할 것인가 잠재적 우선순위를 정하도록 한다. 1일 1~2회 유튜브 인스타그램 네이버 페이스북 카카오 등 인터넷 플랫폼 중 우선 집중할 분야에만 참여할 것을 독려하는 것이 바람직하다. 모든 곳에 참여를 요청하거나 너무 자주 요청하는 것은 오히려 참여도를 떨어뜨리고 피로감을 느낄수 있으니 주의하여야 한다. 어디에 어느 정도 집중할 것인가 협의를 거쳐 결정하고 진행상태 추이를 지켜보면서 자신의 조직에 맞게 업데이트하도록 한다.

목표는 승리

비대면 선거의 목표는 보여주기가 아니라 이기는 것 즉 승리하는 것이다. 비대면 선거를 잘 하는 것은 승리의 가능성을 높여가는 것이다. 지지자와 잠재적 지지자들의 성원으로 끌어낸 객관적인 숫자를 세력으로 보여주어 중도층의 지지를 이끌어 낼 수 있다. 지난 4.15총선에서 민주당 박주민 의원의 인스타그램 좋아요 수가 12,000개에 이른 경우도 있었다. 어느 정도 인지도가 있는 정치인들이 3,000개의 좋아요 수를 얻는 것에 비하면 상당한 강점을 가지고 있었다. 이 객관적인 숫자가 중도층에게 노출되어질 때 긍정적인 이미지로 다가가게 된다. 많은 숫자의 공감과 지지를 모든 포스팅마다 항상 얻고자 하는 것은 좋은 방안이 아니다. <u>어느 한 순간에 한 포스팅만을 정하여 집중적으로 조직전체가 힘을 쏟아부어서 최대한 숫자를 올리면서 자신감을 얻도록 하는 방안을 권장한다.</u> 주기적으로 이러한 집중화 훈련이 반복되면 자연스럽게 구성원들은 순간적 힘을 응집하는 능력을 터득하게되어 잘 훈련된 네트워크 조직으로 거듭나게 된다.

[나만의 창의적 융합]

〈온오프 일체화〉〈콘텐츠 경쟁력〉〈데이터 과학화〉각 항목을 응용하여 선택과 집중이 남다르게 하는 나만의 실행방안은?

015 집단지성

누구나 자유롭게 참여하여 온라인에서 글을 쓰고 편집한다.
실시간으로 새로운 내용을 올리고 무료로 제공한다.
집단지성^{Collective Intelligence}의 상징 '위키피디아^{Wikipedia}'는
2001년 시작하였지만 전 세계 사람들의 백과사전이 되었다.

2012년 브리태니커^{Britanica} 백과사전은 1768년부터 244년간 발행하던 종이 사전 발행을 중단하였다. 일반 대중이 참여한 위키피디아 내용과 최고의 전문가들만 참여하여 편집하던 브리태니커 내용과의 정확성을 과학학술지 네이처가 비교하였다. 42개 항목에서 위키피디아는 각 글마다 4개의 에러가 발견되었고, 브리태니커는 3개의 에러가 발견되었다. 차이가 크지 않았다. 집단지성이 만들어내는 정확성이다.

집단적 지적능력

'국민은 정치의 주체이며, 국민은 항상 옳다'는 믿음이 정치와 선거의 시작점이 될 때 민주주의는 제대로 꽃을 피울 수 있다. 민심은 무섭다. 민심의

거센 파도를 이기는 정치인은 아무도 없다. 집단의 지적 능력은 개체의 지적 능력을 넘어서는 힘을 가지고 있다. 전문가나 오피니언 리더가 각 분야의 지성을 대표하던 흐름이 변하고 있다. 브리태니커 백과사전이 시대를 풍미하던 때가 있었다. 오류 발견에 막대한 상금을 걸고 비싼 백과사전을 팔았다. 어느날 그 백과사전이 우리 곁과 도서관에서 사라지고 낯선 그러나 이제는 익숙한 위키백과가 대신하였다. '집단''단체''공동체'라는 개념이 중요하게 부각되고 있다. 집단적 지적능력을 보여주는 다수의 의견을 어떻게 적정한 절차 Due Process를 거쳐 수렴할 것인가가 또 하나의 주요한 과제이다.

1장 타겟팅과 지지가 다른 창의적 통찰력 전략

자발적 참여

집단의 지적능력을 모으는 적정한 절차의 핵심은 자발적 참여이다. 누구나 참여할 수 있어야 하고, 참여가 자유롭게 보장되어야 하고, 접근이 쉬워야 하고, 표현된 의견을 자유롭게 찬성하고 반대하고 토론하고 협의하는 분위기가 조성되어야 한다. 자발적 참여가 제한된 상태에서 모아진 의견을 집단지성이라고 포장하는 것은 기만이다. 제한된 소수가 의사결정을 독점하고자 하는 시도가 국민들에게 비춰지면 머지않아 완전히 외면당하게 된다는 점을 명심하여야 한다.

협력과 경쟁

집단적 지적능력은 참여자에 의해 지속적으로 가치가 부여되고 실시간으로 조정되어져야 한다. 또한 참여자의 역량이 실질적으로 기여를 하는 협력과 경쟁이 이루어져야 한다. 프랑스 사회학자 피에르 레비Pierre Levy도 지성에 대한 가치 부여를 통해 인간들이 서로를 인정하며 각각의 역량을 함께 모아서 함께 풍요로워지는 긍정적인 역할을 하는 사이버 공간의 집단지성을 제시하였다. 실질적 협력과 실질적 경쟁을 통해 집단의 의사를 수렴하는 것이 필수적이다.

마이크로 인플루언서Micro Influencer

비대면 선거에서는 팔로워를 많이 보유한 인플루언서 1인의 영향력이 우선일까, 아니면 팔로워가 적지만 수많은 다수의 평범한 국민들이 더 우선일까? 당연히 후자이다. 일반 상업적 마케팅에서도 이러한 다수의 국민들 즉 집단지성을 우선시하는 트렌드가 점차 강세를 보이고 있다. 마케팅에 함께 참여하는 인플루언서는 크게 세 부류로 구분할 수 있다. 팔로워가 10만명 이상의 메가Mega 인플루언서, 팔로워가 1만~10만명의 매크로Macro 인플루언서, 팔로워가 500~1만명인 마이크로(나노) 인플루언서이다. 최근에는 소비자의 경험을 친근하게 전달해 공감을 이끌어서 매출로 이어지도록 하며 비용대비 효과가 뛰어난 '마이크로 인플루언서' 마케팅이 각광을 받고 있다. 이들의 게시물에 국민들이 더 민감하게 반응한다. 자율성과 진정성이 있고, 참여도가 높은 편이며, 일방적 홍보성으로 보여지지 않아 신뢰성이 높으며 훨씬 더 긍정적이다. 또한 팔로워 수는 적지만 모든 팔로워가 잠재고객이 될 가능성이 크다. 비대면 정치와 선거에서도 평범한 다수의 일반국민 의견이 집단지성을 만드는 이러한 흐름이 나타난지 이미 오래되었다.

[나만의 창의적 융합]

〈온오프 일체화〉 〈콘텐츠 경쟁력〉 〈데이터 과학화〉 각 항목을 응용하여 집단지성이 남다르게 하는 나만의 실행방안은?

016 공유와 확산

**'역사상 가장 강력한 팬덤'인 방탄소년단 '아미^ARMY'의
규모는 어느 정도일까? 아미는 인종과 국경이라는 장벽을
뛰어넘고 편견을 깨뜨리면서 사회를 질적으로 변화시키는
'가치 지향적 커뮤니티'로 긍정적으로 진화하고 있다.
아미가 전 세계인들로부터 사랑을 받고 있는 이유이다.**

유튜브 'BANGTAN TV' 채널 구독자 수가 4,730만명이니 아미들만으로도
국가를 하나 세워도 될 정도이다. 다른 가수들의 팬덤과 마찬가지로 아미는
방탄소년단의 콘텐츠와 기사들을 공유하고 확산하는 것이 1차적인 주요활
동이다. 다른 점은 방탄소년단의 음악적 메시지와 가치를 실현하기 위하여
언어와 문화장벽을 넘어 봉사와 기부 등 가치적 사회활동을 통해 세상을 긍
정적으로 변화시켜 가고 있다는 것이다.

플러스섬 시대

참여하는 사람들 모두가 살아남는 플러스섬Plus-sum게임의 시대가 도
래했다. 상대를 죽여야 내가 사는 제로섬Zero-sum게임의 시대는 지나가고 있

다. 전 세계적인 초경쟁의 시대에 경쟁기업들끼리도 협력하는 경쟁속의 협력인 '협력적 경쟁'이 생존과 발전을 위한 차별화된 통찰력의 하나이다. 비대면 정치와 선거에서 지금까지 팬덤문화가 공유와 확산의 중심에 서 있었으며 팬덤들은 자신이 좋아하는 정치인과 정당의 콘텐츠와 관련기사를 적극적으로 공유하고 확산하였다. 그러나 지나친 정치 팬덤들이 야기하는 사회갈등과 정치불신에 대한 우려가 제기되고 있다. 비대면 정치와 선거를 제로섬이 아닌 플러스섬으로 만들어가는 노력이 절실히 필요하다. 장기적 안목에서는 플러스섬 팬덤으로 변화하여야만 중도층 국민들로부터 관심과 지지를 받을 수 있다.

1장 타겟팅과 지지가 다른 창의적 통찰력 전략

긍정적 팬덤

비대면 언택트에서 특히 팬덤은 국민들에게 정보를 알리고 비판적인 기능을 충실히 수행하였다. 정치인들은 이들의 비판을 다시 정책결정에 반영함으로써 간접민주주의 대의제가 지닌 소통의 기능을 잘 보완하였다. 초기 팬덤이 인터넷 카페를 중심으로 대표를 뽑고 지역 일꾼을 정하는 수직식 모델에서 점차 뉴미디어로 무대를 이동하면서 수평적인 관계로 변화하였다. 정치인 팬덤이 진화한 것이다. 능동적이고 자발적인 팬덤문화는 민주주의 발전을 위해 장려하여야 한다.

부정적 팬덤

팬덤은 치열한 선거전에서 자신의 편을 결집시켜서 사기를 진작시키고 상대편에 대한 강도높은 비판과 공격으로 존재감을 과시하였다. 김종인 전 비대위원장이 적절히 지적한 것처럼, 극성 팬덤의 지지를 기반으로 자란 정치인들이 자질과 함량을 의심하게 하는 행동을 하는가하면, 사법부의 판단에도 유리하면 박수치고 불리하면 법관을 탄핵하라고 목소리를 높이는 등 비상식적인 행동을 되풀이하곤 했다. 나아가 지나친 인신공격과 네거티브로 일관하면서 극단적인 편가르기로 사회갈등을 유발시키기도 하였다.

합리적 비대면문화

초연결성의 시대에 방탄소년단의 아미에서 우리는 플러스섬의 방향성과, 가치지향적 방향성과, 인종과 언어 국경 등 차별적인 장벽을 넘어서는 자세를 진지하게 배워야 한다. 미래지향적인 자세로 사회전체를 발전시키고자 하는 팬덤은 국민들로부터 점차 인정을 받을 수 있다. 그러나 비정상적인 비난과 마타도어 등의 네거티브를 일삼는 팬덤은 사회전체를 병들게 할 뿐만 아니라 중도층 국민들에게서 팬덤이 따르는 정치인을 멀어지도록 만든다. 비대면 언택트는 훌륭한 정치인을 키우는 기본적 토양과 문화를 제공하여야 한다. 자신이 좋아하는 정치인의 위상이 높아지도록 하는 것은 서로 다름을 인정하고 합리적 비판을 수용하는 것이다. 국민들로부터 상식적이고 합리적인 팬덤으로 인정을 받고 있어야만, 구성원의 자발적이고 능동적인 공유와 확산이 그 빛을 발할 수 있다. 그렇지 않으면 국민들은 편가르기 팬덤의 부산물로 인식하여 아예 공유된 콘텐츠를 스팸으로 처리하여 보려고조차 하지 않음을 명심하여야 한다.

[나만의 창의적 융합]

〈온오프 일체화〉〈콘텐츠 경쟁력〉〈데이터 과학화〉 각 항목을 응용하여 공유와 확산이 남다르게 하는 나만의 실행방안은?

017   이동성

하반신을 움직이지 못하는 지체장애인이지만,
걷고 뛰어다니고 어디든 자유롭게 이동을 한다.
휠체어도 필요 없다. 아바타 프로그램이 만든 기적?이다.
영화 `아바타<sup>Avatar</sup>` 주인공 제이크 설리^{Jake Sully} 이야기이다.

3차원 입체기술을 적극적으로 사용하여 영화사에 새로운 획을 그은 작품으로 평가를 받는다. '아바타'는 가상공간에서 자신의 분신을 의미하는 시각적 이미지로 자신의 역할을 대신하는 애니메이션 캐릭터이다. 코로나19 발생 후 비대면 문화가 확산함에 따라 자신을 대신해 사회적 문화적 경제적 활동을 할 수 있는 아바타를 통한 쇼핑 여행 등이 각광을 받고 있다. 비대면 선거에서는 2020년 미국 대선에서 조 바이든 캠프가 이를 활용하여 소통을 하였으며 언론의 주목을 받았다.

무경계^{No Boundary}

　비대면 언택트 세계는 국경이 없는 무경계 공간이다. 이동 중이라도 어느 곳에서든 커뮤니케이션이 가능한 공간성을 지니고 있다. 모바일의 이동성과 간편한 접근성, 위치정보와 길찾기, 사용자별 맞춤정보 알림기능의 특성을 특히 잘 활용하도록 한다. 역사상 세계에서 가장 넓은 영토를 가진 나라는 칭기즈칸의 몽골제국이었다. 대규모 병력을 투입하여 유라시아 원정에 약 50년이 걸렸다. 1998년 설립한 구글Google은 인터넷 세상에서 몽골제국의 영토보다 훨씬 더 넓은 공간의 지배력을 20년도 채 되지않은 짧은 시간안에 장악하였다. 시간과 공간의 경계가 허물어지며 다양한 형태의 비주얼로 정보를 전달하는 3차원 입체감의 가상공간이 빠르게 진화하고 있다.

VR AR 메타버스

가상현실VRVirtual Reality과 증강현실ARAugmented Reality 기술을 만나 영화 '아바타'의 세계는 하나둘씩 실현되어가고 있다. 가상의 공간에서 실제로는 다른 사람들로부터 사회적 거리두기가 가능하고, 체험의 느낌은 기술을 통하여 살리는 것이다. 특히 디지털에 익숙한 MZ세대((1980년 이후 태어난 밀레니얼 세대와 1990년대 중반이후 2000년대 초반 태어난 Z세대)들에게 유튜브 인스타그램 넷플릭스보다 메타버스Metaverse가 최근 관심을 받는 분야로 떠오르고 있다.

제페토와 모동숲

메타버스는 가상현실보다 한 단계 더 진화한 개념으로, 메타Meta라는 '가상''초월'을 뜻하는 단어와 유니버스Universe라는 우주를 뜻하는 단어의 합성어이다. 국내에서는 네이버가 가상현실 플랫폼 '제페토ZEPETO'를 2018년 출시하였다. AR 콘텐츠와 게임과 SNS 기능을 모두 담고 있으며, 인스타그램에서 해시태그로 '제페토'를 검색하면 20.8만 '제페토스타그램'은 10.4만개 포스팅이 있다. 특히 10대 등 젊은층을 중심으로 인기를 끌고 있다. 미국에서는 2020년 대선에서 조 바이든 캠프가 닌텐도 게임 모동숲(모여봐요 동물의 숲)Animal Crossing: New Horizons에서 선거유세를 펼쳐 화제가 되었다. 조 바이든 표지판 4종의 QR코드를 스캔하여 게임 내 디자인으로 내려받아 집 앞에 팻말을 세우거나 마을회관 깃발 등으로 사용할 수 있도록 하였다.

'아바타' 소통

메타버스는 게임이나 가상현실을 즐기는 것을 넘어, '아바타'를 활용해 실제 현실세계와 같은 사회적 문화적 경제적 활동을 할 수 있는 3차원의 가상세계이다. 디지털 기술을 총 망라해 현실감을 극대화하여 현실세계의 모든 것을 가상세계에 구현하고자 한다. 자신의 '아바타'로 친구들과 함께 사진을 찍고 뉴미디어에 사진을 게시한다. 무인도에서 동물 주민들과 함께 섬을 꾸리면서 숲의 동물들과 대화하고 낚시도 한다. 여행을 하며 광장에서 행사를 기념하는 DJ파티에 참석한다. 소셜월드에서 신입생들이 입학식에 참석한다. 유명가수의 안무영상에 맞추어 함께 춤을 추거나 행사를 즐긴다. 3차원 의상을 입어보고 피팅을 하고 쇼핑을 한다. '아바타'로 소통하는 이동성의 혁신이다. 아바타는 디지털 휴먼으로 자신의 이미지를 살린 '제2의 자아'로 태어나고 있다.

[나만의 창의적 융합]

〈온오프 일체화〉〈콘텐츠 경쟁력〉〈데이터 과학화〉 각 항목을 응용하여 이동성이 남다르게 하는 나만의 실행방안은?

1장 타겟팅과 지지가 다른 창의적 통찰력 전략

018 위닝샷

'명량'을 지나면 바다는 네 배나 빠른 속도의 조류로 돌변한다.
불규칙한 수중 암반으로 물이 솟구치고 회전하고 회오리친다.
물길이 휘돌아 나가는 울돌목 바다는 우는 소리를 낸다.
단 12척의 배로 330척의 왜군과 맞서 싸워 역사를 바꾸었다.

"신에게는 아직 12척의 배가 남아 있사옵니다." 영화 '명량Roaring Currents'에서 이순신 장군은 명량 바다에서 외로운 싸움을 시작한다. 도저히 이길 수 없는 상황을 지형의 특성을 잘 이용하는 지략으로 극복하여 왜적을 물리쳤다. 울돌목의 물때와 물살이 승부를 결정짓는 중요한 전략이었다. 전투의 긴박함을 보여주는 극적인 장면들로 인해 누구나 잘 아는 스토리임에도 불구하고 영화 '명량'은 천만관객 대열에 합류하였다.

승부 결정력

창의적 융합의 지식이나 전략은 기술이나 장비에 의존하는 상대보다 우위에 설 수 있다. 모든 상황이 자신이 원하는 방향으로 유리하게 만들어지지 않을 수도 있다. 주위 그룹이나 단체들이 생각하는 만큼 우호적이지 않아서 협력이 원만하지 않을 수도 있다. 승리를 가져오는 해결책은 결코 먼 곳에 있지 않다. 늘 가까이에 있다. 주변을 자세히 관찰하면서 하나하나 'Why왜'로부터 시작하여 나에게 맞는 승리방안을 찾아가도록 한다. 잘 한다는 얘기를 듣는 수준을 넘어서 승리의 결정적 무기 즉 위닝샷Winning Shot을 갖추어야 한다. 야구에서 마무리투수는 마지막에 나와 던지며 승리를 확정 짓는 역할을 한다. 완전한 승리로 매듭을 짓는 결정적인 승부수가 필요하다.

1장 타겟팅과 지지가 다른 창의적 통찰력 전략

전략적 이벤트

선거는 민주주의의 꽃이며 축제이자 페스티벌이다. 관심과 흥미 그리고 프레임을 주도하는 결정적인 전략적 이벤트가 연속되도록 기획하여야 한다. 4.7 재보선 서울시장 선거에서 국민의 힘 오세훈 후보자의 '2030 시민유세단'이라는 전략적 이벤트가 승부를 갈랐다. 20대와 30대로 구성된 일반 시민이 뉴미디어에서 선착순으로 신청을 하여 자유롭게 오세훈 후보 유세차에 올랐다. 청년들의 지지유세가 계속 이어졌다. 정의와 공정의 가치에 예민하게 반응하는 2030이 마음대로 이야기를 할 수 있는 자리가 마련된 것이었다. 부정적 네거티브가 아닌 긍정적 포지티브 이벤트로 승리를 가져올 때 그 기쁨은 배가 된다.

승리 결정타

지지부진한 싸움에서 결정적으로 승부에 영향을 주는 결정타가 필요하다. 상대의 약점이 결정타가 될 수도 있고 자신의 강점이 결정타가 될 수도 있다. 약점이든 강점이든 선거의 결정타로 역할을 하기 위해서는 지지를 변화시키는 수준의 폭발력을 가져야 한다. 4.7재보선 선거에서는 전임시장 성추행, 부동산, 내로남불, LH사태, 불공정, 정부의 일방통행, 그리고 2030 여론변화 등의 약점이 복합적으로 어우러져 결정타가 되었다.

비장의 무기

비대면 선거에서 위닝샷의 역할은 좀 더 은밀하게 지속적으로 조직적으로 이루어져야 한다. 비대면 플랫폼에서 가장 강력한 힘을 가지는 비장의 무기는 세몰이와 바람몰이의 바람을 일으키는 국민들의 자발적인 참여이다. 온오프 일체화 네트워크 구성원의 조직적 공유와 확산은 바람몰이를 위하여 바람을 불러일으키는 송풍기이자 풍로이다. 그 자체가 바람이 되는 경우는 쉽지 않다. 그러나 그것이 도화선이 되어 민심이 움직이면 그 바람은 잡기가 어려운 상태에 이른다. 이러한 특성을 잘 파악하여 결정적 순간에 사용할 수 있도록 감추어진 비장의 무기Ace in The Hole를 만들어가야 한다. 선거에서 승자가 되고자 하는 목표가 뚜렷하면 가야할 길이 잘 보이며 해야할 일이 분명해진다. 바람이 부는 것을 인식하는 상태가 되면 그때는 이미 대비하기 늦은 상태이다. 비대면 언택트가 가지고 있는 '은밀성'의 특성이다.

[나만의 창의적 융합]

〈온오프 일체화〉 〈콘텐츠 경쟁력〉 〈데이터 과학화〉 각 항목을 응용하여 위닝샷이 남다르게 하는 나만의 실행방안은?

1장 타겟팅과 지지가 다른 창의적 통찰력 전략

핫이슈

오프라 윈프리^{Oprah Winfrey} **토크쇼에 276명이 초대되었다.**
새 차를 선물로 받을만한 사연의 주인공들로 선정된
이들이었다.
11명에게 나눠준 후, 방청객 모두의 상자 중 하나에만
12번째 차 열쇠가 있다고 말했지만 모든 상자에 차 열쇠가
들어있었다.

2021년 3월 영국 해리 왕자 부부가 한 인터뷰에서 영국 왕실의 인종차별 등 '폭탄' 발언을 쏟아내어 전 세계를 술렁이게 만들었다. 진행자는 오프라 윈프리였다. 2018년 1월 골든글로브 평생공로상 시상식에서 '미투 캠페인'에 연대하는 검은 드레스를 입고 무대에 섰다. 인상적인 수상소감을 발표하여 2020년 대선 유력후보로 급부상하였다. 대선 가상대결서 당시 대통령인 도널드 트럼프보다 10%나 앞섰다. 오프라 윈프리는 항상 이슈를 몰고 다닌다.

국민적 관심사

핫이슈^{Hot Issue}는 국민들에게 뜨거운 관심을 불러일으키는 논점이나 쟁점이다. 정치의 주체인 국민의 관심사를 자신의 관심사로 이야기하는 것이 출발점이어야 한다. 자신의 관심사를 국민의 관심사로 만들고자 이야기하는 것이 출발점이 되어서는 안된다. 즉 후보자는 자신의 관심사가 아닌 국민의 관심사를 이야기하여야 핫이슈가 된다. 서로 다투는 중심내용인 이슈성이 있는 정치주제를 자주 언급하면 비대면에서 방문자 유입과 검색량이 늘어난다. 언급한 이슈에 대한 데이터를 정기적으로 확인하여 국민들의 관심추이를 파악하고 이를 다시 반영하여 이야기하도록 한다. 이슈가 되는 키워드 분석은 '블랙키위' 사이트를 이용하면 된다. 최신 이슈키워드를 주기적으로 갱신하여 분석해 준다.

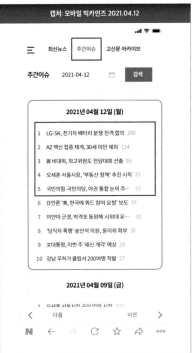

빅카인즈 분석

　이슈성이 있는 정치주제인지 여부는 언론보도 기사 건수로 객관적으로 판단할 수 있다. 한국언론진흥재단이 운영하는 뉴스빅데이터 분석서비스 '빅카인즈BIGKinds'를 활용하도록 한다. 54개 매체 7천만건 뉴스 콘텐츠를 빅데이터화하여 이슈별로 분석하여 제공하는 것을 실시간으로 볼 수 있다. 주간이슈에서 1일 기사 건수가 50건이 넘어가는 것은 국민적 이슈성이 있다고 판단된다. 1개 매체가 1번은 언급한 이슈의 기사라는 의미이다. 이러한 이슈는 비대면 언택트에서 후보자의 관심사로 삼아 이슈 파이팅을 하는 것이 하나의 루틴으로 습관화되도록 하여야 한다. 언론사 입장에서도 국민의 관심사인 주요한 이슈를 매번 자신의 관심사로 얘기하는 정치인의 응답을 기사에 넣는 필요성이 생긴다. 언론보도가 일정기준 이상 되는 이슈는 지속적으로 집중적으로 비대면 뉴미디어에서 언급하도록 한다. 지역적 이슈도 빅카인즈 지역별 언론보도 기사를 키워드 주요내용으로 분석하고 데이터화하여 활용하면 된다.

대중성 강화

　중도층을 향한 응집력있고 폭발력 있는 이슈로 대중성을 강화하도록 한다. 지지층을 향한 대중성은 자칫 잘못하여 선을 넘으면 과도한 선동으로 중도층에 인식되어 오히려 비대면 선거에 부정적인 결과를 낳는다. 지지층에만 기대어 상식적이지 않은 궤변으로 국민을 현혹하는 경우를 적지 않게 본다. 상식에 맞는 이슈에 대한 언급은 국민적 관심사가 되어 상승효과를 일으키지만, 상식에 맞지 않는 이슈에 대한 언급은 국민적 관심사가 아닌 오직 지지층의 관심사에만 머물러 국민들로부터 외면당하며 대중성을 잃게 된다.

이슈 파이팅

비대면 뉴미디어에서 적절한 타이밍에, 자신이 원하는 이야기가 아니라, 국민이 원하는 이야기를 하도록 한다. 이슈선점과 이슈파이팅으로 대중의 관심을 사로잡기 위해서는 말할 용기가 있어야 하고 행동할 용기가 있어야 한다. 반대를 두려워하지 말아야 한다. 적이 분명하여야 아군이 분명하듯이, 반대가 있어야 지지가 있다. 찬성이든 반대이든 논란의 중심에 서서 당당히 자신의 입장을 밝혀야 한다.

[나만의 창의적 융합]

〈온오프 일체화〉 〈콘텐츠 경쟁력〉 〈데이터 과학화〉 각 항목을 응용하여 핫이슈가 남다르게 하는 나만의 실행방안은?

020 　　　　　　　　 차별화

'여기에 미친 자들이 있습니다. 부적응자들, 반항아들,
말썽꾸러기들, 사물을 다르게 보는 사람들... 그들을
무시하는 것은 당신이 할 수 없습니다. 그들이 세상을 바꾸기
때문입니다. 그들은 인류를 앞으로 나아가도록 합니다...'
애플^{Apple}신화를 이룬 초기광고 'Think Different' 대사이다.

애플의 가치와 철학은 1997년 광고의 'Think Different'라는 슬로건으로 집
약된다. 창업자 스티브 잡스Steve Jobs는 애플 스스로가 세상을 바꾸기 위해
존재한다는 가치와 철학을 대중들에게 제시하였다. 이 가치와 철학에 공감
하는 애플의 충성도 높은 고객들은 신제품을 먼저 사기위해 밤샘 줄서기도
마다하지 않았다. 세계 곳곳에서 '애플 매니아Apple Mania'는 뉴스거리가 되어
애플신화를 만들었다.

자신만의 가치철학

　차별화 전략은 경쟁 후보자와의 차별성을 강조하면서 자신의 우위성을
국민들에게 인식시키고 알려서 경쟁력을 강화해 나가는 것이다. 애플은 자

신만의 가치철학 원칙에 가장 충실한 기업 중의 하나이다. 세상을 바꾸고 인류를 앞으로 나아가고자 하는 것이 애플의 가치와 철학임을 강조하면서 경쟁우위를 달성하였다. 이것이 '애플 매니아'라는 충성스러운 고객들을 전 세계에 보유하게 된 아주 특별한 비법이자 가장 단순한 노하우이다. 박용진 의원은 '소신'이라는 가치에 대하여, 원희룡 제주도지사는 '개혁'이라는 가치에 대하여 차별성을 가지고 있다고 국민들로부터 인정받고 있다. 진영논리를 넘어 국민의 삶 곳곳에서 구체적인 성과를 내는 정치를 하고자 하는 소신과 '원조 소장파'로서 개혁적인 목소리를 지속적으로 내며 행동하여온 가치와 철학에 대해 상당히 많은 국민들이 공감하고 있는 것이다.

1장 타겟팅과 지지가 다른 창의적 통찰력 전략

자신만의 장점

경쟁 후보자들이 모방할 수 없는 것으로 브랜드화하고 차별화하여야 한다. 자신만의 장점을 찾아서 그 장점을 지속적으로 강화하는 방법으로 차별성을 부각시켜야 한다. 비대면 언택트에서는 경쟁 후보자들과 다른 작은 차이에서 시작하여 점차로 유니크한 자기특색이 국민들에게 인식되어지도록 꾸준히 콘텐츠를 제작생산하도록 한다. 작은 차이가 쌓여서 큰 경쟁력을 만드는 것이다. 자신이 잘 하는 것을 찾아서 상대 후보자보다 더욱 더 잘 하도록 하는 것이 차별화를 만드는 길이다.

신뢰성 우선

애플의 고객들은 어떤 성능을 지닌 제품을 만들었지는지 궁금해 하지 않는다. '다르게 생각하라'는 애플이 지향하는 가치와 그 가치에 합당한 제품일 것이라는 것을 무조건 신뢰한다. 현실에 안주하지 않고 다른 시각으로 세상을 보다 앞으로 진일보 시키고자 하는 애플의 기업 철학을 믿는다. 애플이 왜 이 제품들을 만들어 내는지를 신뢰한다. 어떤 제품을 만들어 낼지라도 단지 믿을 뿐이다. 상식적인 국민은 자기편만을 위한 진영논리를 주장하는 정치인보다, 다양성을 인정하고 사회를 발전시키는 건전한 정치인에게 신뢰를 보낸다. 국민들로부터 신뢰를 쌓아야 어떤 것이라도 만들어 갈 수 있다. 신뢰가 최우선이다.

자기다움 차별화

　정치인으로서 자신만의 가치와 철학으로 자신만의 장점을 강화하는 차별화 전략의 핵심은 '자신만의 다름' 즉 '자기다움'에 있다. 국민들에게 자신의 차별화를 강조하는 방법으로 상대 후보자와의 정책이나 공약, 인물, 경쟁력 등을 비교하여 상대적 차별화를 만들어 갈 수도 있다. 그러나 비대면 선거에서는 스스로의 자기다움을 발견하고 자기다움을 통해 차별화를 인식시키는 방법을 권장한다. 마케팅 시장에서 오랫동안 살아남은 기업은 자신의 정체성이 분명한 즉 자기다움이 분명한 브랜드들만이 장수하고 있음을 명심하여야 한다. 차별화의 1차적 단계가 상대 후보자와의 비교에 의한 '누구보다'의 상대적 차별화라면, 2차적 단계는 누구와도 비교할 수 없는 고유한 '자기다움'의 절대적 차별화이다. 최선의 방안은 바로 자신 안에 있음을 깨달아야 한다. 자기다움을 찾아서, 자기다움의 방식으로, 국민들에게 자기다움이 느껴지도록 행동으로 옮겨야 한다. 그것이 바로 '자기다움 차별화' 이다.

[나만의 창의적 융합]

〈온오프 일체화〉〈콘텐츠 경쟁력〉〈데이터 과학화〉 각 항목을 응용하여 차별화가 남다르게 하는 나만의 실행방안은?

021 다양성

소록도 한센인들에게 작은 희망의 등불이었다.
파란 눈의 두 천사 '마리안느와 마가렛'이 함께 한 43년은
책의 부제처럼, '우리 곁에 사랑이 머물던 시간'이었다.
천사가 뿌린 사랑이 사회의 다양한 곳에서 다시
피어나기를...

소록도는 한센인들의 슬픔과 애환이 깃든 섬이다. 단지 한센병 환자라는 이유로 차별과 멸시를 받았고 이곳에 격리되었다. 우리 사회가 서로가 다른 다양성을 인정하는 선진사회로까지 발전하지 못했던 시대였기에 한센인들이 겪었던 아픔은 상상 그 이상이었을 것이다. 사랑만이 아픔을 치유할 수 있다는 믿음으로 두 천사는 우리가 미처 다정한 눈길을 주지 못하였던 곳에 그들의 평생을 쏟아 부었다. 그들이 행한 아름다운 사랑의 실천과 용기있는 삶은 한줄기 빛이 되어 영원히 꺼지지 않을 것이다.

디지털 격차

비대면 사회가 일상화되면서 사회양극화에 따른 보이지 않는 디지털 정

보격차Digital Divide가 더욱 심화될 우려가 있다. 비대면 선거 현실에서는 국민들의 디지털 격차가 생각외로 너무나 심각한 것을 느낀다. 10대는 '아바타'를 통한 제페토와 '틱톡', 20대 30대는 인스타그램과 '릴스', 유튜브와 '쇼츠', 그리고 '클럽하우스', 반면 60~70대는 카카오톡과 유튜브를 중점적으로 이용한다. 60~70대에게는 '메타버스'라는 용어조차 아직 낯설고 비대면 쇼핑은 아예 엄두도 잘 내지 못한다. 정확한 디지털 정보격차 현실을 파악하고 있어야 제대로된 연령대별 계층별 비대면 액션플랜을 세울 수 있다.

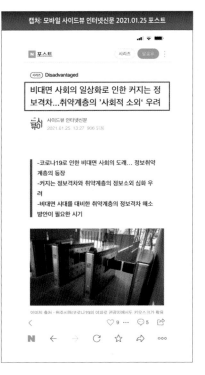

　　　　　　　　　　　　1장 타겟팅과 지지가 다른 창의적 통찰력 전략

정보 접근성

비대면 선거에서는 어떻게 효율적으로 다양한 계층에게 콘텐츠를 전달할 것인가를 고민하여야 한다. 특히 중장년 노인 장애인 소외계층 다문화 등 정보접근이 어려운 계층을 위한 적극적 전달방안을 강구하여야 한다. 카카오톡 단톡방 또는 1:1 전달, 유튜브 영상 포스팅, 장애인을 위한 음성대화형 인공지능과 챗봇 등도 효율적인 방안이다. 비용이 들지만 가장 확실한 방안은 휴대폰으로 문자보내기이다. 링크주소를 같이 넣어서 누르면 영상 콘텐츠로 연결하는 것도 좋은 방안이다.

정보 활용성

다양한 계층에서 후보자 정보에 일단 접근하면 이를 잘 활용하도록 하는 방안도 콘텐츠 제작 시에 함께 고려하여야 한다. 기본적인 정보지식의 차이에 따라 접근한 콘텐츠를 활용하는 정도는 천차만별이다. 각각의 뉴미디어에 대해 숙련된 지식을 가진 국민들이 있는가하면 아주 기초적인 단계만 활용할 줄 아는 국민들도 있을 것이다. 중간단계보다 약간 높은 활용수준에 맞추어 콘텐츠를 제작하는 것이 좋다.

국민 편의성

비대면 모바일과 앱을 중심으로 한 디지털 기술이 진화하면 진화할수록 디지털 정보격차는 더욱 더 심해질 것이다. 모바일로 사회적 문화적 경제적 활동의 편의성을 누리는 계층이 있는가하면 반면에 익숙하지 않은 디지털 환경으로 불편을 겪는 아날로그 계층도 있다. 국민은 정치의 주체이다. 국민들의 디지털 정보습득과 숙련도의 다양성을 고려하여 어느 단계에 있든 불편함이 없도록 하여야 한다. 특히 청각장애인들을 위해서는 시각적으로, 시각장애인들을 위해서는 청각적으로 보완하는 방안을 강구한다. 시각적인 GIS정책공약지도는 장년층에 효과적이다. 작은 휴대폰 화면에서 콘텐츠를 소비하는 2030을 위해 자막을 꼭 넣도록 한다. 모든 콘텐츠에 QR코드도 함께 넣는다. 디지털 격차해소라는 공익적 가치를 실현함과 동시에 현실적으로 후보자의 콘텐츠를 잘 전달하는 다양한 방안을 수립하여야 한다. 언론 방송 뉴미디어 등 어떤 것을 통해도 접촉이 되지 않는 국민이 있는지 없는지 꼼꼼히 살피고 체크한다. 국민의 불편함을 해소해 주고자하는 아주 작은 디테일한 섬세함이 쌓여서 진정성 있는 후보자의 마음을 느끼게 해줄 수 있다. 다양성은 차이를 인정하는 것이다.

[나만의 창의적 융합]

〈온오프 일체화〉〈콘텐츠 경쟁력〉〈데이터 과학화〉 각 항목을 응용하여 다양성이 남다르게 하는 나만의 실행방안은?

1장 타겟팅과 지지가 다른 창의적 통찰력 전략

022 새로움

청량음료 시장에서 코카콜라와 펩시가 절대강자였다.
세븐업7UP은 '콜라가 아닌uncola' 새로운 범주를 만들어
콜라 외 부문에서 가장 인지도 높은 브랜드로
자리매김하였다.
새로움을 무기로 대중의 관심을 끌어 성공한 사례이다.

1960년대 미국에서 청량음료 제품 범주에서는 코카콜라나 펩시가 워낙 대표적이어서 경쟁이 불가능할 정도로 소비자들에게 인식되어 있었다. 세븐업이 선택한 전략은 '콜라cola'라는 범주를 벗어나서 새로운 범주를 만들고 그곳에서 승부하는 것이었다. '콜라가 아닌uncola' 새로운 범주에서 세븐업은 대표적 주자로 자리잡았다.

New한 미디어

비대면 선거의 주요수단인 뉴미디어는 New한 미디어이다. 국민들은 ICT 과학의 발달을 일상생활 곳곳에서 체험하며 살고 있다. 후보자의 선거운동 방식이 국민 수준보다 앞서지는 못하더라도 최소한 따라가는 수준이 되어

야 국민들로부터 긍정적인 평가를 받는다. 새로이 생겨나는 New한 미디어의 장점은 새로운 것이기에 국민들의 호기심과 관심을 끌기가 좋다는 점이다. 새로이 만들어지는 것이기에 초기에 사용하는 사용자층에서는 누가 사용하고 어떻게 활용하고 무엇을 이야기하는지 관심을 가지게 된다. 이러한 초기의 후보자에 대한 관심을 긍정적 호감으로 이어지도록 한다면 비대면 선거에서 좋은 결과를 만들어 낼 수 있다. 뉴미디어는 New한 미디어이기에 New한 커뮤니케이션이 필요하다. 기존의 방식과 다르게 신선하고 새롭고 창의적인 커뮤니케이션 방식으로 국민에게 다가가야 한다는 것도 또한 잊지 말아야 한다.

얼리 어답터Early Adopter

비대면 플랫폼에서 검색을 통하여 정보를 얻는 국민들은 얼리 어답터의 평가에 민감하게 반응하는 경향이 있다. 사용자들이 뉴미디어에 대한 소개와 함께 가입과 사용방법에 대해서 자세히 알려주거나 이용후기 등을 통해 국민들에게 그 뉴미디어의 특성을 먼저 알려준다. 이용후기에서 긍정적인 평가를 받으면 사용자들이 관심을 가지고 가입하여 사용하면서 주위 이웃들에게도 가입을 권유하여 같이 그 뉴미디어에서 활동한다. 얼리 어답터의 역할이 뉴미디어에서도 중요하다.

'클럽하우스' 사례

시청각 영상이 대세인 흐름에 시대를 거슬러 음성 기반 뉴미디어가 2021년 1월~2월에 큰 화제를 모으며 갑자기 주목을 받았다. 그것도 아이폰만 가능하며 기존 사용자로부터 초대를 받아야만 이용할 수 있는 폐쇄형이라 다소 의아하였다. 일론 머스크, 오프라 윈프리, 최태원, 정용진, 김봉진 등 국내외 유명인들이 이 앱을 이용하면서 화제가 되었다. 지난 4.7 재보궐 서울시장 선거에서도 '클럽하우스Clubhouse: Drop-in audio chat'를 통한 비대면 소통이 서울시장 예비후보들 사이에서도 국민적 관심사가 되어 인기를 끌었고 언론은 여러 곳에 이를 기사화하였다.

비대면 '인싸' 소통

'인싸'는 인사이더Insider라는 뜻으로 각종 모임에 적극적으로 참여하면서 사람들과 잘 어울려 지내는 사람을 일컫는 단어이다. 혜성처럼 등장하여 '신드롬'에 가까운 반응을 일으키며 국내외에서 페이스북과 인스타그램을 잇는 차세대 SNS로 급성장하던 '클럽하우스'가 2개월만에 사용자가 급감하고 있다. 그러나 새로운 트렌드의 뉴미디어를 사용하면서 언론의 주목을 받았던 국민과 잘 소통하는 비대면 '인싸' 소통정치인들의 긍정적 이미지는 여전히 그대로 국민들의 뇌리에 남아있다. 모바일과 앱의 최적화를 향한 기술과 뉴미디어는 앞으로도 끊임없이 발전하고 진화한다. 국민들은 새로운 뉴미디어에서 새로운 이야기로 소통하기를 원한다. 그러기에 후보자들은 항상 새로운 것에 관심을 가져야 한다. 흘러간 물레방아로 새시대를 이끌 수는 없다. 뉴미디어는 New한 미디어이기에 항상 New한 새로운 것에 관심을 가지고 얼리 어답터의 자세로 국민들과 비대면 '인싸' 소통을 해야 한다.

[나만의 창의적 융합]

〈온오프 일체화〉〈콘텐츠 경쟁력〉〈데이터 과학화〉 각 항목을 응용하여 새로움이 남다르게 하는 나만의 실행방안은?

023 위기관리

유리창이 깨진 차를 거리에 방치하면 범죄가 확산된다.
직원의 미숙한 응대가 기업의 전체적 이미지를 훼손한다.
사소한 실수를 제대로 대응하지 못하면 큰 위기가 닥친다.
'깨진 유리창 법칙Broken Window Theory'이다.

사소한 깨진 유리창 하나가 국민들에게 법과 질서가 지켜지지 않고 있다
는 메시지로 읽혀져서 더 큰 범죄로 이어질 가능성이 높다는 것으로 미
국 범죄학에서 연구 정리된 법칙이다. 1994년 뉴욕시장 루돌프 줄리아니
Rudolf Giuliani가 적용하여 범죄의 온상이었던 지하철 내의 낙서를 모두 지
우고 경범죄도 단속하여 범죄가 감소하는 결과를 만들어 내었다.

관리 시스템화

리스크 관리가 경쟁력의 핵심이다. 좋은 이미지가 곧 차별적인 경쟁력이
다. 좋은 이미지를 갖고 있는 정치인이 그렇지 못한 정치인에 비해 차별적
인 경쟁력을 갖는 시대이다. 정치인의 이미지는 더 이상 추상적인 개념이

아니라 무형의 자산이 되는 시대가 된 것이다. 불행을 피하면 행복에 가까워진다. 실수하지 않으면 잘하는 것에 가까워진다. 잘못 대응하지 않도록 하는 것을 우선적으로 한다. <u>위기관리는 매뉴얼에 따른 위기대응, 위기 감지 모니터링, 사전 가상훈련, 우선순위별 대응, 전문가팀 운영 등이 필수적으로 시스템화 되어 있어야 한다.</u> 특히 위기의 징후를 감지하는 기본적인 모니터링은 상대 후보자 주요 포스팅, 국민의 반응, 객관적 숫자, 외부 데이터, 상승하강 흐름 등을 매뉴얼화하여 주요 책임자들이 공유하고 협의하고 협력하여야 한다.

초기대응 중요

비대면 언택트에서는 위기를 미리 감지하여 사전에 예방하는 것이 가장 최선이다. 특별한 사유가 없음에도 불구하고 데이터의 흐름추적에서 검색유입이 급격히 늘어나거나 줄어드는 경우는 위기가 있을 수 있다는 것을 알려주는 전조현상이다. 초기대응이 중요하므로 위기의 원인이 될 수 있는 사항을 우선 파악한다. 각 파트의 책임자들과 함께 어떠한 방향으로 어느 수준으로 어느 정도 신속히 대응할 것인가를 협의하여 피해가 최소화되도록 대응한다.

사전 가상훈련

작은 위기이든 큰 위기이든 위기는 항상 닥쳐온다. 슬기롭게 대처하지 못하면 어려움을 겪을 수 있음은 물론 다시 이미지 회복을 할 수 없는 상태에 이를 수도 있다. 예상되는 최악의 상황과 어려 상황을 가상하여 단계적 대응방안을 매뉴얼화 하고 매뉴얼에 따라 정기적으로 훈련하도록 한다. 실수가 반복되면 그것은 실수가 아니라 형편없는 실력이 된다. 온오프 일체화 네트워크 구성원들이 훈련되어 있으면 있을수록 어떠한 위기라도 큰 어려움없이 후보자는 극복해 나갈 수 있다.

위기대응 매뉴얼

비대면 선거에서는 후보자 검증과 비판과 네거티브라는 경계가 불명확하여 초기 대응에 따라 국민적 여론이 달라지는 경우가 많다. 전체적인 상승하강 흐름에 대한 지속적인 데이터가 누적되어 있으면 제기된 사안에 대하여 종합적으로 판단할 수 있는 객관적 자료가 어느 정도 확보되어 있기에 판단을 내리는 것이 용이하다. 기본적인 모니터링이 중요한 이유이다. 지난 4.7재보선에서 오세훈 후보자는 제기된 의혹에 대하여 초지일관 정공법으로 대응하여 결국 국민의 지지를 받았다. 싸움을 잘 하는 2번째 기술은 방어의 기술이 남달라야 한다. 비대면 언택트 공간에서는 허위사실 공표, 후보자 비방, 가짜뉴스 등이 적지않게 유포되고 있다. 특히 여론 아닌 여론으로 포장한 이른바 '좌표찍기'를 통한 위기상황 발생을 고려하여 대비하고 있어야 한다. 특정 기사나 콘텐츠 주소 링크를 복사해서 커뮤니티와 뉴미디어에 집중적으로 공유하는 행위이며, 경쟁 후보자의 집단적 공격행위의 일종이다. 단시간 내에 시나리오에 따른 집단적 대응이 가능한 수준으로 위기대응 매뉴얼을 작성하여 집단적으로 방어를 하여야 한다.

[나만의 창의적 융합]

〈온오프 일체화〉 〈콘텐츠 경쟁력〉 〈데이터 과학화〉 각 항목을 응용하여 위기관리가 남다르게 하는 나만의 실행방안은?

1장 타겟팅과 지지가 다른 창의적 통찰력 전략

024 커뮤니케이션

뮤지컬 '라이온 킹 The Lion King'에서 동물을 연기하는 배우들은
얼굴과 모습을 가면으로 숨기지 않고 오히려 전면에 드러낸다.
인간과 동물이 공존하는 '더블 이벤트 Double Event'이다.
연출가 줄리 테이머 Julie Taymor는 새로운 상상력으로
무대위 배우와 관객들이 커뮤니케이션 하도록 하였다.

영화, 뮤지컬, 콘서트 등 공연과 영화를 포함한 모든 미디어 문화예술 콘
텐츠 중에서 세계에서 가장 많이 팔린 작품은 무엇일까? 뮤지컬 '라이온
킹'이다. 이전에는 동물을 연기할 때 배우가 동물 가면이나 인형 옷으로
얼굴과 신체를 가리면서 마치 실제 동물인 것처럼 연기하였다. 그러나 줄
리 테이머는 관객들에게 무대가 구현되어지는 과정을 적극적으로 보여줌
으로써 상상력을 자극해 새로운 감각을 불러 일으켰다. 관객들은 무대
위의 캐릭터가 동물임을 인식함과 동시에 이를 표현하는 배우의 디테일
한 감정표현까지 감상할 수 있게 되었다. 가면과 인형이 배우들의 연기와
융화되어 새로운 차원의 예술이 되었다.

New한 커뮤니케이션

뉴미디어는 New한 미디어이기에 New한 커뮤니케이션이 요구된다. 기존 방식을 넘어서 신선하고 새롭고 창의적인 커뮤니케이션 방식으로 국민에게 다가간다. 나경원 후보자는 매일 밤 10시 자신의 유튜브 채널 '세수 후 Na의 1분 30초'에서 화장을 지운 민낯으로 진솔한 이야기를 하였다. 우상호 후보자는 자가 격리된 동안 잠옷 차림에 '홈트'(홈트레이닝)하는 영상을 매일 유튜브 '슬기로운 격리생활'에 포스팅하였다. 국민들을 직접 만날 기회가 부족한 비대면 시대에 친밀한 이미지로 국민에게 다가가는 New한 커뮤니케이션이다.

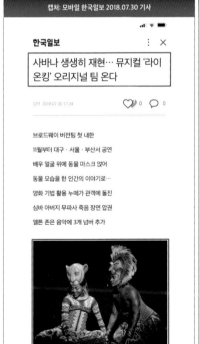

찾아가는 소통

국민들에게 후보자가 '이곳에서 소통하기를 원하니 찾아오세요'라고 말하면서 오기를 기다릴 수는 없다. 정치의 주체인 국민들이 있는 곳에 소통을 위해 후보자가 적극적으로 찾아가야 한다. 국민들은 자기가 선호하고 좋아하는 뉴미디어에서 소통하기를 원한다. 유튜브이든 인스타그램이든 클럽하우스이든 밴드이든 커뮤니티이든 어느 곳이든 찾아가서 소통하는 적극적인 모습을 보여야 한다. 찾아가보지도 않고 소통하겠다고 말하고 또한 소통이 잘 안된다고 말한다.

핫라인 구축

정치의 주체인 국민들과 직접 소통하는 핫라인을 구축하도록 하여야 한다. 비대면 뉴미디어 기능을 강화하여 중간의 다른 과정을 거치지 않고 국민의 목소리를 직접적으로 바로 듣도록 한다. 생생한 국민의 의견이 잘 전달되고 피드백이 다시 국민에게 전달되는 구조이어야 한다. 그리고 후보자 뉴미디어에 국민들과의 만남이 다양한 사진과 영상으로 기록되도록 하여야 한다. 낮은 자세로 국민의 목소리에 귀 기울이며 국민의 목소리를 온전히 듣는 핫라인이 구축되어 있음을 알려서 언제든지 누구나 후보자와 직접 소통할 수 있도록 한다.

쌍방향 소통

국민들과 일방향 홍보가 아닌 쌍방향 소통을 하여야 한다. 쌍방향 소통을 하겠다고 하고서는 일방적으로 홍보하는 잘못을 범하고 있지는 않은지, 잘 듣겠다고 하면서 후보자 말만 하고 있지는 않은지 항상 뒤돌아보아야 한다. 후보자가 흔히 범하는 실수는 국민들이 자신의 생각을 충분히 잘 이해하지 못하기에 지지도가 낮다고 생각한다. 그래서 자신의 생각을 국민들에게 잘 설명하면 이해해 줄 것이라고 믿으면서 설명하려고 하고 가르치려고 하고 후보자가 하고 싶은 얘기만을 하는 경향이 있다. 그러나 비대면 언택트에서는 국민들이 듣고 싶어하는 얘기를 해야 한다. 아무리 좋은 얘기라도 관심을 보이지 않으면 국민들의 지지를 받을 수 없다. 고민을 이해하고 아픈 곳을 어루만져주며 공감해주는 후보자를 국민들은 더 원한다. 국민의 눈높이에서 함께 생각하며 행동하는 후보자를 더 원한다. 정치의 주체인 국민이 원하는 것은 같이 얘기하고 듣고 반응하고 협의하는 쌍방향의 원활한 커뮤니케이션임을 잊지 말아야 한다.

[나만의 창의적 융합]

〈온오프 일체화〉 〈콘텐츠 경쟁력〉 〈데이터 과학화〉 각 항목을 응용하여 커뮤니케이션이 남다르게 하는 나만의 실행방안은?

025

인지도

사람이 어떤지를 평가할 때, 물건을 살 때, 식당을 갈 때,
관련된 모든 정보를 모으고 분석하여 판단하기는 불가능하다.
불충분한 제한된 정보로 어떤 사안이나 상황을 직관적으로
즉흥적으로 어림짐작하는 것이 휴리스틱^{Heuristics}이다.

'크리넥스Kleenex' '스카치테이프Scotch-Tape' '지프Jeep' 모두 기업의 브랜드이지만 제품을 대표하는 것으로 굳어져서 상표 자체가 일반 명사화된 것들이다. 이런 제품을 구매할 때 소비자들은 자연스럽게 그 브랜드들을 선택하게 된다. 새로운 사건이나 상황에 처할 때 자신이 경험했던 고정관념이 전체를 대표한다고 생각하여 이를 통해 판단하는 것을 대표성 휴리스틱Representativeness Heuristic이라 한다.

여론조사 지지율

여론조사에 따라 모든 것이 달라지므로 전체 역량을 여론조사에 최우선으로 집결시켜야 한다. 당내 후보자를 결정하고, 단일화 후보자를 결정하

고, 언론기사를 장식하고, 비대면 각 뉴미디어에 공유되고, 국민들 입에 자주 오르내린다. 최초 공표용 여론조사가 언론에 공개될 때 최소한 두자리 수 10%이상 지지를 받도록 철저한 준비를 하여야 한다. 여론조사는 민심을 객관적으로 알아보는 하나의 주요한 자료이다. 그것이 단순한 인지도이든 실질적인 지지도이든 국민들은 그것을 구별하지 않는다. 단지 나타난 숫자만 기억한다. 준비가 부족하여 한 자리 숫자 결과가 이어지면, 후보자에 대한 관심도 줄어들고 캠프에 찾아오는 사람도 줄어든다. 그러나 결과가 높게 나오면, 사람이 몰리고 조직이 몰리고 그것이 선순환되어 세몰이 바람으로까지 이어진다.

대중적 이슈

대중의 관심을 받는 대중성이 있는 이슈를 주도하여야 대중적인 정치인으로 성장한다. 비대면 특히 유튜브에서 철저히 준비하고 대중적 이슈로 자신의 세계를 구축한 정치인들은 대부분 인지도 하나만은 확실히 얻는 것으로 남았다. 존재감을 각인시켰다. 그것이 지지도가 되는 것이냐는 그 다음 문제이다. 모르는 후보자를 지지하는 국민은 많지 않다. 일단은 국민들에게 '휴리스틱'의 불충분하지만 제한된 정보 즉 이름과 긍정적 이미지를 먼저 제공하여 인지도를 높여야 한다.

전국구 비대면

국민이 관심도 없는 주제에 자신만의 이야기를 하여 인지도를 높이겠다는 것은 산에서 물고기를 잡고자 하는 것과 다름없다. 관심을 가지는 사람의 숫자가 적기에 지역적인 이슈로 인지도를 높이는 것이 쉽지 않다. 따라서 비대면 언택트는 전국적인 이슈를 주제로 하여 전 국민들을 상대로 관계를 맺고 소통함으로써 인지도를 높이도록 하여야 한다. 방송과 언론에 자주 등장하는 전국구 정치인들이 인지도가 높기에 비대면 선거에서는 훨씬 더 유리하다. 또한 여론조사 전문가의 자문을 받아 여론조사의 인지도를 높일수 있는 방안을 고민하도록 한다.

상징적 인물

비대면 언택트는 대표성 휴리스틱이 특히 잘 작동되는 분야이다. 지난

4.7재보선 부산시장 선거의 경우 정권심판에 대한 여론이 선거 초반부터 강하였다. 정권심판을 상징적으로 대표하는 인물인 진중권교수를 초청하여 박형준 후보자는 2020년11월25일 시사대담회를 하였다. 박형준 후보자에 대한 부산시민들의 지지가 대세론 성격으로 모여진 것은 데이터상으로 2020년 12월09일 리얼미터 여론조사 선호도1위 발표날 이었다. 네이버 검색량이 이전의 월5만에서 29만으로 폭증하여, 하루만에 24만이 증가하였다. 쏠림현상의 여세를 계속 이어가 조금 지나자 민주당의 어떠한 대책도 효과가 없는 파죽지세를 달렸다. 진중권교수와 같이 정권심판에 앞장서는 인물로 국민들에게 확실히 각인된 것이었다. 자신의 전국구적인 인지도와 프레임의 상징적 인물과의 결합이 만들어낸 결과였다. 좋은 이미지의 인지도에 더하여, 인지도의 실체와 내용을 이루는 콘텐츠 경쟁력으로 탄탄한 실력을 갖춘다면 휴리스틱을 통한 국민들의 지지는 쉽게 무너지지 않고 이어질 것이다.

[나만의 창의적 융합]

〈온오프 일체화〉〈콘텐츠 경쟁력〉〈데이터 과학화〉 각 항목을 응용하여 인지도가 남다르게 하는 나만의 실행방안은?

PART 02

속도와 파급력이 다른

온오프 일체화 전략

026 온오프 일체화

나폴레옹^{Napoléon}은 소수 직업군인만이 전투를 하던 시대에
국민징병제도를 통해 거대한 숫자와 규모의 군대를 만들었다.
다른 나라들이 상상할 수 없었던 안정적 병력을 확보하고
전투투입 군사숫자를 극대화하여 마침내 유럽을 평정하였다.

나폴레옹은 19세기 전쟁의 개념과 방식 자체를 바꿔 버린 인물이다. 프랑스 혁명 이후 봉건적 군주제는 국민이 주인이 되는 '국민국가'로 되었다. 국가는 국민들의 것이기에 스스로 지켜야 하고, 평등사상 아래 모든 국민은 일정 기간 자신의 국가를 위해 헌신해야 한다는 보편적 징병의무를 가졌다. 자발성을 가진 국민국가의 군대는 애국심을 고취함으로써 전투력을 끌어올렸다. 국민징병제도는 한편으로는 프랑스가 외국의 침략을 막아내고, 다른 한편으로는 유럽을 정복해 프랑스의 영광을 구현하게 해준 원동력이었다.

비대면 선거 절대반지

참여숫자가 달라야 선거를 이길 수 있다. 비대면 선거의 절대반지_{OneRing}

는 온오프 일체화이다. 온라인 뉴미디어와 오프라인 조직을 일체화하여 시스템화 시키는 것이다. 선거에서 오프라인 '조직'이 주요한 위치를 차지하고 있다. 온라인과 오프라인이 별도 분리되어 칸막이가 형성되어 있는 경우가 적지 않다. 이 칸막이를 없애서 하나로 통합하는 것이 절대적으로 필요하다. 아무나 할 수 있는 것은 강점이 아니다. 내가 어려우면 상대도 어렵다. 모두가 어렵다. 필요성에 대한 이해가 낮아 강한 반대에 직면할 수도 있다. 그 어려움을 이겨내면 승리로 가는 길이 명확히 보인다.

2장 속도와 파급력이 다른 온오프 일체화 전략

O2O O4O OMO

O2OOnline to Offline는 국내에서 2015년 4월 택시 기사와 승객을 모바일 앱으로 연결해주는 카카오택시를 시작으로 스마트폰 보급확산과 더불어 더욱 빠른 속도로 생활 속 많은 분야에 적용되고 있다. O4OOnline for Offline는 AI무인매장인 아마존 고Amazon Go를 비롯한 국내 무인매장들에 적용되는 차세대 비즈니스 모델이다. 이제는 OMOOnline Merge with Offline 즉 '온라인과 오프라인 통합/융합'으로까지 나아가고 있다.

온오프 재구축

국민들의 일상에서 온오프 경계가 희미해져 가고있다. 전통적 온오프 구조는 무너지고 해체되고 재구축되고 있다. 스마트폰만 꺼내 들면 언제 어디서나 인터넷을 사용할 수 있다. 잘 때도 끄지 않는 스마트폰 때문에 우리는 언제나 인터넷에 연결돼 있다. 온라인과 오프라인을 구분하던 사고는 이제 시대에 뒤떨어진 구시대적인 낡은 유물이다. 선거에서 국민의 선택은 가장 중요한 결정적 요소이다. 비대면 선거도 마찬가지이다. 국민의 삶과 괴리된 사고를 가진 채 국민에게 선택을 받겠다고 하는 것은 넌센스이다.

선택아닌 필수

국민징병제도가 19세기 전쟁의 개념과 방식 자체를 바꾼 것이라면, 온오프 일체화는 비대면 언택트의 정치와 선거의 개념과 방식 자체를 바꾸는 혁신적인 것이다. O2O O4O OMO는 거스를수 없는 흐름이며 국민 대부분은 최신 모바일의 첨단기술 활용이 익숙하다. 국민의 일상에 맞추는 생활맞춤형 정치가 되어야 한다. 모든 오프라인 조직을 온라인에 참여시켜 온오프를 일체화시켜야 한다. 상대 후보자가 생각할 수 없는 규모로 숫자를 극대화하여 비대면 선거에 투입시켜야 한다. 선거캠프 구성원 전체가 당연히 온라인 비대면 선거에 참여하도록 한다. 온라인에서 결집된 힘이 오프라인에서 효과를 발휘하고, 오프라인에서 결집된 힘이 온라인에서 효과를 발휘하도록 한다. 온라인과 오프라인의 유기적인 협력으로 온오프일체화가 시스템으로 구축되고 작동되어야 한다. 나아가 일정시간이 지나면 자연히 온오프의 경계가 무의미하여 완전히 하나로 융합되고 통합되어야 한다. 온오프 일체화는 이제 선택이 아니라 필수이다.

[나만의 창의적 융합]

〈창의적 통찰력〉〈콘텐츠 경쟁력〉〈데이터 과학화〉 각 항목을 응용하여 온오프 일체화가 남다르게 하는 나만의 실행방안은?

027   네트워크

미국 저널리스트 조슈아 쿠퍼 라모 Joshua Cooper Ramo 는
'제7의 감각 초연결지능The Seventh Sense'에서
미래는 '연결과 네트워크가 권력인 시대'라고 하였다.
초연결사회를 살아갈 새로운 본능 '제7의 감각'으로
연결에 의해 바뀌는 방식을 알아채는 능력을 제시하였다.

2011년 '아랍의 봄' 당시 무바라크 전 이집트 대통령은 시대적 연결성과 단절되어 있었기에 힘없이 무너졌다. 국민들의 거센 퇴임 요구에 그가 택한 것은 대국민 TV연설이었다. 그는 스마트폰에 의한 국민들의 새로운 연결을 잘 모르고 있었던 것이다. 초연결사회의 네트워크의 힘을 잘 알지 못했던 것이다.

실질적 조직화

온라인 뉴미디어와 오프라인 조직을 일체화하여 시스템을 확립하면 그 다음은 실질적 조직화가 되어야 한다. 느슨한 공동체적 관계의 커뮤니티 수준을 넘어서, 집단적으로 조직하고 연결하는 조직화단계로 나아가야 한다. 비대면 선거에서는 각 후보자 캠프의 조직력 싸움이 승부를 결정짓고 선

거의 당락을 가르는 주요한 요인이 된다. 네트워크는 그룹별 직능별 지역별 등으로 세분화하여, 구성원들이 최대 1시간 이내 매뉴얼에 따른 조직적 움직임이 가능하도록 체계화시켜야 한다. 플랫폼 인공지능이 최단시간내 다수의 반응을 긍정적으로 평가하는 점을 잘 활용하도록 한다. 후보자와 국민들의 대면접촉이 줄어들면 줄어들수록, 비대면 선거는 '적극 지지층'을 얼마만큼 확보하느냐 하는 싸움이 된다. 여론조사 및 실시간 유튜브나 TV토론회에 적극적으로 응답하거나 주위사람들에게 참여를 권장하는 숫자를 극대화하여야 한다.

내부결집 우선

외부로 지지를 확장하기 이전에 내부결집을 우선적으로 하도록 한다. 비대면 언택트는 보여지는 숫자가 많으면 외부확장 가능성을 어느 정도 예상할 수 있지만, 보여지는 숫자가 적으면 그 가능성은 거의 희박하다. 따라서 온오프 일체화의 네트워크화된 조직적 세력이 객관적 숫자로 잘 보여지는 방안을 다각도로 연구하여야 한다. 유튜브의 구독자 수, 블로그의 이웃 수, 인스타그램의 팔로워 수 등 한 번 조직화하면 이후에도 계속 보여지는 숫자를 먼저 높이도록 한다.

던바의 법칙Dunbar's number

지난 10년동안 한국뉴미디어협회를 이끌면서 수많은 사람들을 만나면서 적지않은 온오프 일체화 네트워크를 조직하였다. 그 과정에서 흥미롭게 테스트해본 것은 영국 문화인류학자 로빈 던바Robin Dunbar가 주장한 150이라는 '던바의 수'였다. 그는 한 사람이 진정으로 사귀면서 믿고 호감을 느끼는 사회적 관계의 친구 수는 최대 150명이라고 주장했다. SNS를 통해 친구 숫자가 수천 명 단위로 늘어나거나 새로운 기술 도구로 인맥이 확대되더라도 진짜 친구의 숫자는 변화가 없다고 주장했다.

SNS의 N중요성

비대면 선거에서 SNSSocial Network Service는 상당히 많은 부분을 차지하고 있다. 그중 가장 중요한 것은 N 즉 네트워크Network이다. 던바의 수 150

은 일정정도 합리적이라고 느껴졌다. 150명의 네트워크 구성원들이 다시 각자 150명의 던바의 숫자 구성원을 다단계로 참여시킨다면 그 조직은 엄청난 힘을 발휘하게 될 것이다. 이론적으로 가능하지만 현실은 그렇지 않았다. 구성원 150명의 자발적 참여도에 따라 각각 5~10명 정도 다음단계 구성원들이 참여하는 경우가 대부분이었다. 적극적으로 활동하여 100명을 참여시키는 경우도 물론 있었다. 전체적으로 750~1,500명의 구성원이 참여하였다. 전쟁터로 나서는 장수의 입장에서는 이러한 구성원이 있고 없음이 커다란 차이로 다가왔었다. 한 예로, 콘텐츠는 만들었지만 누가 봐주기를 마냥 기다리는 것과 적극적으로 노출시키는 구성원들이 최소 750명일 때 그 효과는 너무나 달랐다. 싸움에서 이기기 위해서는 '제7의 감각'으로 연결과 네트워크가 권력인 시대를 미리 대비하여야 한다.

[나만의 창의적 융합]

〈창의적 통찰력〉〈콘텐츠 경쟁력〉〈데이터 과학화〉 각 항목을 응용하여 네트워크가 남다르게 하는 나만의 실행방안은?

2장 속도와 파급력이 다른 온오프 일체화 전략

028   메인 플랫폼

싸움을 이기고자하면 유리한 장소에서 싸워야 한다.
지리적 전략요소를 고려하여 싸움의 장소를 잘 선택하면
거북이는 부지런하지 않아도 항상 토끼를 이길 수 있다.
싸움터를 강이나 바다로 하면 거북이는 항상 토끼를 이긴다.
물과 친한 거북이는 항상 이겨놓고 싸우는 것이다.

이솝우화의 토끼와 거북이 이야기를 지리적 장소적 관점에서 재해석하면 거북이가 항상 이기는 방법이 보인다. 싸움에서 이기는 방안을 다각도로 찾고 연구하여야 한다. 싸움터를 잘 선택하여 상대 후보자가 유리한 장소에서 싸우지 않고, 자신이 유리한 장소에서 싸운다. 상대 후보자의 장점이 드러나고 늘 하던 방법으로 편안해하는 장소에서는 싸우지 않는다. 자신이 유리한 장소로 상대 후보자를 유인하여 그곳에서 자신의 장점이 드러나도록 하면서 싸운다.

메신저앱 플랫폼

온오프를 일체화하여 네트워크로 실질적 조직화가 완성되면, 참여하는 다수의 구성원들이 모여서 상호 소통하는 플랫폼이 필요하다. 별도로 앱을 다운로드 하지 않아도 되며 많이 사용하고 있는 메신저앱 카카오톡, 라인, 텔레그램, 페이스북 중에서 선택하도록 한다. 국내 사용자가 가장 많은 카카오톡 여러 기능 중에서 오픈채팅방을 플랫폼으로 사용할 것을 권장한다. 카톡오픈채팅방은 카카오톡을 기반으로 하며, 일반채팅방(단체카톡방)과 달리, 문제가 될 소지가 있는 포스팅을 관리자가 가리거나 삭제할 수 있으며 나아가 강제로 탈퇴를 시킬 수 있는 등 단톡방의 단점을 보완하였다. 가입이 쉽고 관리 운영이 편리하다.

2장 속도와 파급력이 다른 온오프 일체화 전략

오픈채팅방 세분화

소통과 지휘전달이 잘 이루어져야 싸움에서 이긴다. 서로 다른 이질적인 구성원들을 모두 한곳에 모으는 것은 좋은 방법이 아니다. 구성원 상호간에 친밀감이 느껴지고 소통이 잘 이루어지도록 하기 위해서는 오픈채팅방은 그룹별 직능별 지역별 등으로 세분화한 네트워크 단위로 개설한다. 숫자는 던바의 법칙 150을 감안하여 최대 200명으로 설정한다. 오픈채팅이므로 누구나 참여할 수 있으며, 제한적 참여를 원할 경우 참여코드를 설정하고 구성원들에게 알려주면 된다.

노출효과 싸움터

구성원을 모으는 곳과 싸움을 하는 싸움터는 다르다. 노출효과 및 중도층 확장의 관점에서는 유튜브 블로그 인스타그램 등 오픈형 싸움터에 집중한다. 유튜브는 전국적인 지지자 결집이 쉽지만 지역 타겟팅이 어려우며 영상제작에 많은 시간이 필요하다. 네이버블로그는 지역 타겟팅과 네이버 VIEW에서 오랜기간 노출이 가능하며 깊이 있는 내용을 담기에 적합하다. 인스타그램은 해시태그로 지역 타겟팅이 가능하며 이미지 위주로 젊은층과 소통하기에 적합하다. 오픈형은 구독자 수, 이웃 수, 팔로워 수, 조회수, 좋아요 수 등이 누구나 볼 수 있도록 모두 공개되어 있다. 온오프의 모든 역량을 먼저 한 곳에 집중하여 보여지는 객관적 숫자를 최대한 끌어올린다. 이것을 중도층을 향한 바람몰이 심리전에 활용하도록 한다.

실질득표 싸움터

실질적 득표 및 지지층 결집의 관점에서는 카카오톡 네이버밴드 등 폐쇄형 싸움터에 집중한다. 폐쇄형은 관계를 맺은 구성원들만이 포스팅을 볼 수 있거나 네이버에서 전혀 검색이 되지 않는 단점이 있기에 바람몰이를 할 경우에는 적합하지 않다. 반면 외부에서 잘 확인이 되지 않기에 적극적 지지층 중심으로 결집한 후, 관계를 맺고 있는 기존 인맥들과 1:1로 선거운동을 조직적으로 확산하기에 적합하다. 특히 카카오톡은 연령대가 높거나 디지털 활용도가 낮은 국민이라도 대부분 사용하고 있다. 기존 인맥 1인이 최소 20명에게 다시 1:1로 확산하는 카카오톡 네트워크를 다단계 형태로 시스템화하는 것이 실질득표에 가장 효율적이다. 비대면 선거에서 자발적으로 뉴미디어를 찾아오지 않았던 국민들에게도 알릴 수 있는 최선의 방법인 것이다.

[나만의 창의적 융합]

〈창의적 통찰력〉〈콘텐츠 경쟁력〉〈데이터 과학화〉 각 항목을 응용하여 메인 플랫폼이 남다르게 하는 나만의 실행방안은?

　　　　　　　　　　　　　　2장 속도와 파급력이 다른 온오프 일체화 전략

029 　기본토대

'수어드의 어리석음 Seward's Folly**'은 역설적으로
내일을 내다보는 지혜로운 안목의 뜻으로 쓰인다.
처음엔 얼음덩어리였던 알래스카**Alaska**를 러시아로부터 매입한
미국 국무장관 윌리엄 수어드**William Seward**를 조롱했던 말이다.
그가 옳았다는 것을 깨닫는 데에는 오랜 시간이 걸리지
않았다.**

당대에는 가장 어리석은 국무장관으로 비난을 받았지만, 미국에서 가장
존경받는 국무장관의 한사람으로 새롭게 재평가된 윌리엄 수어드의 결정
은 탁월했다. 오늘날 역사가들은 알래스카가 없었다면 미국이 러시아와
의 냉전에서 승리할 수 없었을 것이라고 단언한다. 세계로 향한 미국의
토대가 수어드의 선택으로 만들어진 것이다.

미래 위한 투자

　기본적 토대가 군건하고 든든하여야 그 토대 위에서 필요할 때에 속도전
이든 총력전이든 지속적 공격이든 필요한 것을 자유롭게 할 수 있다. 비대면
에 대한 이해가 부족한 대표적인 표현이 누구나 마음먹으면 언제든지 무

엇이든지 할 수 있다는 것이다. 아주 그럴듯한 비대면 쇼핑몰을 단 하룻밤에라도 근사하게 잘 만들 수 있다. 그러나 쇼핑몰은 만드는 것이 목적이 아니라 판매가 목적이다. 비대면 콘텐츠도 제작하는 것이 목적이 아니라 국민들에게 노출하여 보도록 하는 것이 목적이다. 제작하여 포스팅만 하면 많은 국민들이 찾아와서 저절로 봐주리라 믿고 국민들이 봐주지 않는다고 불평하는 경우를 적지않게 본다. 콘텐츠 노출을 위한 시간과 노력투자는 전혀 하지않고 남탓만 하는 형국이다. 투자 없는 결과 또한 없다. 미래는 준비하는 사람의 것이다.

2장 속도와 파급력이 다른 온오프 일체화 전략

밑빠진 독 물붓기

큰 싸움을 준비하려면 우물을 깊게 파야 한다. 최소 6개월은 미래를 내다보며 밑 빠진 독에 물을 부어야 한다. 보여주기가 아니라 기초를 튼튼히 하여야 한다. 성과보다는 기초를 쌓는 기본토대를 구축하는 것에 시간을 투자하여야 한다. 비대면분야에서 가장 힘든 것이 초기운영이다. 콘텐츠는 만들었지만 노출을 위한 기본토대가 만들어지지 않아 방문하는 사람도 거의 없는 것이 대부분이다. 밑빠진 독에 물을 부으면서 그 물이 마중물이 되도록 꾸준히 지속적으로 밀고 나가야 한다.

구독자 이웃 팔로워

비대면 뉴미디어는 좋아하는 콘텐츠를 찾아가서 좋아요를 누르고 댓글을 달면서 소통하는 커뮤니케이션 도구이다. 자신은 상대방을 찾아가지도 않으면서 상대방은 자신에게 찾아오기를 기대하는 것은 올바른 커뮤니케이션 방법이 아니다. 기본토대의 하나는 유튜브의 구독자 수, 블로그의 이웃 수, 인스타그램의 팔로워 수 등 포스팅이 되면 노출효과를 극대화 할 수 있는 1차적 입소문 바이럴이 되는 숫자가 우선이다. 실질적 조직화를 만들어가면서 내부인력부터 후보자가 먼저 매일 찾아가도록 한다. 그들부터 기본토대에 먼저 편입하도록 하여야 한다.

네이버 인물검색

밑빠진 독에 물을 부어 마중물을 만들어야 하는 또 다른 하나는 네이버 인물검색 후보자 검색량이다. 플랫폼의 인공지능은 검색량이 적으면 사용자들이 관심을 가지지 않는 별로 중요하지 않은 것으로 인식한다. '003 필터 버블' 항목에서 설명한 네이버에서의 검색어 직접입력과 링크공유를 참고하여 조직화된 네트워크 구성원들이 매일 체계적으로 실행하도록 한다. 검색량이 적으면 검색어 자동완성이 되지도 않고 기사를 작성하여도 대중의 관심이 적기에 언론사도 기사작성을 주저한다. 작성된 기사도 노출에 여러 가지 문제가 생긴다. 악순환이 반복된다. 이러한 악순환을 선순환으로 바꾸려면 검색량만이 해결책이다. 검색량을 늘리도록 네이버 인물검색을 먼저 한 후에 후보자의 블로그이든 유튜브이든 인스타그램이든 방문하도록 유도한다. '수어드의 어리석음'이 있었기에 미국이 냉전에서 유리한 위치를 차지하였듯이, 네이버 검색량을 늘려서 비대면 언택트의 기본토대를 굳건히 세워야만 국민들이 가장 많이 보는 싸움터 네이버에서 이길 수 있다.

[나만의 창의적 융합]

〈창의적 통찰력〉〈콘텐츠 경쟁력〉〈데이터 과학화〉 각 항목을 응용하여 기본토대가 남다르게 하는 나만의 실행방안은?

030

액션플랜

많은 해외 선거관리기관들이 코로나19 속에서도 안정적으로
선거를 관리한 한국의 경험공유를 지속적으로 요청하였다.
중앙선관위는 이들이 쉽게 이해하고 참고할 수 있도록
'국민의 신뢰와 안전을 지켜낸 K-선거' 매뉴얼을
제작발간하여 한국의 선거관리 경험을 국제사회와
공유하였다.

전 세계적으로 코로나19가 계속 확산되는 상황에서 각국의 선거관리기관들은 국제사회의 협력과 공조가 절실히 필요한 실정이다. 안정적인 선거관리를 위해서는 목표를 실현시키기 위한 구체적인 행동계획인 액션플랜Action Plan을 수립하여 각각의 플랜에 대한 구체적인 방안을 매뉴얼Manual화하는 것이 가장 효율적이다.

실전 매뉴얼화

　온오프 일체화 참여를 극대화하기 위해서는 액션플랜과 이에 따른 구체적인 실전 매뉴얼화가 필수적이다. 액션플랜은 마음을 먹으면 바로 실행에 옮길 수 있는 실행 가능한 액션이어야 한다. 실행적 의미의 '행동하는 Do'

위주의 것이어야 한다. 예를 들어 매일 1회 이상 네이버 인물검색을 한다 등이다. 반면에 선언적 의미의 '되어야 하는 Be'위주의 것은 목표에 가까우므로 제외한다. 예를 들어 시스템을 구축한다 등이다. 매뉴얼은 최소한 일정 수준의 업무 확보를 목적으로 하는 표준화된 작업 지시서이다. 실행할 작업의 순서 수준 방법 등을 자세하고 구체적으로 문서화하여, 해야 할 업무를 체계적으로 습득하도록 안내한다. 비대면 언택트에서도 구성원들을 한 곳에 모이도록 하여 일정시간 업무교육을 시키는 것이 쉽지 않다. 주요한 부분과 순서를 상세히 안내하는 구체적 매뉴얼이 필요한 이유이다.

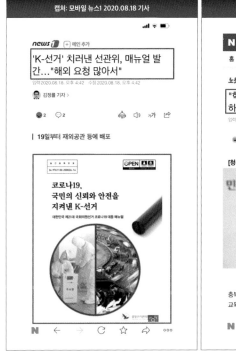

시스템 구축

시스템의 액션플랜 항목은 업무별로 분업화 전문화 세분화 하여야 한다. 우선 주요 뉴미디어들의 전반적 운영 프로세스를 세밀하게 정한다. 우선 순위와 단계적 실행방안, 매일 체크하고 실행하는 항목을 정하고 이 액션들이 실질적으로 효과가 있었는지를 평가측정하도록 한다. 수치적인 평가측정을 하면 무엇이 문제인지를 쉽게 찾아내서 향후 개선하기가 쉽다. 평가결과가 쌓이면 효율성이 높은 곳에 역량을 집중하여 성과를 극대화하는 실행방안의 우선순위를 실질적으로 찾을 수 있다. 일정한 시간을 내어 책임을 가지고 중요한 우선순위로 역할을 분담하며 구체적 업무를 실행하는 인력을 배치한다. 실행인력 각자가 맡은 일을 수행하면 저절로 전체가 완성되도록 하는 체계적인 시스템으로 구축하도록 한다.

공유확산 시스템

비대면 선거에서 일시적인 활동과 조직적인 활동의 차이는 실로 엄청나다. 후보자의 콘텐츠 노출효과를 극대화하는 최선의 방안은 공유확산 시스템을 구축하는 것이다. 포스팅을 하고나서 매번 공유확산을 독려하는 것은 효율적이지 못하다. 일정한 시간에 일정한 뉴미디어에 정기적으로 콘텐츠가 포스팅이 되면 1시간 이내에 최소한의 공유인력이 지정된 곳에 공유확산 하도록 매뉴얼을 만들어야 한다. 1일 1주일 등 기간 단위별로 각 구성원별 실행항목과 실행평가를 함께한다. 구성원들에게 모든 것이 일상적인 루틴으로 정착되도록 한다.

미래생태계 조성

　액션플랜은 행동계획이자 실천계획이다. 매뉴얼에 따른 실천이 반복되면 온오프 일체화의 조직적인 네트워크 미래 생태계를 만들어야 한다. 그러한 수준으로 액션플랜이 되어야 한다. 비대면 선거에서 후보자 자신만의 생태계 조성은 장기적인 과제이자 목표이다. 생태계Ecosystem는 생물적 요소와 비생물적 요소의 두 요소가 상호작용하는 유기적인 집합으로 체계적으로 조직된 하나의 단위에 대한 명칭이다. 생태계 조성이 쉬운 것은 결코 아니지만 그렇다고 불가능한 것도 아니다. 자신에게 적합한 환경을 만들고자 하는 액션플랜과 실천의지가 있다면 그 길을 만날 수 있다.

[나만의 창의적 융합]

〈창의적 통찰력〉 〈콘텐츠 경쟁력〉 〈데이터 과학화〉 각 항목을 응용하여 액션플랜이 남다르게 하는 나만의 실행방안은?

031 전문인력

역사상 가장 위대한 전사들이 온다!
스파르타 300명 전사들이 페르시아 100만대군과 맞섰다.
스파르타는 한 명으로 시작하여 300명의 신화를 만들어냈고,
전장에서 죽음을 맞이한 그들은 다시 전설로 부활하였다.

영화 '300'은 기원전 480년 그리스와 페르시아 전쟁의 역사적 사실이 주요한 모티브이다. 스파르타 왕 레오니다스Leonidas와 전투에 임하는 300명 전사들의 강인함에 관한 이야기이다. 죽음을 두려워하지 않은 용맹스러움은 후세에 전해져 전설로 남아있다. 국내에서도 바람이 불어 '스파르탄 레이스'도 있고 '스파르타 블로그 300'도 있다.

전문 역량강화

잘 훈련된 힘 있는 군대가 있어야만 전략이 실행되고 전술도 실행된다. 아무리 좋은 전략이라도 이를 실행할 군대가 뒷받침되지 않으면 아무런 의미가 없다. 실현가능성이 낮은 탁상공론을 이론적으로 나열하는 것은 시간낭비이다. 전투만을 전문으로 하는 최정예 '프로 병사들'은, 직업적인 일을 하다가 전쟁이 일어나면 전투에 나가는 '아마추어 병사들'과 질적으로 달랐다. 영화에서 왕이 다른 폴리스의 병사들에게 직업을 물었다. '도공, 조각가, 대장장이...' 스파르타 전사에게 물었다. 'Aroo! Aroo! Aroo!(함성)...' 한명 한명이 대단한 전투력을 보유하였던 것이다. 나폴레옹의 18세기말 국민징병제도도 훈련된 전투력 양성이 가능하였기에 성공할 수 있었다. 전투수행에 적합한 표준화된 단계별 훈련이 개발되어 짧은 기간에 어렵지 않게 총을 장전하여 발사하는 훈련교범이 그 시대에 이미 활용되고 있었다.

비대면 화상회의

비대면 선거에서 온오프 일체화 네트워크는 성격상 다단계 형태를 가질 수밖에 없다. 중간에서 멈추어 버리면 더 이상 하부단계로 나아가지 못한다. 따라서 후보자와 중간 관리자와의 실질적 유대관계가 상당히 중요하다. 이들과 얼마나 자주 어떻게 친밀하게 관계를 설정하는가에 따라 성과는 아주 달라진다. 중간관리자들과의 비대면 화상회의를 정기적으로 하여 허리를 강화하는 훈련을 평소에 하여야 한다. 지역별 직능별로 세분화된 그룹으로 나누어 진행하도록 한다.

대면 세미나워크샵

한국뉴미디어협회를 운영하면서 전문인력의 역량강화를 위해 대면 세미나와 워크샵을 60여회 이상 진행하였다. 뉴미디어 직접 실습과 각각의 상황에 따른 맞춤형 대응을 위해서는 대면교육이 필수적이다. 그러나 일정한 일자 시간에 일정한 장소의 100~150명 단위 교육은 구성원들이 항상 참여하기가 쉽지 않았다. 소규모 10~15명 단위로 지역을 순회하는 세미나가 조금 더 현실적이었다. 기본은 비대면 교육을 중점적으로 하면서 필요한 경우에만 대면 교육을 하는 방안을 권장한다.

본캐와 부캐

모든 중간관리자들이 직업적인 뉴미디어 전문가일 필요는 없다. 중간관리자들의 본캐(본래의 캐릭터)는 각자 달라도 상관이 없다. 부캐(본래 사용하던 계정이나 캐릭터 외에 새롭게 만든 캐릭터) 중의 하나가 후보자의 훈련된 중간관리자이면 충분하다. 후보자를 도와주는 주위 조력자들 즉 중간관리자 역할이 매우 중요한 이유이다. 비대면 뉴미디어 대부분은 후보자 혼자만의 역량으로 제대로 된 효과를 발휘하기가 쉽지 않다. 훈련된 전문역량을 가진 중간관리자들이 많으면 많을수록 승리의 길은 가까워진다. 이상적인 탁상공론인지 아니면 현실적으로 실현되는 세력인지의 여부는 중간관리자들의 실행력에 달려있다. 주의할 점은, 중간관리자들의 팀을 구성할 때 전문적인 능력이나 지식만을 볼때는 위험한 상황에 직면할 우려가 있다. 아무 곳에나 총을 쏘는, 아군인지 적군인지 구분할 줄 모르는, 총만 잘 쏘는 이기적 능력자가 간혹 있다. 팀에 도움이 되는 협력적 인물인가의 여부가 선거에서는 특히 중요하다. 총도 잘 쏘면서 절대 아군에게 총구를 겨누지 않는 협력적 인물이어야 한다는 점을 잊어서는 안된다.

[나만의 창의적 융합]

〈창의적 통찰력〉〈콘텐츠 경쟁력〉〈데이터 과학화〉 각 항목을 응용하여 전문인력이 남다르게 하는 나만의 실행방안은?

032 컨트롤 타워

캄캄한 바닷속에서 음향탐지 장비만으로 적의 위치와 어뢰의
접근을 파악한다. 어뢰가 발사되고 잠수함의 밀폐된 공간에서
공동운명체인 함장과 수병들이 거대한 공포감에 휩싸인다.
경험이 풍부하고 유능한 함장의 전술지휘로 어뢰는 비켜간다.
영화 '붉은 10월^{The Hunt For Red October}'의 한 장면이다.

깊은 바닷속에서 생과 사의 갈림길에 서 있다. 시각적으로 차단된 잠수
함이라는 밀폐된 공간에서 오로지 음향탐지 장비 소나의 소리만 공포스
럽게 들려온다. 잠수함 영화에서만 느낄수 있는 긴장감이 최고에 도달하
는 순간이다. 발사된 어뢰를 피하느냐 피하지 못하느냐는 지휘관인 함장
의 판단력과 전술지휘에 달려있다.

커맨드 센터^{Command Center}

온오프 일체화 시스템이 구축되면 비대면 선거에서 효율적인 실행을
위한 상호 협조체계를 확립하여야 한다. 온라인에 대한 이해 부족으로 오
프라인 조직과 온라인팀 사이에 여러가지 갈등이 발생할 소지가 있다. 대부

분 선거조직에서 오프라인은 연령대가 다소 높은 층이 주류를 이루고 있으며, 온라인은 연령대가 다소 젊은 층이 주류를 이루고 있다. 하나의 사안을 두고 시작하는 관점과 해결방향이 상당히 다를 수 있다. 같은 사안이라도 대면 오프라인 조직분야는 단기간 직접적 해결방안이 가능하지만, 비대면 온라인 뉴미디어분야는 가랑비에 옷이 젖는 수준으로 장기간 천천히 해결해야 하는 것이 기본이다. 이러한 갈등을 미연에 방지하고 각자의 역할을 나누어서 충실히 수행하면 전체가 조화롭게 운영될 수 있도록 하는 지휘부인 커맨드 센터[참고: 컨트롤 타워의 영어표현]가 필요하다.

백업^{BackUp} 플레이어

전체 선거에서 뉴미디어분야는 전면에 나서기보다 후면에서 기획 언론 홍보 메시지 팀들을 지원해주는 백업 플레이어 성격이 훨씬 강하다. 독자적으로 무엇을 만들기보다 다른 팀들을 협력 지원하여 다른 팀들이 돋보이게 하여주는 것이 뉴미디어팀의 주된 업무이다. 온오프 일체화로 응집된 조직력을 선거승리라는 원팀의 목표를 위해서만 써야 한다. 뉴미디어가 전면에 나서서 무엇을 하려고 하는 순간 원팀의 정신이 훼손될 수 있으므로 본연의 자세인 백업을 잘 하도록 해야한다.

조직적 협력

커맨드 센터는 뉴미디어팀이 비대면 데이터를 적절한 시기에 다른 팀들에 제공하여 객관적인 기준에 의한 선거가 되도록 조직적으로 협력하는 시스템을 만들어야 한다. 데이터를 기반으로 하는 기획과 경험이나 직감에 의지하는 기획은 당연히 차이가 난다. 상호협력이 부족하면 각각 따로따로 칸막이가 형성된 채 각자 다른 길을 가는 모습으로 국민들에게 비추어진다. 한 개인이나 한 팀만의 장점으로 성과를 낼 수 있을 정도로 선거구조가 그렇게 간단하지 않다. 팀워크와 상호협력의 중요성은 아무리 얘기해도 지나치지 않는다.

공동운명체

커맨드 센터는 선거경험도 당연히 있어야 하지만 무엇보다도 먼저 비대면 언택트에 대한 충분한 이해가 있어야 한다. 뉴미디어팀이 성공적으로 조직내에서 활동하여 뒤를 받쳐주는 든든한 백업이 되면 무엇이라도 기획하고 실행하여 성과를 낼 수 있다. 그러나 그렇지 못하면 그 기획은 꿈만 꾸는 공상이다. 팀원들을 하나의 운명공동체로 결속시켜 가야 하는 것도 또한 중요하다. 선거가 한창 진행중임에도 불구하고 당선 후 자리를 염두에 두고 내부 팀원을 의도적으로 배척하는 등 단합을 저해하는 경우가 있다. 어느 캠프에서나 흔히 볼 수 있는 풍경이다. 선거를 승리하여야만 다음 단계를 도모할 수 있다. 단 한사람이라도 더 참여시키고 더 힘을 모아서 마지막까지 피치를 올려야 하는 싸움에 내부분열은 치명적이다. '엇박자'도 생기지 않도록 세밀하게 조율하여야 한다. 특히 공유와 확산 과정에서 팀원 전체의 참여가 절실하기에 모두가 다 운명공동체의 일원이라는 강한 유대감을 만들어 주어야 하는 것이 커맨드 센터가 해야하는 중요한 역할의 하나이다.

[나만의 창의적 융합]

〈창의적 통찰력〉〈콘텐츠 경쟁력〉〈데이터 과학화〉 각 항목을 응용하여 컨트롤 타워가 남다르게 하는 나만의 실행방안은?

033　Mobile First

**휴대폰이 없다는 것을 알면서도 무의식중에 자꾸 찾는다.
내 휴대폰의 진동소리와 벨소리가 들리는 듯하다.
연락처를 기억하지 못하고 당장 음식배달도 시킬 수 없다.
TV방송 '인간의 조건' 휴대폰없이 1주일살기 이야기이다.**

2012년 개그맨과 개그우먼들이 휴대폰 없이 1주일을 살아보는 TV방송 프로그램이 있었다. 당연한 것처럼 여겨지던 휴대폰이 갑자기 없어지니 그 불편함이 출연자 모두 '멘붕' 수준이었다. 금단 현상을 겪고, 하루 일과의 군데군데가 틀어지고, 친한 동료나 가족들과도 동떨어져 있어 마치 무인도에 있는 소외감을 느끼기도 하였다. 문명의 이기가 주는 편리함이 얼마나 컸던가를 실감하도록 해주었다.

핵심 전투무기

모바일은 선거라는 전쟁을 수행함에 있어서 온오프 일체화 구성원 모두에게 없어서는 안될 핵심 전투무기이다. 언제 어디서나 지니고 다니면서 즉각 대응하는 핀셋공격과 핀셋방어를 하는 도구이다. 특히 비대면 언택트 전투에서는 후보자 자신도 모바일이 익숙해 지도록 하여야 한다. 모바일Mobile은 이동 중 사용이 가능한 스마트폰Smartphone과 태블릿Tablet PC 등을 말한다. 후보자는 국민들과 대화하고 토론할 때에도 연필과 종이가 아닌 스마트폰이나 태블릿에 메모하는 습관을 들여야 한다. 연필로 메모하는 후보자의 모습과 태블릿에 메모하는 후보자의 모습에서 국민들은 ICT기술의 발전을 선도하겠다는 후보자의 공약이나 정책의 진정성의 차이를 느낄수 있다. 자연스럽게 국민들에게 시대의 트렌드를 맞추어가는 이미지를 각인시킬 수 있다.

직접 테스트

비대면 언택트에서 기획을 하고 실행을 할 경우 반드시 모바일에서 노출되는 과정과 모습 그리고 그 효과를 직접 테스트하여야 한다. 국민들에게 불편한 사항이 없도록 1차 검증을 하고 보완사항을 수정하여야 한다. 모바일 버전과 PC버전이 달리 작동되는 경우가 아직도 있다. PC에서도 모바일 버전을 볼 수 있다. PC버전에서 앞에 m.을 더 붙이면 모바일 버전으로 보인다. 즉 naver.com 앞에 m.을 더 붙여 m.naver.com으로 하면 모바일 버전이 된다.

24시간 연결

모바일은 우리 손에서 한시도 손에 떠나지 않는다. 인터넷과 스마트폰으로 24시간 어디에서든 연결될 수 있다. 전원이 꺼지지 않는 한 24시간 연결되어 있다. 모바일이 만들어내는 24시간 잠들지 않는 비대면 언택트의 세계이지만, 국민들과 소통함에 있어서는 최소한의 에티켓은 지켜야 한다. 늦은 밤이나 이른 새벽의 문자나 카톡으로 불편함을 주거나, 같은 내용을 반복적으로 자주 보내서 귀찮게 느껴지도록 만드는 것은 피해야 할 사항이다.

모바일 문법읽기

모바일 퍼스트를 넘어 모바일에서만 전자상거래 콘텐츠소비 등 일상생활을 하고 비즈니스를 처리하는 모바일 온리Mobile Only시대로 나아가고 있다. 대부분의 경제적 사회적 활동을 모바일에서만 처리하는 시대가 머지않아 다가올 것이다. 국민들 특히 중장년층의 모바일 사용이 일상생활과 개인의 영역으로 점차 파고 들고 있다. 기존의 모바일 이용패턴은 뉴스, 검색서비스, 커뮤니티, SNS 등 사회와의 관계를 위해 주로 사용했었다. 그러나 코로나19 이후 모바일 사용의 범위가 영화, 쇼핑, 음식배달 등 일상화 개인화로 확장되는 변화를 보이고 있다. 비대면 선거에서도 영상 중심의 유튜브 네이버TV 등 모바일 플랫폼과, 1분 내외의 짧은 숏폼Short-form 영상인 틱톡TikTok, 인스타그램의 '릴스Reels', 유튜브의 '쇼츠Shorts', 네이버 블로그의 '모먼트Moment'등의 콘텐츠 공유 확산에 온오프 일체화 조직을 우선집중하도록 한다. MZ세대(밀레니얼+Z세대)가 선호하는 세로형 콘텐츠도 한번씩 제작하여 반응을 체크하도록 한다. 국민 퍼스트 관점에서 국민들의 일상화 개인화 이용패턴 콘텐츠도 기획하고 제작하도록 한다.

[나만의 창의적 융합]

〈창의적 통찰력〉〈콘텐츠 경쟁력〉〈데이터 과학화〉 각 항목을 응용하여 Mobile First가 남다르게 하는 나만의 실행방안은?

2장 속도와 파급력이 다른 온오프 일체화 전략

034 　　　　　　 비교우위

전쟁영웅으로 '늪 속의 여우'라 불리우며 공포의 대상이다.
최정예 영국군에 맞서 신출귀몰하는 게릴라전으로 싸웠다.
뛰어난 지략을 가진 영리한 전사였다.
실화를 바탕으로 한 영화 '패트리어트^{The Patriot}'이다.

전쟁속에서 인간이 느끼는 공포와 두려움의 정서를 잘 그렸다. 미국 독립혁명 중 프란시스 매리언 장군의 실화를 바탕으로 한 영화이다. 강자에 맞서서 싸워 이기는 남다른 싸움의 기술이 이 영화에도 있다. 상대보다 자신이 비교우위인 부분을 강화하여 상대의 약점을 집중적으로 공략하는 것이다.

승자의 조건

　선거는 상대보다 조금이라도 더 잘하면 이기는 상대적인 게임이다. 내가 할 수 없는 것은 단호히 잊어버린다. 비대면 선거에서 모든 뉴미디어분야를 모두 다 잘하는 절대적인 경쟁우위의 상태는 그리 많지 않다. 단점을 보완하는 것이 중요하느냐 장점을 강화하는 것이 중요하느냐는 논쟁은 있을 수 있다. 잘하는 경쟁 후보자를 열심히 따라가는 것은 잘해야 2등이므로 권장하지 않는다. 상대적으로 비교우위를 보이는 분야와 장점을 찾아서 잘 하는 분야를 더 잘하도록 한다. 내가 주도할 수 있는 것을 주도하는 방향으로 우위요소를 찾는다. 승자가 되기위해서는 조금 더 빠른 길인 장점강화를 추천한다. 일정한 기준을 세워 경쟁 후보자와의 공통점과 차이점을 찾는다. 차이점 중에서 자신이 우위를 보이는 부분을 우선순위로 정한다. 국민의 눈에 보여주기에 치중하거나 진정성이 없는 오해를 받을 부분은 절대로 없도록 해야 한다.

시간적 우위

비대면 언택트의 큰 싸움터는 인터넷 플랫폼이기에 우선은 인공지능과의 머리싸움에서 이겨야 국민들에게 노출이 잘 된다. 후보자의 콘텐츠가 포스팅이 되면 짧은 시간안에 많은 조회수가 일어나도록 하여야 한다. 같은 조회수이더라도 1시간 이내인 경우와 1일 이내인 경우는 인공지능에게 아주 다르게 받아들여진다. 온오프 일체화로 숫자를 최대한 늘리고 조직화시켜 기동성을 갖도록 하는 이유이다. 한편 네이버 블로그는 오래전에 개설하여 운영기간이 긴 것이 노출에 유리하다.

미디어 우위

경쟁 후보자는 뉴미디어를 운영하는데 자신은 운영하지 않는 것은 피하여야 한다. 특히 오픈형 뉴미디어는 잘 하지는 못하더라도 아예 하지 않는 것은 바람직하지 않다. 장기적으로 효과를 내고 시간적 여유가 6개월 이상 있을 때에는 유튜브>인스타그램>블로그 등 오픈형에서 우위요소를 찾도록 추천한다. 준비가 부족하여 6개월 이내에 단기적 효과를 내고자하면 블로그>인스타그램>유튜브 순서로 노력대비 효과가 빠르게 나타나기에 중점순위를 추천한다.

방법적 우위

비대면 뉴미디어의 우선순위를 정하고 실질적으로 선거에 도움이 실용적인 방안 위주로 실행하여야 한다. 각각의 장점을 융합하는 능력이 중요시

된다. 자신이 오프라인 조직에서 강점을 보이는 경우에는 온라인으로 잘 활용하는 방안에 중점을 두어야 한다. 그룹별로 정기적으로 현장소통모임과 비대면 화상회의를 번갈아 가지면서 친밀감을 계속 유지시키고 온라인에 점차 익숙해 지도록 한다. 온라인 콘텐츠와 공유확산 조직에 강점을 보이는 경우에는 오프라인 워크샵 등을 통하여 한단계 더 내려가는 네트워크 조직확대를 위한 토대를 다지면서 비대면 화상회의를 통해 속도감과 파급력을 높여가도록 한다. 강한 전력이 항상 전쟁에서 이기는 것은 아니다. 강대국인 프랑스와 미국과 중국을 상대로 이긴 베트남이 그 예이다. 지상파 방송의 막강한 영향력 아래에서도 정확한 타겟을 정조준하여 성공적인 히트를 하는 케이블TV 프로그램도 있다. 슈퍼스타K가 그 예이다. 상대적으로 약한 전력이었지만 싸워야 하는 순간에 뭉쳐서 전력을 극대화하여 전쟁에서 이긴 경우이다. 이기지 못하는 것이 아니다. 이기는 방법을 찾으면 이길 수 있다.

[**나만의 창의적 융합**]

〈창의적 통찰력〉〈콘텐츠 경쟁력〉〈데이터 과학화〉 각 항목을 응용하여 비교우위가 남다르게 하는 나만의 실행방안은?

035

지속가능

시간적 전략요소를 고려하여 유리한 시간을 선택하면
거북이는 부지런하지 않아도 항상 토끼를 이길 수 있다.
평균수명이 토끼는 6~8년, 거북이는 30~50년이다.
기간을 제한하지 않으면 거북이는 항상 토끼를 이긴다.
생존하여야 이긴다. 최후의 생존자가 최후의 승자이다.

이솝우화Aesop's Fables는 그리스 이야기꾼이었던 이솝이 지은 의인화된 동물들이 등장하는 단편모음집이다. 친숙한 동물이 등장하여 2천년이 더 지난 시대의 이야기이지만 현대의 삶을 살아감에 길잡이가 되는 교훈들을 알려준다. 치열한 생존경쟁의 승자가 되기위해서는 이솝우화를 현대적 상황에 맞게 재해석하는 전략적 사고도 필요하다.

장기전 성격

비대면 선거에서 온오프 일체화를 통한 성과는 단기간에 만들어 내기가 어려우며 일정한 시간이 지나야 효과가 나타나는 장기전의 성격을 가지고 있다. 전세계인이 사용하는 유튜브나 전국민이 사용하는 네이버 등 인터넷 플랫폼에서 단기간에 무엇을 잘 하겠다고 생각하는 것 자체가 잘못된 생각이다. 수많은 사용자들과 치열하게 경쟁하면서 더 잘 노출시키기 위해서는 오랜시간과 상당한 노력이 당연히 필요하다. 그나마 다행인 것은 뉴미디어의 기본적 속성은 오랫동안 열심히만 하면 누구나 다 잘 할 수 있는 특성이 있다. 그 특성을 잘 활용하여 멀리보고 오랜 시간을 투자하여야 한다. 단기간에 성과를 내려면 불법의 유혹을 받기가 쉽다. 인터넷 플랫폼의 인공지능과 머리싸움을 하는 비대면 뉴미디어에서는 장기전을 대비하는 준비가 필요하다.

장점 단점

시간이 오래 걸리는 장기전의 특성은 장점과 단점이 있다. 단점은 토대를 구축하는 것이 단기간에 되지 않고 많은 노력을 필요로 하는 것이다. 오랜 기간이 걸린다는 것은 시작하는 입장에서는 당연히 단점으로 부각된다. 하지만 이미 오래전에 시작하여 그 기초를 잘 쌓은 후보자의 입장에서 보면 추월해올 경쟁자가 많지 않다는 장점이 된다. 일단 한번 만들어지면 쉽게 다른 사람들이 추격하여 따라오지 못한다는 것이다. 장점으로 아니면 단점으로 만들어가는 것은 후보자의 몫이다.

공존과 협력

온오프가 일체화되어 지속적인 지지세력이 뭉쳐지면 오래 갈 수 있는 힘이 저절로 갖추어진다. 같이가면 멀리가는 것을 가능하게 해준다. 혼자서 잘 하고 싶지만 같이 협력하는 팀원들이 없으면 지쳐서 금방 그만두게 될 가능성이 높다. 따라서 구성원들 상호간 서로 도움을 주는 방안을 만들어야 한다. 세분화된 메인 플랫폼의 구성원들이 각자 다른 팀원들의 뉴미디어를 매일 방문하여 좋아요를 누르고 댓글을 달고 사소한 것부터 서로 소통하는 것도 하나의 방안이다. 장기간을 계속해서 유지시켜 나가기 위해서 필요한 것은 대립보다는 상호 공존, 경쟁보다는 상호 협력이다.

비대면 양극화

비대면 언택트는 정치와 선거에서 이제는 단순한 변수가 아니라 커다란 상수가 되어가고 있다. 비대면은 국민들의 일상 속에 깊이 파고들어가고 있으며 특히 개인적인 삶의 방식을 바꾸어가고 있다. 비대면 뉴미디어의 양극화는 머지않아 우리 정치권에도 나타날 것이다. 정치의 주체인 국민의 삶의 변화를 이해하지 못하면 선거운동에 커다란 문제가 생길 것이다. 그 조짐은 지금도 조금씩 보이고 있다. 제대로 된 전략과 실행계획이 없이 단편적이고 단기적인 임기응변으로만 대처한다면 선거에 임박하여 어떠한 노력을 하여도 성과를 내기가 쉽지 않을 것이다. 빨리 변하는 비대면 세계에서는 역설적으로 오래 견디는 사람이 승리한다. 강한 자가 살아 남는 것이 아니라, 살아 남는 자가 강자이다. 전당대회도, 의원총회도, 기자간담회도, 신년인사회도, 당원협의회도, 세미나도 PC나 노트북 앞에서 랜선을 타고 진행하고 중계되는 것이 이제는 낯선 풍경이 아니다. 철저한 대비만이 승리하는 길이다.

[나만의 창의적 융합]

〈창의적 통찰력〉 〈콘텐츠 경쟁력〉 〈데이터 과학화〉 각 항목을 응용하여 지속가능이 남다르게 하는 나만의 실행방안은?

036 반복적 패턴

'반복Repetitions'을 모티브로 같은 주제의 5개 작품도 있다.
한 피사체를 여러 번 반복해서 다른 버전으로 그렸다.
특정 주제에 대해 하나 이상의 버전을 만들었다.
속도감 있고 강렬한 그림을 그린 화가로 알려졌지만, 실제로
반 고흐Vincent van Gogh는 한 작품을 오랜 시간 연구했었다.

반 고흐의 작품 '해바라기Sunflowers'에는 한 피사체를 여러 시각으로 표현한 해바라기 꽃이 형태적으로 반복되고 있으며 또한 색상도 노란색이 반복되고 있다. 꽃병도 그리고 바닥도 유사한 색상으로 반복되고 있다. 작품 '별이 빛나는 밤The Starry Night'에서도 별빛의 소용돌이 형상이 주기적으로 반복되어 회오리치는 듯 꿈틀거리면서 율동감을 더하고 있다.

반복적 습관화

비대면 언택트에서 반복적인 작은 습관화는 선거라는 전쟁에서 승부를 가르는 결정적인 요인이다. 온오프 일체화 네트워크가 조직화되어서 후보자의 뉴미디어를 체계적으로 일상화 습관화로 방문한다면 그 효과는 상상 그

이상이다. 구성원 1인의 1일 1회 방문은 작게 느껴질 수 있다. 그러나 전체 구성원들이 일상화된 습관으로 몇 개월동안 지속적으로 계속 방문하여 좋아요를 누르고 공유하고 확산할 때에는 하나의 커다란 세력으로 주위에 전달된다. 1회성이 아닌 이러한 반복적인 습관화는 선거 흐름을 상승 분위기로 바꿀수 있다. 1일 1회 이상 방문 습관화를 만들어가기 위해서는 우선 콘텐츠가 항상 새로운 정보성을 지니고 있어야 한다. 일방적 홍보성 콘텐츠만 계속 포스팅하면 몇 번은 방문하지만 오래 지속되지 않고 중단됨을 명심하여야 한다.

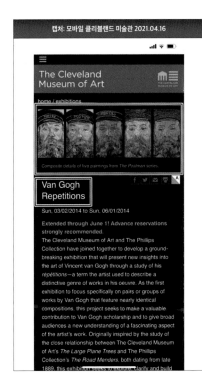

2장 속도와 파급력이 다른 온오프 일체화 전략

예측가능성

시간을 내어 방문했는데 전과 같은 포스팅이 그대로 있고 새로운 것이 없으면 다시 찾고싶은 마음이 줄어든다. 불규칙적인 포스팅은 구성원들에게 예측가능성을 주기가 힘들다. 이러한 것을 방지하기 위하여 포스팅을 정례화하여 포스팅에 대한 예측가능성을 구성원들에게 심어주도록 한다. 저녁9시 뉴스가 일반화되던 시절에는 9시가 되면 뉴스를 볼 수 있는 것으로 예측하였다. 오프라인에서 언제할 것이라는 것을 알리는 것처럼, 온오프일체화에서도 예측가능성은 필요하다.

포스팅 정례화

후보자는 일정 시간 이후에 어느 뉴미디어를 방문하면 당연히 새로운 포스팅이 있을 것이라는 신뢰를 제공하여야 한다. 먼저 후보자의 포스팅이 규칙적인 반복적인 습관화가 되어야만 구성원들에게 규칙적인 반복적인 습관화 방문을 유도할 수 있다. 뉴미디어를 나누어 아침 점심 저녁으로 정례화 하는 것도 좋은 방안이다. 출근시간 이전과 퇴근시간 이전에 그리고 점심시간에 커피한잔을 마시면서 오늘은 무엇이 포스팅되었는지 궁금하여 자발적으로 찾아오게 만들도록 한다. 특히 오전8시 이전에는 메인 플랫폼 중의 하나에 콘텐츠가 포스팅되는 것을 정례화한다.

공유확산 정례화

매일 일정한 시간에 포스팅하는 것이 정례화되면 그 다음은 온오프 일체화 네트워크 구성원들의 공유확산이 정례화 되는 단계로 나아가야 한다. 공유확산을 지휘하는 커맨드 센터는 포스팅 정례화 후 1시간 이내에 구성원들이 공유확산하는 신속한 네트워크가 만들어지도록 시스템을 지속적으로 체크하면서 업그레이드해 나가야 한다. 구성원들의 방문이 1단계 실행이라면, 구성원들의 공유확산은 2단계 실행이다. 2단계 실행이 정상화되면 비대면 언택트에서 하나의 거대한 상승바람이 만들어진다. 구성원 1인이 10곳에 공유확산하는 것은 주위를 귀찮게 하는 스팸이지만, 구성원 10인이 각자 1곳에 공유확산하는 것은 네트워크 세력이다. 소수 몇 명이 비대면 뉴미디어에서 바람을 일으킬 수 있다고 생각하는 것은 비대면에 대한 이해가 부족한 것이다. 최소한 몇 백명의 네트워크 전체가 일정기간 이상 반복적으로 공유확산하여야만 가능할 수 있다. 지속적으로 방문하는 습관화가 필요한 이유이다.

[나만의 창의적 융합]

〈창의적 통찰력〉〈콘텐츠 경쟁력〉〈데이터 과학화〉 각 항목을 응용하여 반복적 패턴이 남다르게 하는 나만의 실행방안은?

037 실시간 접근

"지금… 한강 다리를 폭파하겠습니다"
테러범과의 전화가 실시간 뉴스로 생중계된다.
리얼타임^{Real Time} 설정으로 극도의 긴장감이
영화 '더 테러 라이브' 상영내내 실시간으로 느껴진다.

한강 마포대교에서 벌어지는 폭탄테러의 실시간 충격을 뉴스 앵커가 독점 생중계하면서 재난이 벌어진다. 폭탄테러가 90분간 생중계되는 긴장감을 선사하는 리얼타임 전개방식이다. 일상의 공간이 테러의 대상으로 전환되는 실감나는 공포감으로 영화를 보는 내내 가슴 졸이게 만드는 새로운 형태의 영화로 화제를 모았다.

거리 좁히기

선거에서 국민들과 가까이하는 최선의 방법은 국민들과의 거리를 좁히는 것이다. 그것이 실제 거리이든 심리적 거리이든 상관없이 거리를 좁혀야 한다. 후보자는 항상 국민들에게 가까이 다가가기 위해 노력한다. 경호의 위

험을 무릅쓰고 어떤 때에는 무모해 보일 정도로 국민과의 거리를 좁히려고 노력한다. 비대면 언택트에서 거리를 좁히는 방안 중의 하나는 실시간 라이브 방송이다. 국민과의 심리적 거리를 실시간 라이브로 줄이며 가까이 다가가도록 한다. ICT의 발달이 사람과 사람사이의 거리를 좁혀주고 있다. 그냥 모르고 지나칠 수 있었던 진지한 삶의 여러 이야기를 가까이 다가가서 듣고 그것을 살아있는 정책으로 만들어 낼 수 있다. 마음을 열고 다가간다. 생방송으로 국민들과의 거리를 좁히고 실시간으로 궁금한 것을 소통하고 대화한다. 음성으로 대화하는 팟캐스트나 클럽하우스도 한 방안이다.

2장 속도와 파급력이 다른 온오프 일체화 전략

사전준비 철저

실시간 라이브는 구독자들이 질문을 하고 진행자가 답변하는 쌍방향 소통이 가능하다. 조작이 없으며 모든 것이 그대로 보여진다. 진실성있게 보여주기에 파급효과가 크다. 편집의 번거로움이 없기에 효율적이다. 그러나 후보자가 간혹 실수를 할 경우 대처가 어려우므로 테스트 방송과 장비체크 등 사전준비가 치밀하여야 한다. 일자 시간의 사전 홍보와 대체장비도 준비한다. 라이브에서는 잘 해야하겠다는 것보다, 잘못하지 않는 것이 좋다는 생각으로 시작할 것을 권장한다.

라이브 커머스^{Llive Commerce}

비대면 언택트 마케팅에서 요즘 제일 핫한 것은 라이브 커머스이다. 선택이 아니라 필수가 되었다. 중국의 '왕홍 마케팅'의 한국판 형태이다. 실시간 채팅으로 소비자와 소통하면서 상품을 소개하고 바로 구매가 가능한, 소통과 쇼핑을 결합해 재미를 극대화한 스트리밍 방송이다. 네이버 위메프 티몬 11번가 인터파크 등 국내 기업들이 플랫폼을 제공하면서 젊은 세대들을 중심으로 하나의 문화로 자리잡았다. 일방적인 홍보만 하는 후보자 콘텐츠는 이 문화에 익숙한 국민들에게 그저 흘러간 물로 물레방아를 돌리려는 것으로 비쳐질 뿐이다.

현장감 전달

실시간 리얼타임은 비대면 언택트의 주요한 전략 중의 하나이다. 형식보다 내용을 우선시 하여야한다. 코로나로 인한 줌Zoom이나 구글미트를 통한 비대면 원격수업과 화상회의의 실시간 쌍방향 소통은 국민들에게 이젠 익숙한 일상이다. 후보자는 정기적으로 구성원들과 비대면 화상회의로 소통하도록 한다. 또한 실시간 방송의 미디어 기능을 중시하고 강화하여 유튜브 등의 라이브가 직접적 메시지 전달과 소통하는 언론 미디어로서 역할을 하도록 한다. 일회성이 아니라 지속적으로 정기적으로 라이브를 하도록 하며, 구독자 편의를 위해 평일 저녁 늦은 시간대에 하는 것이 가장 적절하다. 평일 낮시간에 국민들 입장에서 정치적 이슈의 유튜브 등의 라이브를 시청하기가 쉽지 않다. 주말이나 휴일은 가족과 함께하는 분위기라서 별로 좋은 시간이 아니다. 선거유세현장의 실시간 스트리밍은 현장감을 잘 전달하는 장점이 있다. 유튜브 등에서 후보자들이 정례화하여 랜선중계가 이루어지고 있는 것은 비대면 선거문화 발전을 위해 아주 바람직한 현상이다.

[나만의 창의적 융합]

〈창의적 통찰력〉 〈콘텐츠 경쟁력〉 〈데이터 과학화〉 각 항목을 응용하여 실시간 접근이 남다르게 하는 나만의 실행방안은?

038 조회수

누적 조회수 70억건, 누적 댓글수는 1500만건에 달했다.
네이버 웹툰에서 2006년부터 14년간 매주 화요일
연재되었다.
일상생활을 배경으로 개성 강한 캐릭터들과 함께 큰 인기를
끌었다. 웹툰 조석 작가의 '마음의 소리'가 2020년 끝났다.

웹툰 '마음의 소리'는 주변 사람들의 즐거운 일상을 옴니버스 형식으로 코믹
하게 그렸다. '진실'편을 시작으로 탄탄한 스토리라인과 창작 개그를 통해 독
자들에게 많은 웃음을 선사하면서 젊은 세대의 공감을 얻었다. 웹툰 시장에
큰 웃음과 자취를 기록했다. '초등학생 때 마음의 소리를 처음 알았는데…'독
자들의 아쉬워하는 메시지들이 이어졌었다.

조직적 참여

비대면 언택트 생태계에서 클릭이 없으면 아무런 성과가 없다. 클릭하여
콘텐츠를 조회하여야만 좋아하는지 싫어하는지 어떠한지 국민들의 반응을
알 수 있다. 일단 클릭을 유도하여야 한다. 초기에는 조직적인 참여가 필요

하다. 자발적인 참여를 막연히 기대하는 것과 조직적인 참여를 독려할 때 나타나는 결과는 완전히 다르다. 눈사람을 만드는 처음의 눈을 굴릴 수 있는 힘을 만들기 위해서는 기본적으로는 조직력이 바탕이 되어야 한다. 외부적으로 비쳐지는 객관적인 조회수가 적으면 국민들은 별로 인기가 없고 중요하지 않은 인물로 생각하는 경향이 있다. 온오프 일체화로 네트워크화된 구성원들 조직이 참여하면 당연히 포스팅하는 콘텐츠의 조회수가 늘어난다. 구독자 이웃 팔로워가 늘어나고, 좋아요 공감 댓글이 늘어난다. 또한 링크 공유확산을 통한 2차 방문으로 인한 조회수와 다른 숫자도 당연히 늘어난다. 조직적 참여 이전과 비교하면 조회수가 확연히 늘어난다.

2장 속도와 파급력이 다른 온오프 일체화 전략

최소 조회수

자체 경쟁력을 갖추기 위한 최소 클릭수 목표를 정하고 이를 달성하기 위한 다양한 방안들을 기획하고 실행하여야 한다. 후보자 뉴미디어들 모두 다 최소 조회수 목표를 정하고 실행하기보다는, 우선순위를 정하여 점차적으로 각각의 목표들을 단계적으로 만들어 가도록 한다. 네트워크 구성원들이 참여하는 과정에서 자신과 관련된 그룹이나 커뮤니티에 공유하거나 일정한 이벤트를 하게 되면 급격히 조회수가 늘어나기도 한다. 계획을 실행하면서 효율적인 방안을 자꾸 찾도록 한다.

실제 반응

비대면 선거에서는 조회수 뿐만 아니라 실제 반응이 달라야 선거를 이길 수 있다. 지난 4.7재보선 서울시장 선거에서 오세훈 후보자의 유세 차량에서 20·30대 청년들이 직접 목소리를 냈었다. 유세 현장에서 마이크를 쥔 청년은 5명 이상이었다. 이 5명의 모습이 담긴 유튜브 영상 5개의 조회수 합은 150만회를 넘어섰으며 흥행에 성공하였다 라는 언론기사가 있었다. 결과는 실제 선거승리로 이어졌다.

자체 경쟁력

비대면 뉴미디어에서 후보자 콘텐츠를 포스팅할 때 조회수가 항상 일정한 숫자 이상으로 나오는 경우는 많지 않다. 각각의 콘텐츠 키워드와 노출에 따라 조회수는 달라진다. 최소 조회수 목표를 정하면서 국민들에게 어디에서 어떻게 노출되면 좋은지를 항상 고민하여야 한다. 노출이 잘 되어야 조회수가 달라진다. 네이버는 그동안 몇 번의 개편을 통해 논란이 끊이지 않던 메인화면 뉴스와 첫화면에 노출되는 대표기사, 많이 본 뉴스 등을 폐지하였다. 노출되는 위치에 따라 조회수가 수십배나 달라지는 경우가 발생했었다. 자체경쟁력을 갖도록 하기 위해서는 최소 클릭수가 보장되도록 포스팅을 공유 확산하는 시스템을 만드는 것이 좋다. 깔때기 형태로 노출하여 클릭을 유입하는 입구를 여러 곳으로 넓히고, 목표가 되는 포스팅을 정하여 그곳으로 클릭수를 결집시키도록 한다. 입구를 넓히는 것 중의 한 가지로 카페와 커뮤니티 사이트에서 공유를 꾸준히 하면 적지않은 성과를 낼 수 있다. 유튜브도 구성원들의 유튜브 채널에 후보자의 콘텐츠가 노출되도록 함으로써 조회수를 늘리도록 한다. 구성원 한 사람의 노출보다 구성원 전체의 노출로 조회수를 늘려가는 시스템이 자체 경쟁력이다.

[나만의 창의적 융합]

〈창의적 통찰력〉〈콘텐츠 경쟁력〉〈데이터 과학화〉 각 항목을 응용하여 조회수가 남다르게 하는 나만의 실행방안은?

039

나비효과

**브라질에서 나비의 날갯짓이 대기에 영향을 주고 시간이
지날수록 증폭되어 미국 텍사스에서 토네이도를 일으킨다.
미세한 변화가 전혀 예상하지 못한 엄청난 결과로 이어진다.
복잡성, 비예측성 결과를 설명하는 '나비효과**Butterfly Effect**'이다.**

지구 한쪽의 나비의 작은 날갯짓이나 자연 현상이나 작은 사건이, 아무 상관
이 없어 보이는 먼 곳의 자연에 날씨 변화를 일으키고, 향후 예상치 못한 엄
청난 결과로 이어져 인간의 삶에 커다란 영향을 미친다. 초기 조건에 대한
민감성으로 생긴 작은 변화 하나가 미래 생활에 어떤 효과를 불러일으킬지
는 아무도 예측할 수 없다.

연쇄적 영향

온오프 일체화를 시작하는 것은 전쟁에서 일종의 '전군 총동원령'을 내
린 것이므로 그 자체만으로도 상대 후보자에게 엄청난 심리적 압박을 줄 수
있다. 더 나아가 후보자 조직 내부에서 일사분란한 기동력으로 외부에서 이

러한 움직임을 객관적 숫자로 알 수 있는 단계에 이르면 전혀 생각하지 못한 결과를 만들어 낼 수 있다. 우선 네이버에서 검색량이 달라지며 포스팅의 좋아요와 이웃수와 댓글수가 달라진다. 일시적으로 어쩌다 한번 방문하던 방문자들은 이전과 달라진 비대면 흐름에 후보자에 대한 이미지를 긍정적 방향으로 가지게 된다. 네트워크 구성원들은 자신들이 만들어내는 연쇄적인 영향을 확인하고 자신감을 가진다. 초기 조건의 미세한 차이가 증폭되면서 결과적으로 엄청난 변화를 가져오며, 한쪽의 조그마한 변화가 다른 쪽에는 예측할 수 없는 결과를 만들어낼 수도 있다는 나비효과의 이론이 적용된다.

2장 속도와 파급력이 다른 온오프 일체화 전략

오픈형 뉴미디어

초기 변화의 흐름을 일반 국민들도 쉽게 느낄 수 있도록 오픈형 뉴미디어인 유튜브 인스타그램 블로그 등에 집중할 것을 추천한다. 유튜브와 블로그는 방문하는 것만으로도 상당한 도움이 된다. 유튜브는 일단 조회수가 늘어나고, 블로그는 1일 방문자 숫자가 늘어난다. 거기에 더하여 좋아요를 누르면 더더욱 좋다. 반면 인스타그램은 앱을 다운로드하여야 하고 방문한 것 자체만으로 효과를 보여주기는 힘들다. 좋아요를 눌러서 표시하여야만 객관적인 숫자를 유권자들이 느낄 수 있다.

공감능력 강화

비대면 뉴미디어를 잘 이해하면 국민들의 삶에 대한 공감을 쉽게 할 수 있기에 후보자의 긍정적 이미지가 저절로 강화된다. 뉴미디어에 표현된 국민들의 생각을 잘 이해하는 대중적 공감능력을 습득하게 되고 나아가 다양한 가치들을 잘 받아들이게 된다. 이러한 부분들이 외적으로 잘 표현되면 싸움에서 승리할 수 있는 조건들이 하나둘씩 만들어지게 된다. 초기에는 머리로 이해하는 단계에서 시작하지만 시간이 지나면서 가슴으로 공감하는 정도까지 깊이있는 정서적 교감이 이루어진다.

커다란 변화

시작은 온오프 일체화 시스템을 만드는 것이었지만, 변화는 비대면 언택트 곳곳에서 생기며 주위에서 이 변화를 점차적으로 감지할 수 있다. 지속적인 변화흐름을 단계적으로 만들어가기 위해 초기에는 네이버 블로그에 집중할 것을 가장 추천한다. 한국적 선거환경에서 네이버의 중요성은 아무리 강조해도 지나치지 않는다. 네이버 블로그가 강해서 그 효과가 나타나면 국민들은 준비된 후보로 인식한다. 유튜브는 영상 조회만으로 조회수가 늘어나서 도움이 되지만, 누적 조회수가 보통 1만건이 넘어야 그나마 많이 본다고 국민들이 인식한다. 반면 블로그는 1일 조회수가 1천명만 넘어도 상당한 숫자로 인식한다. 1일 1천명 이상으로 꾸준히 블로그 방문자 숫자를 유지하는 전략을 초기에는 목표로 하는 것이 좋다. 1천명이 매일 지속적으로 방문하면 그 다음 블로그에 인스타그램과 유튜브 포스팅을 공유하여 블로그 방문자를 인스타그램과 유튜브로 우회적으로 유입시키도록 한다. 그러면 좀 더 쉽게 인스타그램과 유튜브의 좋아요와 조회수를 늘려갈 수 있다. 전체적으로 조화를 이루면서 모든 뉴미디어들을 함께 성장시킬 수 있다.

[나만의 창의적 융합]

〈창의적 통찰력〉〈콘텐츠 경쟁력〉〈데이터 과학화〉 각 항목을 응용하여 나비효과가 남다르게 하는 나만의 실행방안은?

2장 속도와 파급력이 다른 온오프 일체화 전략

040 고도화

적이 맞추기 힘든 종대로 열을 지어 활을 쏘며 돌격한다.
적앞 40~50m까지 접근해 공격 후 선회하여 돌아 나온다.
다른 종대가 공격 후 선회하며 교대로 적을 괴롭힌다.
고도로 훈련된 기마병들만이 가능했던 몽골군의
유명한 고난도 '카라콜 전술^{Caracole Tactics}'이다.

적을 향해 달려가며 화살을 여러발 쏘고 다시 대열 뒤로 돌아오면서 몸을 뒤로 돌려 활을 쏘는 '파르티안 샷^{Parthian shot}'을 쏜다. 대열 뒤로 오면 다시 적을 향해 달려가며 적에게 지속적으로 화살을 퍼붓는다. 종대로 달리므로 말이 넘어지거나 보조를 맞추지 못하면 뒤에 오던 말과 연쇄 충돌하게 된다. 기병과 말이 모두 보조를 맞추어야 하고, 말이 화살에 맞아도 참고 버텨야 하는 굉장히 어려운 전술이다.

서포터즈 그룹

온오프 일체화를 시작하면 첫단계는 시스템으로 '정착'하는 것이다. 정착이 되고나면 그 다음 단계는 시스템을 '고도화'하는 것이다. 구성원 전체의 참여도나 전문화가 다 같을 수는 없다. 따라서 구성원 각각의 참여도와 뉴미디어 활용능력에 따라 서포터즈 그룹 형태로 1그룹, 2그룹, 3그룹으로 구분한다. 1그룹은 적극 참여하면서 동시에 뉴미디어 활용능력을 상당히 갖춘 전문적인 팀으로 구성한다. 2그룹은 적극 참여하거나 또는 뉴미디어 활용능력을 갖춘 팀으로 구성한다. 3그룹은 단순 참여하며 향후 두 부분을 향상시키는 것이 필요한 팀으로 구성한다. 각각의 그룹에 따라 참여와 지원활동 요청정도가 달라야 한다. 1그룹만으로도 최소한의 위기관리 대처가 가능하여야 한다. 그룹 구성원 전체를 훈련하고 숙달시켜 조직을 업그레이드하여 나가야 한다.

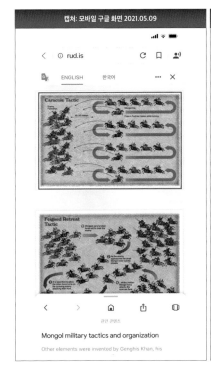

고도화 분류

서포터즈 그룹 분류가 되면 고도화를 위한 훈련도 각각 그룹별로 계획을 세워 실행하도록 한다. 그룹별 프로그램을 비대면 화상회의를 통하여 정기적으로 하는 것을 추천한다. 훈련과정에서 구성원들의 참여정도와 숙련도를 항상 가까이서 체크하고 관리하고 독려하여야 한다. 단순히 참여하겠지 기대하고 있다가는 나중에 낭패를 당할 수 있다. 객관적 숫자로 드러나는 참여자를 확인하여 그들에게 감사를 표시하고 그들과 함께 나아간다는 의사를 후보자는 자주 보여주어야 한다.

고효율 디테일

고효율은 디테일 속에 있다. 작은 차이가 시간이 지나면 큰 차이를 낳는다. 치열한 경쟁에서 이기는 비결은 오직 효율성을 갖춘 디테일에 있다. 비대면 선거에서도 세분화된 국민들의 성향을 분석하고 그에 맞는 계획을 실행하는 디테일한 마이크로 타겟팅의 시대적 흐름에 따라야 한다. 싸움을 승리로 이끄는 실력은 디테일에서 드러난다. 후보자의 이미지를 효율적으로 개선시키고 국민의 지지를 이끌어 낼 수 있는 디테일한 섬세함에 시간과 노력을 기울여야 한다.

디테일한 숙련자

비대면 선거에서 싸움을 이기기 위해서는 구성원 전체 고도화를 목표로 하여 훈련된 경험이 풍부한 디테일한 숙련자가 많아야 한다. 구성원 각자의 자질이 높아져야 전체의 수준이 향상된다. 일반적인 아마추어 수준의 실력만 갖추고서 선거에서 승리하고자 기대하는 것은 바람직하지 않다. 아무리 좋은 전략이라도 구성원들의 능력이 뒷받침되지 않으면 좋은 결과를 기대하기가 힘들다. 비대면 언택트 전략은 특히 인공지능을 상대로 하여 머리싸움을 해야하는 것이 적지 않으므로, 디테일로 시작해서 디테일로 끝난다고 할 수 있다. 악마는 디테일에 있다. 평소 각각의 서포터즈 그룹별로 디테일한 부분을 매뉴얼화해서 훈련을 통해 숙달하도록 해야 한다. 온라인에 익숙하지 않은 3그룹 구성원들의 경우에는 특별히 세밀한 주의를 기울여 참여도를 높여가야 한다. 매뉴얼 순서대로 하나하나 따라하면 네트워크가 원하는 일정 수준의 공유확산이 이루어지도록 한다. 비주얼 위주로 그리고 모바일 캡처 화면 위주로 매뉴얼을 만들어 네트워크 조직의 메인 플랫폼에 공유하여 누구나 언제든지 쉽게 다운로드하고 따라할 수 있도록 한다.

[나만의 창의적 융합]

〈창의적 통찰력〉 〈콘텐츠 경쟁력〉 〈데이터 과학화〉 각 항목을 응용하여 고도화가 남다르게 하는 나만의 실행방안은?

2장 속도와 파급력이 다른 온오프 일체화 전략

041 일체감

자신이 구매한 제품을 직접 운반하고 직접 조립한다.
완제품 배달을 해줌에도 불구하고 굳이 불편함을 감수한다.
자신이 직접 만든 것에 성취감을 느끼고 특별한 애착을 갖는다.
소비자의 심리적 만족도를 높여주는 '이케아 효과IKEA Effect'이다.

편리함보다는 불편함이 있지만 오랫동안 애착을 갖게하는 장기적인 심리적 만족도가 Selling Point이다. 자신이 직접 참여하여 어떤 것을 만들어내면 자긍심과 역량이 커졌다는 느낌을 받는다. 직접 시간과 노력을 들여 참여하고 만들면 결과에 대한 애정과 자부심이 더 커지는 인지적 편향 현상의 하나이다.

네트워크 소속감

온오프 일체화 네트워크는 국민들이 자신의 목소리를 내면서 신나게 잘 놀 수 있는 판을 깔아주고 참여할 기회와 경험을 만들어주는 '온라인 광장'이어야 한다. 자발적 능동적 수평적인 '비대면 언택트 아고라' 이어야 한다.

동질적인 경험을 쌓게 하면서 집단 소속감과 일체감을 주는 강력한 커뮤니티로 성장시켜야 한다. '내집단 편애'라는 인지적 편향 현상은 내가 속한 집단에 관대하고, 선의로 해석하고, 우호적으로 대하며, 무조건 협동하며, 나를 사랑하듯 큰 애정 쏟아붓는다. 지연과 학연 커뮤니티에도 같은 현상이 발생한다. 방탄소년단의 '아미'가 아미라고 불리는 순간 그들은 한몸이라는 일체감을 느끼듯이, 네트워크의 구성원들은, 예를 들어 그 네트워크 이름이 '언택트 절대반지'라면, 그 이름으로 불리는 순간 일체감을 주도록 하여야 한다. 구성원으로서 정체성을 인식하면 동질성과 연대감을 느끼도록 해 주는 것이다.

2장 속도와 파급력이 다른 온오프 일체화 전략

원팀One Team 정신

개인주의 시대이지만 승리를 위한 지름길은 원팀정신의 팀워크이다. 목표는 전체를 하나의 네트워크로 만들고, 그 아래 비슷한 성격의 그룹들을 묶어서 각각의 세분화된 네트워크로 만들도록 하는 것이다. 개성이 강한 중간관리자나 지지자들을 한 곳에 모으면, 서로의 생각과 방식의 차이로 내부에서 갈등의 소지가 존재한다. 따라서 첫단계는 그룹별 직능별 지역별 단위로 세분화된 네트워크로 활동하면서 그 다음 단계로 전체를 결합시키는 방안으로 실행하도록 한다.

2차콘텐츠 생산

온오프 일체화의 네트워크 구성원들은 단순히 후보자의 1차콘텐츠를 소비하는 소비자에서만 머물 것이 아니라, 1차콘텐츠를 재가공하여 자체적으로 2차콘텐츠를 생산하는 생산자로까지 나아가서 후보자를 응원하도록 해야 한다. 1차콘텐츠의 공유확산만으로도 그 효과는 실로 엄청나다. 일체감을 바탕으로 2차콘텐츠 생산과 공유확산이 이루어지면 구성원들끼리 일체감이 강화되면서 네트워크는 폭발적으로 성장할 수 있다. 1차콘텐츠 소비자가 곧 2차콘텐츠 크리에이터가 되면서 일체감이 강화되고, 2차콘텐츠를 생산하는 구성원은 그 콘텐츠를 소비하는 또 다른 구성원과 일체감을 느끼면서 한층 더 강화되는 것이다.

시너지 극대화

비대면 언택트 선거에서 네트워크 구성원들에게 소속감, 일체감, 정체성, 동질성, 연대감을 가지도록 하여 시너지를 극대화하여야 한다. 극단적인 '내집단 편애In-group Favoritism'는 상대팀에 대한 강한 경쟁의식으로 불합리한 편견이나 차별을 보이는 극단적인 '다른집단편견Out-group Bias'라는 부작용을 낳을 수 있다. 그러나 적절한 이성과 상식으로 통제가 가능한 '내집단 편애'는 바람직하다. 내부적인 일체감을 강화하기 위해서는 외부의 적이 분명하고 명확하여야 한다. 적이 분명하여야 친구가 분명해진다. 명확하게 규정된 적은 그 어떤 것보다 우리 편의 세력을 규합하고 일체감을 가지는데 설득력을 발휘한다. 인간은 함께 있음으로써 서로 위안을 받고 용기를 북돋아 준다. 평소에 이기심으로 분열되어 있는 사람들도 공동의 적을 만나면 갑자기 단합이 잘된다. 적이 분명하지 않으면 친구도 분명하지 않다. '다른집단'과 '내집단'의 구별이 필요한 이유이다.

> **[나만의 창의적 융합]**
> 〈창의적 통찰력〉〈콘텐츠 경쟁력〉〈데이터 과학화〉 각 항목을 응용하여 일체감이 남다르게 하는 나만의 실행방안은?

042

친근감

첫인상 3초로 상대방에 대한 호감도와 신뢰도를 평가한다.
초기정보 즉 첫인상이 훨씬 더 강력한 영향을 미친다.
이러한 결과를 뒤집는 데 200배 정보량이 필요하다.
3초 법칙 '초두효과 Primacy Effect**'이다.**

첫 만남에서 느낀 첫인상과 외모, 분위기 등은 그 사람에 대한 전반적인 신념이나 지식, 그리고 기대를 형성하는 데 결정적인 역할을 하여 고정관념을 형성하게 만든다. 처음 만났을 때 느끼는 첫인상을 좋게 남기려고 특히 친근감을 주기 위해 다각도로 노력하기도 한다.

네트워크 내부소통

먼저 온오프 일체화 네트워크 조직의 구성원들과 친밀하게 정기적으로 소통하도록 한다. 후보자는 구성원들과는 개인적으로 어느 정도 인간 관계가 있는 경우가 대부분이므로 친밀감을 가지고 비대면 화상회의 등을 자연스럽게 진행하도록 한다. 준비되지 않은 답변을 해야하는 돌발적인 상황은

거의 없으므로 편안하게 구성원들과 정치적인 이슈나 정책적인 현안들에 대한 얘기를 듣고 간단한 멘트 정도를 남기는 방식으로 소통하도록 한다. 사전에 일정한 주제를 알려주고 그 주제안에서만 얘기를 하도록 하면 더욱 더 바람직하다. 주의할 점은 후보자가 많은 시간을 혼자서 이야기하는 것은 소통이 아니다. 국민의 이야기들을 듣는다는 자세로 평소에 구성원들이 가지고 있던 주제와 관련된 정치와 미래와 삶에 대한 이야기들을 듣는 시간으로 하여야 한다. 비대면 화상회의의 진행자도 참여자들이 자연스럽게 80~90% 이상의 시간을 이야기할 수 있도록 분위기를 만들어가고 회의를 이끌어간다.

2장 속도와 파급력이 다른 온오프 일체화 전략

일부편집 포스팅

자연스럽게 구성원들과 대화하며 소통하는 모습을 일부만을 편집하여 후보자의 뉴미디어에 포스팅하도록 한다. 밝고 친근하며 함께 있으면 기분이 좋아지는 사람이라는 느낌을 국민들에게 줄 수 있어야 한다. 그래서 국민들이 후보자와의 대화에 '나도 참여하고 싶다' '한번 만나고 싶다'라는 생각이 느껴지도록 한다. 웃는 얼굴과 생기있는 표정으로 친절함과 따뜻한 마음이 주위에 전달되는 분위기이면 바람직하다. 후보자가 국민들과 적극적으로 소통하는 모습을 보여주도록 한다.

잠재적 지지

초두효과에 의한 첫인상은 생각보다 상당히 오래 국민들에게 각인이 된다. 언론이 그 첫인상을 계속 반복하여 언급하고 잘 모르고 있던 국민들도 언론의 언급으로 인해 그 언급을 첫인상으로 받아들이게 된다. 예를 들어, '소장파'는 사전적으로 '젊고 기운찬 기개를 지닌 사람들로 이루어진 파로서 긍정적인 의미를 가지고 있다. '원조 소장파'라는 키워드 자체 만으로 원희룡 지사를 잘 모르고 있던 국민에게도 긍정적으로 첫인상을 심어준다. 네트워크에서 친근하게 구성원들과 비대면으로 소통하는 모습을 콘텐츠로 제작하여 포스팅함으로써 자연스럽게 국민들에게 알려지도록 한다. 나아가 언론 기사화하여 기사를 읽거나 포스팅을 보는 일반 국민들로부터 잠재적 지지를 이끌어내도록 한다.

친근한 첫인상

후보자는 경쟁 후보자보다 조금 앞서 있어야 한다. 현재의 상황도 중요하지만 일주일 한달 일년뒤에는 어떻게 될지를 미리 생각하고 행동하여야 한다. 생각이 앞서야 행동이 앞서고, 행동이 앞서야 승리가 가능해진다. 비대면 언택트에서 스팸으로 간주하면 쉽게 차단하는 기능이 모든 뉴미디어에 갖추어져 있다. 아무리 좋은 것이라도 국민들이 받아들이지 않으면 전달하고 알릴 수 없는 것이 비대면의 단점이다. 후보자는 구성원들에게 단순히 온오프 일체화에 참여해 주는 것만으로도 감사하게 생각하고 구성원들이 비대면 언택트에서 행하는 무궁무진한 역할을 잘 할 수 있도록 항상 친근한 마음으로 응대해야 한다. 비대면 선거 승리의 시작이 네트워크 구성원들에게서 출발이 됨을 잊지말아야 한다. 친근한 첫인상의 시작도 구성원들과의 자연스러운 소통에서부터 출발하여 점차 국민들과의 초밀착형 소통으로 나아간다.

[나만의 창의적 융합]

〈창의적 통찰력〉 〈콘텐츠 경쟁력〉 〈데이터 과학화〉 각 항목을 응용하여 친근감이 남다르게 하는 나만의 실행방안은?

2장 속도와 파급력이 다른 온오프 일체화 전략

043 속도

13세기 몽골기병의 속도는 농경민족의 군대보다 4~5배 빨랐다.
기병 한 사람 당 말 4~5마리와 비상식량의 가벼운 군장으로
보급부대가 따로없는 기동성으로 전광석화처럼 공격하였다.
칭기즈칸은 '속도^{Speed}'를 먼저 장악하여 세계를 제패하였다.

몽골제국은 유라시아 대륙의 대부분을 장악하며 로마대제국의 6배에 달하는 광대한 영토를 지배하였다. 한때는 서유럽까지 위협하였다. 경량화한 속도전으로 호라즘 제국 정벌 당시 하루 130km를 이동하였다. 유럽원정 때 소식을 전하는 파발마는 하루 350km까지 이동하였다. 속도전을 가능하게 한 것은 전속력으로 달려온 말을 갈아타고 다시 릴레이하듯 전속력으로 달리도록 30km마다 설치한 '역참제도Jam' 이었다. 현대판 네트워크인 역참제도가 생명선이었다.

허리단계 기동성

세계는 지금 '속도와의 전쟁' 중이다. 특히 마케팅에서 속도전은 치열하다.

패스트푸드 패스트트랙 급속냉각 급속조리 신속배달 당일배송... 시간단축이
라는 타임베이스 경쟁전략은 비즈니스의 기회이다. 국민들은 빠른 것을 좋아
하기에 빠르면 당연히 승리 가능성이 높아진다. 비대면 언택트 선거도 예외가
아니다. 스피디한 속도로 후보자의 콘텐츠가 공유확산되어 곳곳에 노출된다
면 싸움을 이길 가능성이 상당히 높아진다. 몽골제국의 역참제도가 네트워크
의 생명선으로 세계 제패를 가능하게 하였다면, 비대면 선거에서 네트워크의
생명선은 허리단계의 기동성을 받쳐주는 중간관리자 그룹의 책임과 역할이
다. 역참제도가 전속력으로 달릴수 있는 말을 잘 관리하였듯이, 온오프 일체
화 네트워크에서도 중간관리자 그룹의 인력을 양성하여 잘 관리하여야 한다.

플랫폼 반응

비대면 언택트에서 속도는 플랫폼 인공지능의 반응 관점에서 보아야 한다. 인공지능이 같은 조회수 좋아요 숫자이더라도 포스팅 후 조회되는 반응 속도에 따라 콘텐츠의 품질을 다르게 평가한다. 빠른 시간내에 많은 숫자의 반응이 있으면 좋은 콘텐츠로, 일정시간이 지나도 별다른 반응이 없으면 그저그런 콘텐츠로 평가한다. 유튜브 관리자 스튜디오에서는 처음 포스팅 후 조회수 반응을 평가하는 부분이 있다. 이 분석을 타겟팅과 결과평가에 잘 활용하도록 한다.

빠른 확산속도

공유확산 속도에 따라 인공지능의 반응평가가 달라지며, 빠른 좋아요를 인식하여 상위에 노출하는 비율이 높아진다. 인터넷 플랫폼 운영자들이 반응을 평가하는 객관적인 기준이라고 공개한 것은 없다. 몇 번의 온오프 일체화 네트워크를 조직하여 운영한 경험에서 다르게 평가됨을 추측하였다. 포스팅 후 1시간 이내 체계적이고 즉각적인 반응으로 만들어낸 좋아요 숫자의 콘텐츠와 그대로 두면서 시간이 지나서 좋아요 숫자를 받은 콘텐츠를 비교하여 본 결과 1시간 이내 반응한 것이 노출 상위에 올라가는 경우가 많았다. 같은 좋아요 숫자이지만 반응속도가 영향을 미친 것이다. 1시간 이내를 기준으로 삼는 것이 좋다. 포스팅 정례화가 이것을 해결하는 방안이다. 매번 포스팅마다 전체 조직을 동원하여 알리고 참여를 독려할 수는 없다. 반복적 습관화의 공유확산 정례화가 속도에 중요한 영향을 미친다.

중간관리자 그룹

    비대면 네트워크 전체 조직이 매번 움직여주면 제일 바람직하지만 현실적으로는 쉽지 않다. 서포터즈 1그룹이 중간관리자 그룹이 되어 적극적으로 역할을 하여야 한다. 역참제도처럼 네트워크의 생명선이 되어야 한다. 중간관리자 그룹이 중심이 되어 움직이면, 전체 조직이 움직여가는 방향이 바람직하다. 즉 중간관리자 그룹이 중심 지렛대가 되는 시스템을 만들어야 한다. 중간관리자는 항상 모든 포스팅에 좋아요와 공유 참여를 필수적으로 하도록 한다. 중간관리자들 만으로도 조회수 좋아요 공유 등 일정한 숫자가 충족되는 네트워크 생명선을 만드는 것이다. 정기적인 비대면 화상회의 교육으로 중간관리자 그룹의 능력을 업그레이드하여 전문화시켜 나가도록 한다.

[나만의 창의적 융합]

〈창의적 통찰력〉 〈콘텐츠 경쟁력〉 〈데이터 과학화〉 각 항목을 응용하여 속도가 남다르게 하는 나만의 실행방안은?

044 파급력

먼 곳에서 폭풍이 발생하였는데 주위에 큰 파도가 생긴다. 뉴미디어의 포스팅 리뷰가 소비자 선택에 중대한 영향을 미친다. 한 유튜버의 포스팅으로 해체 위기속 아이돌 그룹이 역주행 전성기를 맞고 있다. '그라운드스웰 효과^{Groundswell} Effect'이다.

그룹해체를 예감하고 멤버들이 각자 정리를 하며 미래를 고민하고 있었다. 댓글모음 채널 유튜브 '비디터Viditor'에서 군부대 위문공연 당시 영상들과 그때 올라온 댓글을 재밌게 편집하여 포스팅하였다. 2개 영상이 1개월만에 누적 조회수 2,300만을 기록하였다. 군 시절 이들과의 추억을 간직한 네티즌들이 이제는 우리가 도와주자는 여론이 급속도로 생겨나서 폭발적인 파급력이 일어났다. 역주행으로 해체 위기를 딛고 TV 미디어로까지 진출하는 등 전성기를 누리고 있다. 걸그룹 아이돌 '브레이브걸스' 이야기이다.

네트워크 화력

비대면 언택트에서 온오프 일체화 네트워크 조직화 구성원들이 '화력'을 발휘할 수 있도록 만들어야 한다. 후보자의 1차콘텐츠 소비는 물론 2차콘텐츠 생산과 소비를 위한 협력적 활동을 강화시켜 단단한 네트워크 기반을 쌓도록 한다. 정치의 주체인 국민이 항상 옳기에 후보자가 준비를 잘 하고 열심히 노력하면 국민들은 반드시 이것을 알아줄 것이라는 국민에 대한 강한 믿음을 가지고 있어야 한다. 그 강한 믿음이 철저한 준비를 가능하게 한다. 후보자의 모든 콘텐츠가 폭발적이고 긍정적인 반응을 얻기는 어렵다. 후보자는 여러 콘텐츠 중에서 반응이 좋으리라 예상되는 몇몇에 대해서는 도화선의 역할을 잘 하도록 특별히 네트워크의 역량을 집중적으로 이곳에 모으도록 한다.

2장 속도와 파급력이 다른 온오프 일체화 전략

역주행 사례

'크레용팝'은 빠빠빠 영상들이 SNS를 타고 전파되며 중독성 있다는 반응으로 급속히 인기를 끌었다. 'EXID'는 행사장에서 찍힌 '위아래' 직캠 영상이 화제가 되며 스포트라이트를 받았다. '여자친구'는 비가 내려 미끄러운 무대에서 수차례 넘어지면서도 공연을 끝낸 '꽈당' 영상이 재조명되었다. 알려지는 것이 부족해서 묻힌 것을 재발굴하는 역할을 한 역주행 파급력 사례는 정직한 노력이 제때를 만나면 성공할 수 있다는 긍정적인 사고를 국민들에게 심어주었다.

두터운 지지층

성공적인 역주행을 가능하게 한 잠재적인 요인의 하나는 보이지 않은 두터운 지지층이었다. 그동안 외부적으로 잘 드러나지 않았지만 도화선이 되는 사건을 만났을 때 두터운 지지층을 기반으로 화력이 살아나서 폭발적인 파급력으로 이어진 것이었다. 네트워크를 만들고 단단한 기반을 점차 쌓아 올려 가는 것은 승리를 위한 기회가 왔을 때 결정적 승기를 잡고자 하기 위함이다.

알고리즘의 힘

비대면 언택트 환경이 확대됨에 따라 플랫폼 알고리즘의 힘을 실감하는 사례들이 적지 않게 생겨나고 있다. 트렌드를 이끄는 축이 조금씩 유튜브 등으로 옮겨가고 있으며, 뉴미디어의 파급력이 점차 커져가고 있다. 유튜브 등 뉴미디어에서 인기가 오르자 TV방송에서 러브콜을 보내는 역전 현상이 심심치 않게 벌어지고 있다. 유튜브 알고리즘이 다수 대중의 지지를 만들었고 이것이 TV 미디어로까지 영향을 미치게 만들었다. 국민들과 친숙한 대중문화 예술계의 이러한 흐름은 점차 다른 분야에까지 영향을 미칠 것이다. 현재 정치분야 유튜버들은 양극단의 추종자들을 제외하고는 아쉽게도 중도층 국민들로부터 관심보다는 외면을 더 많이 받고 있다. 건전한 비판과 상대의 다름을 인정하는 채널들도 있지만 강성 유튜버들의 빅마우스에 묻혀 제대로 된 목소리를 내지 못하고 있다. 플랫폼의 인공지능은 아직 콘텐츠의 옳고 그름에 대한 판단보다는 숫자의 많고 적음에 대한 판단만 내린다. 온오프 일체화로 상당한 숫자의 구성원들을 네트워크로 조직화하여 플랫폼 인공지능에 잘 반응하도록 하는 것이 곧 후보자의 인지도를 높이고 파급력을 일으키는 좋은 방법론임을 역주행 사례가 보여주고 있다.

[나만의 창의적 융합]

〈창의적 통찰력〉 〈콘텐츠 경쟁력〉 〈데이터 과학화〉 각 항목을 응용하여 파급력이 남다르게 하는 나만의 실행방안은?

　　　　　　　　2장 속도와 파급력이 다른 온오프 일체화 전략

045

모멘텀

소리소문없이 확산되어 어느 순간 극적으로 상황이 변한다. 잘 알려지지 않았던 제품이 어느 날 갑자기 핫하게 팔린다. 말콤 글래드웰^{Malcolm Gladwell}은 성공과 실패를 가르는 마법의 순간을 저서 '티핑 포인트^{The Tipping Point}'에서 잘 알려준다.

한 세력이 절대적인 우위를 차지하며 균형이 무너지는 순간이 온다. 티핑이다. 싸움에서 우위를 점하며 싸움을 지배하는 순간이다. 전문가들은 어떤 제품이 급속히 퍼지는 '티핑 포인트'에 좀 더 쉽게 도달하기 위해서는 고객 15~18%를 확보해야 한다고 주장하며 먼저 얼리 어답터를 공략해야 한다고 조언한다.

네트워크 구축

비대면 언택트에서 보이지 않게 구석구석 세밀하게 준비하며 쌓아온 내재된 에너지가 폭발하는 시점이 있다. 일정한 지점을 지나면 가파르게 상승하는 국면을 맞는다. 단번에 무섭게 치고 올라간다. 상대가 인식하지만 도저히 따라잡을 수가 없다. 튼튼한 기본토대 구축을 위해 온오프 일체화를 하고 네트워크로 조직화하여야 한다. 백업 플레이어인 뉴미디어팀이 든든하여야 비대면 선거는 효율적인 결과를 만들어 낼 수 있다. 온오프 일체화 시스템 구축이 끝나면 상승추세의 모멘텀이 달라지는 것을 느낄 수 있다. 네트워크 구성원들이 후보자 콘텐츠를 먼저 소비하는 얼리 어답터 역할을 하여야 한다. 일반 국민들은 대부분 구성원들이 콘텐츠를 소비하는 것을 본 다음에야 콘텐츠를 소비하고자 한다. 얼리 어답터인 구성원들의 소비행태 내지는 추천이 있기 전까지는 잘 움직이지 않는다. 조직적인 네트워크가 필요한 이유이다.

2장 속도와 파급력이 다른 온오프 일체화 전략

상승 요인

티핑 포인트에 이르기까지 항상 상승국면만 있는 것은 아니다. 상승국면과 하강국면을 비교 대조하여 공통점과 차이점을 찾고 주된 요인이 무엇인가를 찾는다. 상승요인과 하강요인을 찾는 것이 상승 모멘텀을 만들기 위한 우선적 과제이다. 원인없이 결과없다. 상승국면과 하강국면을 가르는 주요한 요인이 대부분 내부협력 또는 내부분열에 있는 경우가 적지 않다. 커맨드 센터가 이러한 순간에 적절한 역할을 하여야 한다. 상승이냐 하강이냐, 승리이냐 패배이냐 갈림길의 순간이다.

바이미^{By-me} 신드롬

모든 국민이 뉴미디어가 되는 시대이다. 미디어를 통해 일방적으로 메시지를 밀어내고 강요하는 마케팅은 오래 전의 이야기이다. 국민들로 하여금 브랜드를 자연스럽게 이야기하게 하는 것으로 변하였다. 단순히 소유하고 경험하는 패러다임에서 벗어나, 참여하고 변화하는 패러다임으로 바뀌어 '나에 의해' 브랜드를 만드는 것이 중요해졌다. 바이미 신드롬은 기업이 단순히 국민들의 요청을 반영하는 것에서 더 나아가 국민들이 직접 제품을 참여하여 기획하고 만드는 형태로 진화하고 있다. '내가 키우고, 나에 의해 성장한' 모습에 뿌듯함을 느끼도록 하는 것이다. 비대면 선거에서도 정치의 주체인 국민이 참여하고 기획하고 만들어가는 '바이미' 형태가 가장 좋은 모습이다.

활주로 이론

승리를 위해서는 일정 정도 이상의 시간과 일정 정도 이상의 노력이 이 필요하다. 비행기가 일정 속도 이상으로 일정 시간을 질주하여 필요한 양력을 얻어 지상에서 이륙하는 '활주로 이론'의 이륙순간이 바로 티핑 포인트이다. 99%까지 질주하였지만 이륙의 고지를 바로 눈앞에 두고 포기하면 비행기는 날지 못한다. 조금만 더 질주하고 달려서 100%가 되면 하늘을 날 수 있는 것이다. 비행기의 이륙처럼 상승 모멘텀은 내부의 에너지가 쌓여서 극적인 순간에 찾아온다. 싸움에서 이기는 후보자와 패배하는 후보자의 차이는 그리 크지 않다. 구축한 네트워크의 구성원들이 적극적으로 참여하는 바이미 분위기를 만들어서, 거대한 비행기가 활주로를 이륙하는 것처럼, 티핑 포인트의 순간까지 일정 정도의 시간과 일정 정도의 노력을 집중하여 구성원 모두가 힘차게 활주로를 질주하여 가는 것이다.

[나만의 창의적 융합]

〈창의적 통찰력〉〈콘텐츠 경쟁력〉〈데이터 과학화〉 각 항목을 응용하여 모멘텀이 남다르게 하는 나만의 실행방안은?

2장 속도와 파급력이 다른 온오프 일체화 전략

046

콜라보

‘다가올 미래The Future of Work’는 협업 플랫폼의 시대이다.
협력적 기술이 미래의 업무 방식을 완전히 바꿀 것이다.
제이콥 모건Jacob Morgan의 통찰력이다.
자기만 최고인 독단적 독불장군의 시대는 지나갔다.
최고의 성과를 위한 최고의 비법은 ‘콜라보’이다.

일정한 목표를 달성하기 위하여 일시적으로 팀을 이루어 함께 협력하는 ‘콜라보’는 생활 속 모든 분야에서 이미 트렌드로 자리를 잡았다. 일하는 방식이 시대적으로 분업에서 협업으로 변하였다. 심지어 경쟁기업들끼리도 경쟁속에서 상호협력하며 콜라보한다. 뉴미디어 네트워크와 협업 테크놀로지의 발전은 ‘같이’ ‘더불어’ ‘함께’ ‘공동’ ‘참여’ ‘협력’의 가치가 더욱 소중함을 일깨워주고 있다.

콜라보 시스템화

제로섬의 시대를 지나 플러스섬의 시대이다. 경쟁속의 협력이 차별화된 통찰력의 하나이다. 비대면 네트워크의 효율성을 위해서는 콜라보 시스템을 구축하고 매뉴얼화하여 기본적으로는 매뉴얼에 따라 움직이도록 하여야 한다. 콜라보는 상대를 인정하는 열린 사고와 융복합 사고에서부터 시작된다. 자신만이 할 수 있다는 닫힌 사고를 가지면 콜라보의 기회를 발견하기가 어렵다. 성공적인 콜라보가 되도록 하기 위해서는 참여하는 모든 구성원들과 외부 그룹이나 단체들이 서로의 칸막이를 걷어내고 협업을 하는 혁신적 행동방식의 패러다임을 만들어가야 한다. 그리고 이러한 패러다임을 시작부터 끝까지 매뉴얼화하여 네트워크 속에서 문제를 해결하고 성과를 만들도록 하는 시스템을 구축한다. 개인의 능력이 더 빛을 발하는 협력의 시스템을 만들어야 한다.

공동 목표설정

콜라보를 하는 공동의 목적을 분명하게 알려서 참여하는 구성원 모두가 그 목적을 인식하고 있어야 한다. 콜라보 그 자체가 목표가 아니다. 공동의 목적을 달성하기 위하여 주요한 수단의 하나로 콜라보를 하는 것이다. 콜라보가 이끌어낼 수 있는 공동의 성과 목표치를 수치화하여 참여 그룹별로 할당하고 기간별로 성과를 비교분석하면서 그룹별로 협력하고 경쟁하도록 한다. 협력속의 경쟁, 경쟁속의 협력이 콜라보가 가지고 있는 최고의 장점이다.

역할책임 명확화

협업 플랫폼의 하나를 선정하여 그곳에 그룹별 업무별 실무 책임자들을 모아서 콜라보를 진행하는 시스템을 구축하고, 전체를 매뉴얼화 하면서 각 그룹별 역할과 책임을 명확히 공유하도록 하여야 한다. 사전에 명확하게 인식되어 있지않으면 서로 누군가 하겠지 하는 미루고 회피하는 뜻하지 않은 부작용이 발생하고 이것이 나아가 콜라보의 성과를 가로막는 장애물이 될 수 있다. 비대면 언택트에서 콜라보를 쉽게 만들어 주는 협업 플랫폼들이 특히 모바일에서 사용이 간편한 앱들이 최근 많이 개발되어 사용가능하므로 적합한 하나를 선택하여 활용하도록 한다. 전체 과정을 같이 공유할 수 있기에 현재 실행하여야 할 부분과 보완하여야 할 부분, 그리고 앞으로 가야 할 방향을 한눈에 확인하고 체크하는 것이 가능하다.

창조적 콜라보

비대면 선거에서 콜라보는 특히 경쟁 후보자가 싫어하고 경쟁 후보자가 힘들어하는 부분들을 골라서 경쟁 후보자의 강점이 덜 나타나는 곳에서 창조적 콜라보 하기를 권장한다. 자신이 잘하는 부분을 콜라보 할 수도 있지만 부족한 부분을 콜라보 하는 것이 훨씬 더 좋다. 나아가 경쟁 후보자들이 가장 힘들어하는 부분에서 외부와 콜라보하여 그곳을 집중 공략한다면 최상의 창조적인 콜라보가 될 것이다. 몽골기병은 속도가 강점인 경기병들이었다. 자신들이 부족한 정면돌파를 위한 육중한 갑옷과 투구를 입은 중장기병은 만주족에게, 성을 쌓고 다리를 짓는 공병대는 정복한 정주민들에게 맡겼다. 지금의 시대적 표현으로하면 콜라보 한 것이다. 상대방은 몽골기병이 그들의 약점을 이렇게 보완하리라고는 전혀 예상하지 못하고 있다가 전투에서 패배하였다.

[나만의 창의적 융합]

〈창의적 통찰력〉〈콘텐츠 경쟁력〉〈데이터 과학화〉 각 항목을 응용하여 콜라보가 남다르게 하는 나만의 실행방안은?

2장 속도와 파급력이 다른 온오프 일체화 전략

047 우호세력

우산을 들고 나왔는데 갑자기 비가 쏟아진다.
시험 직전에 펼쳐본 내용이 시험 문제로 나온다.
집에서 늦게 출발했는데 오히려 직장에 일찍 도착한다.
바라는 바대로 좋은 일이 일어나는 '샐리의 법칙Sally's law'이다.

우연히 좋은 일이 계속해서 일어나는 샐리의 법칙은 완전한 논리와 이론을 갖춘 과학이라고 하기에는 부족하지만, 심리적 통계적 현상이 복합적으로 작용하는 법칙이다. 영화 '해리가 샐리를 만났을 때When Harry Met Sally'에서 여주인공 샐리 이야기가 해피엔딩으로 끝나는 것에서 유래하였다. 네트워크의 조직화된 활동은 일정시간이 경과하여 잘 알려지면 우호적 지지를 확대하는 샐리의 법칙이 일어난다.

긍정적 협력관계

비대면 선거에서는 비대면 언택트 분야에서 상호 긍정적 도움을 줄 수 있는 단체나 그룹을 우선적으로 하여 우호세력을 먼저 형성하여 나가는 것이 바람직하다. 회원들과의 상호 소통과 뉴미디어 활동이 활발히 이루어지고 있을 때에는 영향력 발휘가 쉽다. OO단체의 이름으로 지지세력 우호세력 외곽단체들이 선거때에 후보자 지지성명을 발표하고 언론기사의 한 줄을 작성한다. 단순히 언론기사 한줄과 사진 한 장도 전혀 없는 것보다는 낫다. 정치인과 이익단체의 우호적 관계의 대외적 표현이다. 단체 대표자들이 후보자에 대해 긍정적인 것은 좋은 현상이다. 좀 더 우호적으로 소속단체 회원들의 협력을 이끌어내기 위해서는 회원단체 방문 간담회, 회원들과 비대면 화상회의, 단체현안에 대한 상호협력관계 유지 등 사전의 전략적 접근들이 먼저 있어야 회원들의 우호적 지지를 최대한 끌어올릴 수 있다.

2장 속도와 파급력이 다른 온오프 일체화 전략

비대면 화상간담회

여성 청년 노인 장애인 직능 상인 시민 동호인 등 전국적 지역적 단체들과 정기적으로 현안과 애로사항을 듣는 비대면 간담회를 가지도록 한다. 그래야 친밀감도 생기고 지지도로 연결된다. 여건이 허락하면 현장방문도 하는 것이 좋다. 사전에 당면한 현안관련 자료를 받아서 공약이나 정책에 반영할 수 있는 부분들을 정리하여 화상간담회에서 상호 입장을 조율하고 견해차를 좁히는 방안으로 진행하도록 한다.

비대면 콘텐츠 콜라보

대면이든 비대면이든 간담회에서 회원들과 논의된 현안에 대해서는 뉴미디어 콘텐츠로 만들어서 단체소속 전체회원들이 알 수 있도록 후보자와 단체 각각의 뉴미디어에 포스팅 하도록 한다. 간담회에 참여하는 회원은 전체가 아닐지라도 후보자가 그 단체에 대하여 우호적인 관심을 가지고 있음을 전체회원들에게 알리는 것이 상당히 중요하다. 독자적으로 현안관련 콘텐츠를 만드는 것보다는 단체의 실무자와 콜라보하여 콘텐츠 특히 영상 등을 같이 만드는 방안을 권장한다. 이러한 콘텐츠 제작과정을 통하여 서로 이해의 폭을 넓혀갈 수 있다. 단체의 자체적 비대면 뉴미디어 활동능력이 어느 정도 갖추어져 있으면 콜라보가 쉽다. 콜라보 콘텐츠를 통해서 그 콘텐츠를 보는 국민들이 후보자가 단순방문한 느낌을 넘어서 일정정도 단체와 협력하고 연대가 되어있구나 라는 느낌을 주도록 한다.

우호적 교두보

비대면 선거에서 각 단체들 내부에서 우호적인 지지세력을 많이 확보하는 것이 전체적인 우호세력을 확대하는 가장 좋은 방안이다. 후보자는 단체회원들 중에서 우호적인 지지회원을 네트워크 구성원으로 편입시키도록 노력하여야 한다. 단체회원인 적극적 지지자들이 네트워크 서포터즈 그룹에서 활동하고 있으면 추후 그 단체와의 관계설정에서 유리한 위치의 우호적인 교두보를 확보할 수 있는 것이다. 같은 곳을 함께 보며 같은 생각을 함께 하면 같은 세상을 만들 수 있다. 우호세력은 선거에서 승리의 길로 이끄는 아주 좋은 징검다리가 된다. 후보자가 단체에게 우호적이면 단체회원들도 후보자에게 점차 우호적으로 될 가능성이 높다.

[나만의 창의적 융합]

〈창의적 통찰력〉 〈콘텐츠 경쟁력〉 〈데이터 과학화〉 각 항목을 응용하여 우호세력이 남다르게 하는 나만의 실행방안은?

048　　임팩트

**1936년12월12일은 중국 역사적 흐름과 영향력이 바뀐 날이다.
국민당 장제스는 측근의 쿠데타로 시안에서 포로가 되었다.
마오쩌둥은 항일 국공합작을 조건으로 장제스를 석방하였다.
공산당은 중원을 정복하고 대륙의 주인이 되는 서막을 열었다.**

1934년 10월 마오쩌둥은 10만의 홍군을 이끌고 국민당의 추격을 피해 1년여 동안 중국 대륙을 남북으로 횡단하여 1만 2천 킬로미터의 퇴각 작전인 대장정을 감행하였다. 겨우 8천명만 살아 남았다. 마오쩌둥은 시안사건으로 기사회생하였다. 포로가 된 장제스를 죽이지 않고 그의 영향력을 활용하여 국민당과 함께 일본군에 맞서 싸웠다. 국민당은 정규군 위주였기에 일본군과 싸움에 그 피해가 상당하였지만, 공산당은 게릴라전으로 싸웠기에 피해가 적었다. 향후 국공내전까지 고려한 마오쩌둥의 전략이었다.

네트워크 응집력

온오프 일체화 네트워크의 응집력을 최대한으로 끌어올려서 비대면 선거에서 활용하여야 한다. 그러기 위해서는 국민들에게 임팩트를 주는 영향을 고려한 강약조절과 완급조절이 필요하다. 과도한 긴장상태를 계속 유지하는 것은 오히려 응집력을 약화시키고 나아가 구성원들의 자발적 참여의식을 떨어뜨리므로 무조건 피해야 한다. 후보자의 모든 콘텐츠를 다 공유확산하는 것은 사실상 쉽지않다. 공유확산을 위한 구성원들의 활동 독려도 너무 자주 하면 피곤함과 싫증을 느낀다. 자발적 능동적 참여를 위한 분위기가 조성되어야 응집력을 최대한 발휘할 수 있다. 상황 적합성에 따른 매뉴얼을 만들어 실행하도록 한다.

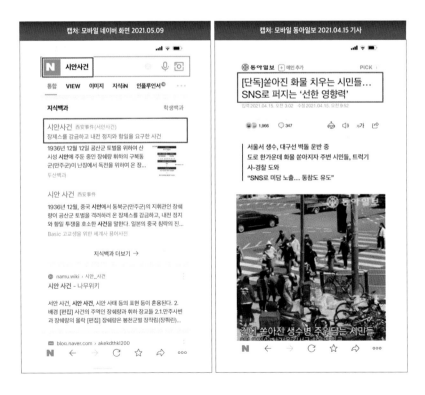

2장 속도와 파급력이 다른 온오프 일체화 전략

상황 적합성

비대면 선거에서 뉴미디어팀이 백업 지원하여야 하는 상황을 크게 5단계로 나눈다. 최상, 상위, 중간, 하위, 최하 5단계로 나누어 적합한 상황을 예상하여 매뉴얼화 한다. 최상의 단계는 온오프 네트워크와 콜라보 및 우호세력 등 인력을 총동원하는 단계로, 상위단계는 네트워크 서포터즈 1그룹 의무적 참여 및 2차콘텐츠 생산과 2~3그룹 의무적 참여하는 단계로, 중간단계는 네트워크 서포터즈 1그룹 의무적 참여 및 2차콘텐츠 생산하는 단계로, 하위단계는 네트워크 서포터즈 1그룹 의무적 참여하는 단계로, 최하단계는 1그룹이 자발적 참여하는 단계로 구분한다. 뉴미디어별로 콘텐츠를 제작할 때에 그 콘텐츠의 상황단계를 미리 정하도록 한다.

단계적 역량 결집

지원은 최하단계로부터 시작하여 중요성에 따라 단계적으로 역량을 결집시켜 가도록 한다. 최상단계는 월1회 및 주로 선거기간에, 상위단계는 주1회, 중간단계는 주2회, 하위단계는 1일1회, 최하단계는 평소 대부분의 콘텐츠에 지원하도록 한다. 필요한 사항이 발생하였을 때에는 그 상황에 맞게 판단하여 지원하도록 한다. 선거는 결정적인 순간에 정확한 임팩트를 가하여 승리하는 것이 목적이지 보여주는 것이 목적이 아니다. 평상시에는 전체 조직의 역량을 비축하고 결정적인 승부처에서 힘을 모아 공격하는 전략으로 운영하여야 한다.

비대면 '선한 영향력'

비대면 뉴미디어가 일상화되면서 그 영향력을 사회적으로 착하게 선하게 이용하자는 '선한 영향력'을 중시하는 트렌드가 확산되고 있다. 유명인들의 선한 영향력 언론기사가 부쩍 늘었으며, 뉴미디어 등에서도 아름다운 미담들이 알려지는 포스팅들이 심심치않게 보여진다. 사회의 '공정'만큼 청년층과 중장년층에 이르기까지 하나의 주요한 가치로 자리잡아가고 있다. 좋은 일을 하는 긍정적 삶의 실천이 주변에도 긍정적인 영향을 미치고 있는 것이다. 이런 시대적 흐름속에 사회의 양극화를 부추기는 일방적 주장의 네거티브는 당연히 국민들로부터 환영받지 못하고 있다. 후보자의 네트워크가 장기적으로 사회에 선한 영향력을 미치며 국민들과 함께 궁극적으로 나아가야 할 방향이다.

[나만의 창의적 융합]

〈창의적 통찰력〉 〈콘텐츠 경쟁력〉 〈데이터 과학화〉 각 항목을 응용하여 임팩트가 남다르게 하는 나만의 실행방안은?

049

변화 대응력

자신을 관찰하는 다른 시선을 인식할 때 생산성이 높아진다.
동기 부여 및 성과 기대감과 이에 부응하기 위한 노력 등
심리적 요인이 환경 조건에 상관없이 생산성을 높게 만든다.
열정과 확신이 성과를 내는 '호손효과^{Hawthorne Effect}**'이다.**

변화하는 비대면 환경에 적절히 대응하기 위해서는 비대면 언택트 능력을 향상시켜야 할 뿐만 아니라 변화대응에 대한 열정과 확신이 전체 구성원들에게 잘 전달되어야 한다. 똑같은 약을 써도 명의가 따로 있듯이, 심리적 자신감은 상황을 대처함에 항상 주요한 요인이 된다.

네트워크 대응력

온오프 일체화 네크워크 조직을 구축하는 것 못지않게 상황적 변화에 잘 대응하는 것도 중요하다. 일정한 기준아래 자율성과 탄력성을 가진 조직이 되어야 유연하게 상황을 적용하고 대처한다. 일방적 지시와 일방향적 홍보만 있는 경직된 조직으로는 각각 다른 상황의 변화에 대응하기 힘들다. 단순히 후보자 정보를 전달만 하거나 일방향적인 공유만 하는 네트워크는 시간이 지날수록 국민들로부터 참신하지 못한 지루한 조직으로 인식되어 외면당하게 된다. 국민들은 정보의 홍수 시대에 노골적 홍보과 낚시성 정보에 강한 거부감을 가지고 있다. 마케팅에서도 생산자가 미리 짜놓은 방식을 소비하는 것에서 벗어나 소비자인 고객들이 자발적으로 참여하고 만들어가는 형태로 바뀌어가고 있으며, 고객이 직접 콘텐츠 제작에 나서기도 하고 콘텐츠 소비자인 동시에 생산자가 되기도 한다. <u>네트워크도 최소한 서포터즈 1그룹은 콘텐츠 1차소비자인 동시에 2차생산자가 되어 이러한 변화에 대응하도록 한다.</u>

2장 속도와 파급력이 다른 온오프 일체화 전략

피드백 반영

네트워크 구성원들이 자신의 참여에 대한 성과의 변화를 직접 느낄 수 있도록 구성원들에게 정기적으로 피드백을 하도록 한다. 1주 단위로하여 객관적 숫자로 표시할 수 있는 지표들을 지난주와 비교하여 성과표를 만들어 업그레이드 시켜 간다. 서포터즈 1그룹은 네트워크를 이끌어가는 핵심적인 중간 관리자들이다. 특히 비대면 언택트 현장에서 부딪히는 이들의 의견을 집중적으로 반영하여 각 뉴미디어가 가지고 있는 장점과 특성이 잘 반영되도록 하여야 한다.

열정과 확신

네트워크 구성원들의 적극적인 참여와 조직에 대한 애정이 불확실한 상황을 대처하고 미래를 긍정적으로 변화시켜가는 보이지 않는 힘이다. 후보자를 비롯한 서포터즈 1그룹의 열정과 승리에 대한 간절함이 주위에 전달되면 국민들은 비대면이지만 곳곳에서 이러한 진정성을 잘 느낄 수 있다. 승리에 대한 열정도 확신도 없는 조직은 상황변화에 둔감하고 구성원들도 자신과는 상관이 없는 무관심한 자세로 일관하게 된다. 열정과 확신이 바탕이 되어야만 변화를 긍정적으로 대응하는 힘을 모아갈 수 있다. 후보자는 구성원들과 자주 스킨십하면서 공동의 목표의식을 함께 가지도록 격려하고 소통해야 한다.

선제적 대응

정치와 선거의 판이 크게 움직이거나 크게 바뀔 때, 어떤 후보자에게는 커다란 위기일 수 있고 어떤 후보자에게는 다시없는 기회일 수 있다. 똑같은 상황을 위기로 맞느냐 기회로 맞느냐는 상황변화를 예측한 선제적 대응능력에 따라 달려있다. 스피디한 지휘체계로 훈련은 되어 있지만, 누구나 예측할 수 있는 한 방향으로만 움직이는 조직으로는 상대방의 허를 찌르는 기습공격을 감행할 수 없다. 스피디한 조직이면서 상황에 따라 신속하게 전술을 변화시켜 상대방을 기습 공격할 수 있는 능력을 평소에 훈련하여 갖추고 있는 네트워크 조직이 되어야 한다. 즉 신속성과 적응성을 갖추고 있는 조직이 되어야 한다. 미래의 정치적 상황을 자신이 변화시킬 수는 없지만, 그 변화를 자신에게 유리한 방향으로 활용할 수는 있다. 모바일과 뉴미디어 의존도가 급격히 커져가고 있는 비대면 언택트에서 자율성을 가진 유연한 네트워크 조직으로 만들어가야 하는 것이 후보자가 지닌 큰 과제 중의 하나이다.

[나만의 창의적 융합]

〈창의적 통찰력〉 〈콘텐츠 경쟁력〉 〈데이터 과학화〉 각 항목을 응용하여 변화 대응력이 남다르게 하는 나만의 실행방안은?

050 집단적 힘

평범한 다수가 핵심 소수보다 뛰어난 가치를 창출한다.
하위 80%가 상위 20%보다 더 큰 가치를 창출한다.
구글^{Google} 아마존^{Amazone} 이베이^{Ebay}가 대표적 사례이다.
디지털과 인터넷 시대의 '롱테일법칙^{Long Tail Theory}'이다.

크리스 앤더슨^{Chris Anderson}은 하찮은 다수가 중요한 소수보다 더 큰 가치를 만들어낸다고 주장하였다. ICT기술과 인터넷의 발달로 핵심적인 소수가 아닌 주목받지 못하는 다수에 주목하고 있다. 시장의 중심이 소수 20%에서 다수 80%로 옮겨갔다. 꼬리가 만드는 새로운 기회의 세상이 열렸다.

네트워크 세력화

온오프 일체화 네트워크의 집단 세력화가 일반 국민들에게 보여지고 느껴지도록 하여야 한다. 오프라인 조직과 온라인 뉴미디어가 일체화된 네트워크의 집단적 힘의 실체를 국민들이 비대면 언택트의 세계에서 쉽게 경험할 수 있도록 하여야 한다. 후보자의 온오프 일체화가 이루어지는 곳은 크게 3곳이며 이것이 모여서 전체 네트워크를 만든다. 첫째는 오프라인 조직과 온라인 뉴미디어를 일체화한 '027 네트워크'이다. 둘째는 외부단체 및 그룹과 협업하는 '046 콜라보'이다. 셋째는 외부 지지세력인 '047 우호세력'이다. 각각의 특성에 맞는 온오프 일체화를 구축하여 집단적인 힘을 최대한 네트워크로 조직화하고 응집시키도록 한다. 특히 콜라보와 우호세력에서 핵심적인 역할을 하면서 후보자의 활동에 적극적인 회원들을 네트워크 서포터즈 1진 구성원으로 편입하여 핵심적인 중간 관리자들을 계속 확대하여 나가야 한다.

　　　　　　　　　　　　　　2장 속도와 파급력이 다른 온오프 일체화 전략

참여의 미학

비대면 선거에서는, 롱테일 법칙처럼, 평범한 다수 80%가 핵심적인 소수 20%보다 훨씬 더 중요하다. 후보자 콘텐츠를 공유확산하는 경우에도 1인이 10곳에 공유확산하는 것은 주위를 귀찮게 하는 스팸이지만, 구성원 10인이 각자 1곳에 공유확산하는 것은 네트워크 세력으로 국민이 인식한다. 비대면 뉴미디어에서 가장 어려운 것이 단순한 관심을 넘어서 같이 참여하여 지속적으로 함께 활동하는 것이다. 구성원 한사람 한사람의 참여가 소중한 이유이기도 하다.

객관적 숫자

비대면 언택트에서 잘 한다고 말하거나 열심히 하고 있다는 것을 객관적인 숫자로 보여줄 수 있어야 한다. 특히 오픈형의 유튜브 블로그 인스타그램의 좋아요 조회수와 구독자 이웃 팔로워 숫자가 하나의 지표가 된다. 네트워크 구축이 정착하는 단계에 이르면 이러한 객관적인 숫자가 일정 범위내에서 안정적으로 뉴미디어에 보여진다. 아리스토텔레스는 '정치학'에서 '다수는 그 어떤 개인보다 더 훌륭하게 결정한다'면서 다수자의 집단지성에 강한 신뢰를 보였다. 지금 시대의 국민들은 다수자가 관심을 표시한 객관적 숫자에 강한 신뢰를 보낸다.

자체 해결능력

비대면 선거의 절대반지OneRing는 온오프 일체화이다. 네트워크를 세력화하는 목적은 비대면 언택트에서 자체적으로 모든 문제를 해결할 수 있는 능력을 가지도록 하기 위함이다. 뉴미디어가 미디어로서 자체 언론의 기능을 가짐은 물론 독자 세력화로 비대면 선거를 승리로 이끄는 집단적 힘을 가지는 수준이 되어야 한다. 싸움의 주체는 후보자이다. 후보자의 독자적 능력으로 이길 수 있는 힘을 가지고 있어야 한다. 가장 힘든 싸움 종류 중 하나가 얼마전 사라졌다. 비대면 선거의 실시간 최대 격전지인 네이버 싸움터에서 '실시간 검색어'가 폐지되었다. 특히 여론이 아닌데도 여론처럼 보이게 만드는 여론조작에 가까운 '집단행동형 실검'을 대응하는 것은 시간을 다투는 싸움이었다. 비대면의 가장 큰 장점은 누구든지 오랫동안 열심히만 하면 잘 할 수 있다는 것이다. 비대면 선거 또한 다르지 않다. 길이 없는 것이 아니다. 의지가 없는 것이다. 힘이 부족하다고 판단되면 지금 바로 이 순간부터라도 자체적인 힘을 기르는 방안을 찾아서 실행에 옮겨야 한다.

[나만의 창의적 융합]

〈창의적 통찰력〉〈콘텐츠 경쟁력〉〈데이터 과학화〉 각 항목을 응용하여 집단적 힘이 남다르게 하는 나만의 실행방안은?

2장 속도와 파급력이 다른 온오프 일체화 전략

PART 03

관심과 확장력이 다른
콘텐츠 경쟁력 전략

051 가치와 철학

미국 커뮤니케이션 전문가 사이먼 사이넥Simon Sinek은
위대한 지도자들이 영감을 주는 핵심을 발견하였다.
Why의 가치를 가장 앞세우는 이 매커니즘을
그는 '골든써클Golden Circle'이라 이름지었다.

아마존 최장기 비즈니스 베스트셀러 '나는 왜 이 일을 하는가Start with Why'
라는 사이먼 사이넥의 책을 읽은 독자가 쓴 리뷰이다. "세상을 바라보는 관
점, 일과 인생을 바라보는 접근법을 완전히 바꿔 놓았다..." 그는 대단한 것을
발견한 것이 아니었다. 기존의 관념과 달리, 단지 생각의 우선순위와 행동과
커뮤니케이션의 순서를 바꾼 것뿐이었다. '무엇What을' 할 것인가 '어떻게How'
할 것인가 이전에, '왜Why' 하는 가를 가장 우선적으로 생각하도록 하는 것
이다.

Why의 가치

비대면 선거에서는 관심과 자발적 참여가 상당히 중요하다. '왜Why'를 이

야기하면 그 가치에 공감하는 사람들은 자발적으로 모여든다. 콘텐츠에 어떠한 내용을 담을까 생각하기 이전에, 어떠한 가치를 담을까를 고민하여야한다. 국민에게 홍보할 공약이나 정책을 생각하기 이전에, 함께 나눌 가치 목적 동기 신념을 고민하여야 한다. 내용What을 수긍하는 감동은 오래지 않아잊혀 지지만, 가치Why를 공감하는 감동은 그 여운이 오래 남는다. 머리가기억하는 논리적 수긍과 가슴이 기억하는 정서적 공감은 그 깊이가 다르다.깊은 울림으로 가슴을 움직이는 Why의 가치를 우선 고려하여야 하는 이유이다. 내용What과 방법How이 중요하지 않다고 하는 것이 아니다. 우선적으로 '왜Why'가 더 중요하다는 것이다.

3장 관심과 확장력이 다른 콘텐츠 경쟁력 전략

마틴 루터 킹^{Martin Luther King}

흑인 인권운동가 마틴 루터 킹은 미국사회가 앞으로 어떻게 변해야하는 가에 대한 자신의 가치와 철학을 분명하게 밝히면서 그 길을 걸어갔다. 그의 가치와 철학을 믿은 국민들은 그것을 자기 것으로 받아들이고 나아가 주위 사람들과 함께 공유하였다. 1963년 8월, 미국 워싱턴에 25만 명의 국민들이 모여 "나에겐 꿈이 있습니다 I Have a Dream" 그의 연설을 들으면서 흑백 갈등을 넘어 미국의 미래에 대한 가치와 철학을 함께하였다. 모인 국민의 25%는 백인이었다. 마틴 루터 킹의 흑백의 평등한 인권에 공감했던 많은 국민들은 그 자신이 또 다른 마틴 루터 킹이었다. 그러기에 킹의 죽음 이후에도 그의 정신은 결코 사라지지 않았다.

가치추구 정체성

가치와 철학을 추구하면 그것에 공감하는 많은 국민들의 관심과 호응, 지지와 격려를 받을 수 있다. 국민에게 설득력과 공감력을 줄 수 있는 가치와 철학으로 자신의 정체성을 먼저 확립하도록 한다. 자신에게 맞지않는 옷은 오히려 역효과를 낼 수도 있다. 어린 시절부터 좋아하던 인물과 관심있는 분야, 지속적인 참여로 사회가 한발짝 앞으로 나아가는데 같이 기여하고 싶은 분야를 선정하는 것이 바람직하다. 시대 정신에 부합해야 하는 것은 물론이다.

자신만의 가치

세상을 이끄는 리더는 가치를 바탕으로 실질적으로 국민에게 영감을 주는 사람이다. 사이먼 사이넥은 '단 한명도 마틴 루터 킹을 위해 온 사람은 없었으며 모두 자신의 가치에 따라 모였다' 라고 평가하였다. 세상을 변화시키고자 하는 자신의 정치적 가치와 철학을 쉽고 분명하게 Why의 가치에 담도록 한다. 무엇What을 어떻게How 하겠다는 것은 경쟁자들도 할 수 있다. 정체성 확립이 다르면 선거를 이길 수 있다. 가슴으로 가치를 공감하는 착한 정치인에 국민은 환호한다. 나와 우리 그리고 많은 국민을 가슴 뛰게 하고 영감을 품게 하는 바로 그 질문 "나는 지금 '왜' 이 일을 하는가?"라는 질문을 국민에게 던져야 한다. 플랫폼 AI알고리즘 추천도 함께 고려하면서, 자신만이 할 수 있는 Why의 가치와 자신만의 영감을 지속적으로 알려 나간다.

[나만의 창의적 융합]

〈창의적 통찰력〉 〈온오프 일체화〉 〈데이터 과학화〉 각 항목을 응용하여 가치와 철학이 남다르게 하는 나만의 실행방안은?

052 경쟁력

파울로 코엘료 Paulo Coelho**의 '연금술사**The Alchemist**'는
국내 리뷰가 무려 3,900건으로 폭발적 관심을 받고 있다.
무언가를 간절히 원할 때 이루어진다는 '긍정의 힘'이
꾸준히 수많은 사람들에게 이 책을 읽어보게 하고 있다.**

꿈을 꾸는 사람이 많아서일까? 꿈을 이루고 싶은 사람들이 많아서일까? 인생을 살맛나게 해주는 것은 꿈이 실현되리라 믿는 것이다. 양치기 청년 산티아고는 이러한 마음의 속삭임에 귀를 기울이며 자신의 보물을 찾기 위해 길을 떠난다. 꿈을 찾아가는 여정에서 많은 사람들을 만나고 마침내 자신의 보물을 찾게 되는 험난한 여정이 그려진다.

긍정적 가치

선거의 목표는 승리이다. 진영논리로 지지자들만 결집하여도 당선이 가능한 지역은 다르겠지만, 일반적 선거에서는 중도층의 지지가 있어야만 당선이 가능한 경우가 대부분이다. 중도층이 좋아하는 것은 희망적이고 긍정적

인 미래를 만들어가는 정치인이다. 상대 후보자 비방, 인신공격, 검증되지 않은 의혹·소문의 '카더라'식 공표 등 네거티브 공격은 특히 지지자들이 잠시 환호하고 지지를 보내는 지지층 결집에는 효과를 볼 수 있다. 그러나 중도층의 상식적인 국민은 머지않아 싫증과 혐오를 느끼게 된다. 공개적인 네거티브를 피해야하는 이유이다. 호감의 이미지를 만드는 것은 오랜 시간이 걸리지만 비호감의 이미지가 만들어지는 것은 순식간이다. 한두번의 시도로 국민들이 알아주기를 기대하지 말아야 한다. 지속적이고 일관되게 긍정적 가치를 얘기하면 그 경쟁력을 서서히 국민들이 인식하기 시작하는 시점이 온다.

3장 관심과 확장력이 다른 콘텐츠 경쟁력 전략

비판과 대안제시

정치의 발전은 비판과 대안제시가 첫걸음이다. 비판과 대안제시는 항상 함께 가야 한다. 국민들은 비판과 대안제시에 대해서는 호의적이만, 비판만 하고 대안제시가 없다면 네거티브로 인식할 우려가 있다. 공직 후보자에 대한 정당한 검증 성격으로 비리 의혹을 철저히 따지는 것은 당연히 해야 할 일이다. 흑색선전, 허위사실유포, 마타도어, 가짜뉴스, 여론조작 등 국민의 판단을 왜곡하는 네거티브는 국민의 선택으로 승부를 가르는 선거에서 어떠한 경우에도 하지않는 원칙을 정하도록 한다. 후보자는 물론 캠프 구성원 모두가 이 원칙을 지켜야만 긍정적 미래를 주는 정치인으로 인식되어진다.

삶의 연금술사

정치인은 국민에게 희망을 주고 이를 실천하는 삶의 연금술사가 되어야 한다. 누군가의 관심을 필요로 하는 적지 않은 국민들이 있다는 것을 항상 잊지말아야 한다. 이 시대의 진정한 삶의 연금술사는 어떠한 상황에 처해 있든 꿈을 잊지 않고 긍정의 힘을 믿는 사람이다. 어떠한 상황에 처해 있든 자신 속에 내재되어 있는 긍정적인 면을 찾는 사람이다. 콘텐츠 경쟁력은 긍정적인 마음에서부터 시작된다.

포지티브 콘텐츠

긍정의 힘을 믿는 긍정적인 생각은 우선 자신을 긍정적인 사람으로 만든다. 긍정적인 사람은 주위 이웃들에게 긍정적인 영향을 미치고 나아가 세상을 긍정적으로 바꾸기까지 한다. 희망적이고 긍정적인 에너지를 주는 포지티브positive한 가치를 찾도록 한다. 긍정의 힘을 믿는 포지티브한 가치가 담긴 콘텐츠는 국민들의 가슴을 움직여 정서적으로 공감하도록 만든다. 가슴을 움직이는 공감이 있어야 자발적 지지를 이끌어 낼 수 있으며 그 감동의 여운이 오래 남는다. 플랫폼 AI알고리즘 추천도 항상 고려한다. 비대면 언택트는 스팸차단 기능을 가지고 있다는 것을 항상 기억하여야 한다. 지지자들만 환호하는 콘텐츠는 무조건 피해야 한다. 특히 중도성향 국민들이 스팸으로 인식하여 한번 차단하면 후보자는 이들에게 더 이상 노출과 접근이 불가능하게 된다. 일방적으로 편향된 콘텐츠에 시간을 낭비하고 싶은 국민은 거의 없다. 자신도 하지 않는 것을 국민들이 할 것이라는 어리석음은 피해야 한다.

[나만의 창의적 융합]

〈창의적 통찰력〉〈온오프 일체화〉〈데이터 과학화〉 각 항목을 응용하여 경쟁력이 남다르게 하는 나만의 실행방안은?

053 메시지

사랑 이야기가 주류인 음악가사에 입시, 왕따, 자살, 폭력 등
성장하는 소년들의 고민과 사회를 보는 시선을 담았다.
공식 SNS에 #StopAsianHate #StopAAPIHate
해시태그를 달고 아시안 혐오범죄, 인종차별, 폭력에
반대하는 메시지를 냈다.

빌보드닷컴은 미국에서 방탄소년단BTS의 인기를 높였던 요인으로 그들의
음악을 정치화하거나 논쟁적인 주제를 다루는 데 주저하지 않은 비전형적인
접근 방식을 들었다. 방탄소년단의 노래에는 같은 또래에 같은 시대를 살아
가면서 부딪히는 사회문제를 바라보는 생각과 고민과 이야기가 있다. 말하
고자 하는 그들만의 분명한 메시지가 있다.

'행동' 메시지

비대면 선거에서 콘텐츠 메시지 효과를 극대화 하기 위해서는 제한적인
대면활동을 잘 활용하여야 한다. 꼭 말로 하여야만 하는 것이 아니다. 가장
강력한 메시지는 '행동'메시지이다. 말로 하는 메시지보다 행동으로 보여주

는 메시지가 더 강렬하다. 정치인은 일정 그 자체가 메시지이다. 현장을 방
문하여 그곳에서 던지는 메시지는 장소와 상황이 주는 생생한 이미지가 있
어 전달력이 훨씬 강하다. 짧은 순간에 국민에게 메시지가 설득력 있게 각인
된다. 구체적인 혜택을 받는 사람을 현장에 참석시켜 그들과 대화하고 그들
에게 메시지의 향후 효과를 설명한다. 이러한 현장 이미지가 영상이나 사진
으로 방송과 언론에 소개되고 이것을 다시 뉴미디어 콘텐츠로 제작한다. 각
뉴미디어들에 포스팅하여 노출 공유 확산하여 후보자가 원하는 메시지가
이미지와 함께 정확하게 전달되도록 한다. 대면활동을 잘 활용하여야 비대
면의 효과를 최대로 끌어 올릴 수 있다.

적절한 타이밍

같은 메시지이더라도 언제 어떻게 전달할 것인가에 따라 국민들에게 받아들여지는 효과는 아주 달라진다. 데이터 자료를 바탕으로 국민의 바람과 궁금증에 부합하는 메시지를 전하는 시점과 방법을 항상 고민하여야 한다. 언론기사분석 빅데이터인 빅카인즈나 네이버와 구글의 데이터 자료를 활용하도록 한다. 인종차별 폭력이 국민의 이슈가 되어 있는 시점에 혐오행위 반대 메시지를 던진다. 가덕도공항 반대 우려로 지역민심에 위기가 느껴지는 시점에 현장을 방문하여 적극적 찬성과 협조지원 메시지를 전달한다. 국민의 관심이 집중되어 있는 시점에 메시지를 던짐으로써 국민의 이슈에 응답한다.

간결 명확

메시지는 언제나 간결하고 명확하여야 한다. 단순하여야 하며 그리고 반복하여 전달한다. 비대면 포스팅이든 언론 인터뷰이든 방송 멘트이든 때와 장소를 가리지 않고 같은 메시지를 일관된 톤으로 반복한다. 글로 써진 메시지는 아주 강하였는데 인터뷰나 방송에서 전달하는 메시지가 부드럽다면 국민들은 그 메시지의 진정성을 의심할 우려가 있다. 특히 무엇을 가르치려고 하거나 자신의 생각이 옳다고 강하게 주장하는 것은 피해야 한다. 뉴미디어에서는 스팸으로 한번 차단되어지면 전달자체가 불가능함을 유의하여야 한다.

자신만의 감수성

단지 메시지를 담았다고 공감을 쉽게 얻을 수 있는 것은 아니다. 국민의 마음을 움직이고 가슴을 움직이는 자신만의 감수성을 가지고 있어야 한다. 방탄소년단도 데뷔 초에는 여성혐오 가사로 비판받기도 했다. 가사내용 중 일부가 창작 의도와는 관계없이 여성비하 오해의 소지가 있을 수 있음을 사과했다. 더욱 노력하는 자세로 팬들과 사회의 조언에 귀 기울이겠다고 국민들에게 머리를 숙였다. 단련없이 명검은 날이 서지 않는다. 플랫폼 AI알고리즘 추천도 항상 고려하여야 한다. 잘못에 대한 솔직한 인정과 진지한 반성, 새로운 의지로 새롭게 태어나기를 바라는 것이 국민의 정서이자 감수성이다. 국민의 이슈를 국민의 언어로, 국민의 감수성에 맞게 국민에게 말할 때 국민의 정치인으로 성공한다.

[나만의 창의적 융합]

〈창의적 통찰력〉〈온오프 일체화〉〈데이터 과학화〉 각 항목을 응용하여 메시지가 남다르게 하는 나만의 실행방안은?

054　나눔과 배려

무관심하지 않고, 일이 잘 풀리지 않을 때 더욱 격려하며,
결과보다 과정을 칭찬하며, 자주 칭찬을 하면 점점 나아진다.
국내의 칭찬열풍을 불러일으킨 미국 컨설턴트 켄 블랜차드의
'칭찬은 고래를 춤추게 한다Whale Done!(The Power of Positive
Relationships)'에서 배우는 삶의 지혜이다.

칭찬보다는 비판이 익숙하다. 자신의 기준으로 판단하니 만족스러운 평가
를 내리기가 쉽지 않다. 질책도 하게된다. 비판을 넘어 비난까지 한다. 정치
인의 콘텐츠에서 가장 많이 마주치는 모습이다. 콘텐츠의 경쟁력은 미래에
대한 긍정적 가치에서 나온다. 국민은 희망찬 미래를 원한다. 정치의 주체인
국민 눈높이에서 자신과 세상에 너그러워지는 방법을 배워 국민을 칭찬하
고 국민의 삶이 나아지도록 하여야 한다.

플러스 사고

　플러스 사고의 콘텐츠로 후보자를 지지하는 국민이 더 많아야 선거를
이길 수 있다. 나눔과 배려의 '플러스 사고'로 국민을 비대면에서 만나도록 한

다. 비판이나 질책은 마이너스 사고이다. 무조건 하지 말아야 한다가 아니라 필요한 최소한의 경우로 그쳐야 한다. 후보자의 생각을 알리고 후보자를 일방적 홍보하는 콘텐츠 제작을 벗어나 좀 더 넓은 관점을 가져야 한다. 국민에게 힘이 되고 도움이 되는 생활밀착형 콘텐츠 제작에도 눈을 돌린다. 열심히 자신의 일상을 살아가고 있는 관련된 국민들의 삶도 만나고 그들도 도와주고 그 과정에서 함께 고민하는 자신의 가치와 철학을 국민들에게 알리도록 한다. 자신의 삶이 풍요하고 이웃의 삶이 풍요하고 국민의 삶이 풍요하도록 한다. 보는 국민도 풍요로운 플러스 사고 콘텐츠가 주는 기쁨이다.

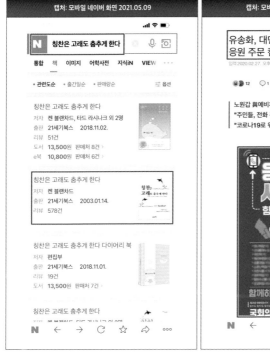

무관심하지 않기

국민이 정치에 무관심하면 정치의 발전을 위해서 바람직하지 않다. 정치인이나 후보자가 국민에게 무관심하면 국민의 삶에 더 더욱 바람직하지 않다. 후보자는 치열한 경쟁과 바쁜 일상속에 살아가는 국민이 있는 어느 곳 하나 무관심하지 않기를 실천하고 시간을 내어 대면 방문을 하여야 한다. 마찬가지로 비대면 콘텐츠 제작도 직능별 지역별 연령별 이슈별로 항상 체크리스트를 만들어 무관심하지 않기를 실천하여야 한다. 관심을 가지고 함께 고민하는 모습을 보여주어야 한다.

응원격려

대면선거운동 대신 전통시장 응원 주문 캠페인을 벌이는 포스터가 지난 4.15 총선에서는 눈에 띄었다. 지역주민들에게 전화로 주문 가능한 전통시장 상가를 알리고 코로나로 어려운 시장상인들을 도와주는 지역 상권 도움 활동이었다. 대면선거운동이 어려운 만큼 응원과 격려로 국민에게 다가간 것이었다. 상당히 신선하다는 느낌을 받았다. 각 분야 사회적 약자에 대한 눈길도 잊지말아야 한다. 지역주민들의 어려운 현실을 공감하면서 힘을 보태는 참신한 기획이면 좋다. 따뜻한 마음을 담아 응원격려의 목소리를 전달하도록 한다.

공동체 우선

나눔과 배려, 긍정적인 관심과 칭찬이 가장 스마트한 커뮤니케이션 도구이다. 남보다 잘 나고 더 똑똑한 오피니언 리더가 정치인으로서 후보자로서 존중받던 시대는 지나갔다. 국민이 원하는 리더는 나눔과 배려의 사고를 지닌 부드럽고 인간적인 사람이다. 비대면 콘텐츠에서도 이러한 모습이 담겨져서 전달되어야 한다. 국민은 자신만을 앞세우는 후보자보다, 지역과 사회 공동체에 관심과 애정을 가지며 봉사를 실천하는 후보자에게 더 공감과 지지를 보낸다. 플랫폼 AI알고리즘 추천도 고려한다. 환경보호나 공익의 가치를 강조하는 것도 바람직하다. 특히 개발보다는 자연보전의 가치를 우선하는 미래비전이 중요함을 국민들이 점차 인식하여 가고 있는 중이다. 따라서 획일화된 재개발 재건축의 단조로움 보다는, 본연의 공동체 모습을 간직한 채 새롭게 문화로 도시재생하는 콘텐츠 제작으로 후보자의 공동체에 대한 가치와 철학을 자연스럽게 담도록 한다.

[나만의 창의적 융합]

〈창의적 통찰력〉 〈온오프 일체화〉 〈데이터 과학화〉 각 항목을 응용하여 나눔과 배려가 남다르게 하는 나만의 실행방안은?

055 　　　　　　 톤앤매너

검은색 가죽재킷과 부츠, 우락부락한 근육과 터프한 모습,
충성고객들이 그 기업의 로고를 자신의 몸에 새기기에
세계에서 가장 많이 사용되는 문신의 소재 2위에 랭크되었다.
재구매율 95%에 달한다. 할리데이비슨^{Harley-Davidson} **톤앤매너는**
'공격적'이다.

제임스 딘이 청바지에 라이더 재킷을 입고 모터싸이클에 앉아 담배를 피운
다. 젊음과 반항의 대명사로 할리데이비슨은 100년 넘게 전 세계인들로부터
사랑받는 브랜드로 자리매김하였다. 자유분방한 삶을 추구하는 사람들의
날개이다. 다다다닥...박진감 넘치는 특유의 굉음이 할리만의 매력이다. 요즘
한국에서는 쎈언니들도 할리를 즐긴다.

일관성 유지

톤앤매너_{Tone & Manner}는 메시지를 표현할 때 잘 전달될 수 있도록 일정
하게 유지하는 방식이다. 톤은 느낌에서 오는 이미지이며, 매너는 그것을 표
출하는 태도나 방식이다. 콘텐츠에 담겨 있는 이미지를 전달함에 있어서 세

런되고 훌륭한 톤앤매너는 차별화된 효과적인 커뮤니케이션 수단이 된다. 전체적인 것이 하나의 컨셉으로 어조나 말투, 태도나 방식이 한가지 방향을 유지하도록 하여야 한다. 부드러운, 밝은, 편안한, 친절한, 쾌활한, 개성이 강한, 적극적인, 역동감 있는, 강렬한, 감성적, 이성적, 신뢰성 있는, 친밀감 있는, 호감있는 등이 톤앤매너의 예 들이다. 비대면 선거에서는 기본적으로 신뢰성이 바탕이 되어야 메시지 전달이 효과적이다. 재미에 치중하여 웃기거나 장난기 있는 콘텐츠는 자칫 도를 넘어 실수할 수 있으니 권장하지 않는다. 잘 하는 것보다 잘못하지 않는 것이 더 중요하다.

캡처: 모바일 할리데이비슨 홈페이지 2021.04.03

캡처: 모바일 한국일보 2021.03.24 기사

3장 관심과 확장력이 다른 콘텐츠 경쟁력 전략

톤^{Tone}, 어조 말투

톤은 글이나 행동에서 나타나는 일반적인 행동이나 자세로 어조 말투 논조를 말한다. 콘텐츠에서 나타나는 문자 그림 색채 심벌 들이 어우러져 전달되는 전체적인 이미지나 분위기를 말하기도 하며, 소리 음성의 음질이나 음색, 시각적인 색조와 색상의 의미로도 쓰인다. 어떠한 실체가 아닌 감각적인 느낌이다. 할리데이비슨의 톤은 투박하고 올드하고 우락부락하고 다크하다. 그러나 그들의 연매출액은 3.6조이다. 자신만의 차별화된 톤이 필요한 이유이다.

매너^{Manner}, 태도 방식

매너는 말을 하는 방법이나 태도로, 톤을 포함한 모든 이미지가 주는 태도 또는 톤을 표현하는 방식의 이미지로도 쓰인다. 비대면에서는 부분적인 오해를 받을 수 있는 부주의한 표현으로 난처함에 처하는 경우가 적지 않다. 음주 후 뉴미디어 포스팅은 가급적 하지 않도록 한다. 말이 너무 많은 Too Much Talk, 자기 이야기만 하는, 남탓하는, 비난하고 험담하는, 무례한, 무시하는, 권위적인 등 비호감 매너는 피하여야 한다. 듣기를 잘하는, 상대방에 감사하는, 칭찬하고 격려하는, 배려하는 호감 매너로 바꾸어야 한다.

당론보다 소신

확고한 일관성과 시대적 정신을 추구하는 한결같은 마음과 자세로 국민을 대하는 톤앤매너를 심어준다. 언제나 국민이 앞서는 일관성을 유지하는 톤앤매너를 가진다. 국민을 위한다는 가치만 있으면 간혹 당론과 위배되더라도 잠시의 비난과 반대를 감수할 수 있다. 플랫폼 AI알고리즘 추천도 항상 고려한다. 정치적 유리 불리를 계산하여 왔다갔다 말이 바뀌거나 자신의 정치적 소신이나 명분을 잃어버리는 톤앤매너는 피하여야 한다. 민주당 조응천 의원에 대한 국민과 언론의 평가는 참고할 만하다. 소급입법은 위헌 소지가 크다며 반대하여 제동을 걸었다. 당내 분위기를 거스르며 지도부가 당론으로 정한 부산 가덕도 신공항 특별법안 심사과정에서 졸속 입법을 문제삼는 소신 목소리를 내었다. 중대범죄수사청 법안에 대해서도 공개적으로 검찰 수사권 완전 박탈에 반기를 들었다. 일관적이고 지속적인 톤앤매너에 대해서 국민들은 자연스럽게 그가 전하고자 하는 메시지를 잘 읽고 파악한다. 당론보다는 국민을 앞세우는 소신이라는 톤앤매너가 만들어진 것이다.

[나만의 창의적 융합]

〈창의적 통찰력〉〈온오프 일체화〉〈데이터 과학화〉 각 항목을 응용하여 톤앤매너가 남다르게 하는 나만의 실행방안은?

056 독창성

19세기 말 빈센트 반 고흐를 비롯한 인상주의 화가들은
일본의 전통정서를 바탕으로 한 목판화 '우키요에^{Ukiyoe}'에
매료되었다.
자신의 작품 배경에 일본 풍속화를 그려 넣기도 하였다.
유럽에서 일본문화를 선호하는 자포니즘^{Japonism}이 생겨났었다.

일본 미술 중 전 세계에 가장 잘 알려진 작품은 에도시대의 목판화가 가츠
시카 호쿠사이^{Katsushika Hokusai}의 후지산 36경 중 '카나가와의 큰 파도^{The}
^{Great Wave of Kanagawa}'이다. 순간순간 변하는 파도를 간략하고 명확한 선을
이용해 극적인 긴장미와 함께 섬세하고 간결하게 표현하였다. 일본 전통정서
를 미술적인 감각으로 표현한 우키요에는 뛰어난 독창성으로 서양 근대미술
지형을 바꾸는데 지대한 영향을 주었다.

차별화된 이야기

가장 한국적인 것이 가장 세계적인 것이 될 수 있는 가능성을 보여주는
참고할 만한 주요 사례이다. 한국의 불고기 비빔밥 김치가 세계적인 먹거리

로 각광을 받고, 템플스테이가 세계인들이 찾아오는 힐링 프로그램이 된다는 것을 상상이나 했겠는가? 한국에서만 맛볼 수 있고, 한국에서만 느낄 수 있는 것에 세계인들이 관심을 가지는 것이다. 잘 기획되고 잘 짜여진 다른 사람들과 비슷비슷한 이야기의 정형화된 모범답안 스토리가 필요한 것이 아니다. 자신만의 가치를 자신만의 차별화된 이야기로 풀어가는 것이 필요하다. 어디에서나 흔히 볼 수 없고, 어디에서나 흔히 들을 수 없고, 어디에서나 흔히 느낄 수 없는 이미지나 이야기가 있다면 국민들은 우선 관심을 가진다.

발상의 전환

고정관념을 벗어나고 기존의 틀을 과감히 던질 수 있는 '아! 이럴 수 있다'라는 발상의 전환이 있어야 독창성으로 나아갈 수 있다. 단순히 남들과 다르다고 하는 것만이 독창적인 것이 아니다. 자기 자신에 대한 확실한 인정과 믿음을 토대로 하여, 자신만의 가치를 실현하고자 하는 것이 독창적인 것이다. 정치의 주체인 국민과 항상 함께 발상을 전환하여 어떻게 실행할 것인가를 고민하는 모습이 국민들에게 콘텐츠에서 느껴질 수 있도록 하여야 한다.

전통과 현대 조화

전통적인 것과 현대적인 것을 하나로 합쳐서 새로운 것을 만들어 내는 것도 좋은 방안이다. 오래된 전통을 현대적 감각으로 창의적으로 재해석하는 복고Retro를 새롭게New 즐기는 뉴트로한 콘텐츠를 만들도록 한다. 옛 모습이 많이 사라져 버린 도시의 삶 속에서 전통문화를 현대적으로 잘 변형시켜 보존해 나가고 있는 전통시장, 오래된 노포, 오래된 골목, 오래된 건물 등 아날로그 감성이 담겨있는 익숙한 공동체에 관심을 가진다.

자신만의 융합

각각의 분야들을 결합하고 통합하고 응용하여 새로운 분야를 창출하는 자신만의 독창성 있는 융합이 필요하다. 플랫폼 AI알고리즘 추천도 항상 고려하여야 한다. 정치에 문화예술이 융합되는 것은 감성을 자극하는 독창적인 시도로 권장할 만하다. 지난 4.15 총선에서 오세훈 후보자는 유튜브에 음악이나 무용 등 예술적인 분야 공약과 함께 후보자 딸을 포함한 전문예술인들이 직접 공연하는 라이브 선거운동 콘텐츠를 몇 차례 선보였다. 또한 영화감상을 통해 세상을 보는 자신의 관점과 정치적 가치를 직접 얘기하는 영화로 보는 세상 콘텐츠를 포스팅하였다. 참신한 시도로 수준 높은 퀄리티를 보여주었기에 국민들의 반응이 상당히 좋았었다. 정치라는 분야에 휴먼중심 감성IT 등을 융합하는 분야가 향후 상당한 주목을 받을 것이다. 인문학과 기술의 융합이 만나면 인간의 삶은 더욱 편리하고 삶의 질이 높아진다. 공학 의료 환경 등 자연과학을 중심으로, 감성디자인을 더하고, 예술 사회과학 등을 접목한 융복합 프로그램들이 만들어지고 있다. 콘텐츠 융합이 나아갈 방향이기에 장점을 발휘할 수 있는 융합지점을 고민하도록 한다.

[나만의 창의적 융합]

〈창의적 통찰력〉〈온오프 일체화〉〈데이터 과학화〉 각 항목을 응용하여 독창성이 남다르게 하는 나만의 실행방안은?

057 　진정성

싸게 살 수 있음에도 제 값을 주고 사고자 한다.
카카오 농장에서 일하는 아이들에게 더 많은 돈을 주고자 한다.
손으로 축구공을 만드는 아이들에게 더 많은 돈을 주고자 한다.
공정무역의 진정성이 소비자 참여로 이어지고 소비자의 지갑을
열게한다.

매년 밸런타인데이에 주고받는 선물인 초콜릿에는 '어린이의 눈물' 이라는 별
명이 붙어 있다. 농장에서 제대로 먹거나 입지 못하고 학교도 가지 못한 채
어린 아이들이 하루 종일 카카오 열매를 딴다. 공정무역은 강요된 노동을 금
지하고 교육받을 기회를 제공하고자 한다. 생산자와 소비자 모두 행복해지
는 '착한 소비'이다. 진정성 있는 캠페인에 소비자와 지역사회 그리고 지방정
부의 참여가 늘어나고 있다.

감동의 가치

ICT기술의 발달로 대인간의 교류는 점점 적어지고 비대면 교류가 점점
증가함에 따라 국민들은 진정성이 갖는 가치를 더욱 더 소중하게 생각게 된

다. 우리는 좋은 작품이나 콘텐츠가 주는 스토리와 내용에 공감한다. 엄밀히 말하면 그 스토리와 내용에 담긴 가치에 보다 더 공감하는 것이다. 가치에 공감하기 때문에 그 감동의 여운이 오래 남는 것이다. 공정무역에 담긴 진정성이라는 감동의 가치가 착한 소비로 나타나고 시간이 흐름에 따라 국민들의 관심과 지지가 이어지고 있다. 그런 측면에서 국민들에게 위선적 행위로 비쳐질 수 있는 '악어의 눈물Crocodile Tears'은 어떠한 경우이든 반드시 피하여야 한다. 하고자 하는 이야기에 의미를 부여하고 진정성이라는 감동의 가치를 담아 국민에게 전달하도록 한다.

내면의 이야기

타인의 이야기가 아니라 자신의 내면의 이야기를 하는 메시지가 국민들에게 울림이 더 크다. 관심을 가지는 주제에 대해 자신의 내면의 이야기를 들려줄 수 있는, 더 고민하고 더 많이 생각하고 더 치열하게 살아가는 모습을 콘텐츠에 담도록 한다. 좋은 이야기만 하기보다는 일상에서 느끼는 쓸쓸함과 외로움에서부터 기쁨과 즐거움까지 내면의 진솔한 감정이 담긴 콘텐츠이면 바람직하다. 동시대의 삶을 함께 살아가면서 느끼는 공감할 수 있는 아픔도 담아내도록 한다.

마음 얻기

책 어린왕자에는 '세상에서 가장 어려운 일은 사람이 사람의 마음을 얻는 일이다'라는 표현이 있다. 정치가 어려운 건 국민의 마음을 얻어야 관심과 지지를 받을 수 있기 때문이다. 말보다 행동이 앞서도록 하고 그것으로 인해 신뢰를 주는 방안을 찾아야 한다. 현장 방문을 하거나 우호적 협력단체들과 같이 문제점 해결과 대안 제시를 꾸준히 하는 것도 하나의 방안이다. 1회성 관심이 아닌 지속적 관심으로 국민들에게 전달되도록 포스팅 하도록 한다.

자신만의 진실함

모양이 좋지만 농약과 화학비료를 사용한 작물보다는, 다소 거칠고 볼품이 없어도 친환경으로 자란 유기농제품이 더 선호되는 시대이다. '벌레 먹은 상추' 표면이 거친 사과'가 더 대접받는 시대이다. 진실함을 이기는 무기는 없다. 진정성을 내세우도록 할 것이 아니라, 전혀 가식적이지 않도록 하는 것에 우선 신경을 쓰도록 한다. 시간이 지나면 진실은 거짓을 이길 수 있다. 가식적이지 않고 계속 나아가면 진정성과 신뢰를 얻게 된다. 그리고 국민들에게 전달하는 방법을 달리하여야 한다. 국민의 마음을 얻고 진실함을 전달하기 위해서는, 무엇을 하겠다는 공약이나 정책의 내용을 전달하기보다는, 왜 이것이 필요한 것인가의 가치 즉 '자신만의 진실함'을 전달하는 방안으로 국민들과 소통하도록 한다. 플랫폼 AI알고리즘 추천도 항상 고려한다. 콘텐츠 기획단계에서부터 자신만의 진실함을 표현할 수 있는 어떠한 가치를 전달할 것인가 먼저 컨셉을 정하고 나서 공약이나 정책의 내용을 넣도록 한다. 후보자가 왜 이 공약이나 정책을 추진하고자 하는지 가지고 있는 정치적 가치와 철학을 분명히 하여 진정성을 전달하도록 한다.

[나만의 창의적 융합]

〈창의적 통찰력〉〈온오프 일체화〉〈데이터 과학화〉 각 항목을 응용하여 진정성이 남다르게 하는 나만의 실행방안은?

3장 관심과 확장력이 다른 콘텐츠 경쟁력 전략

058   맥락

시대를 초월하고 고객을 사로잡는 불변의 원칙이 있다.
똑같은 걸 파는데 왜 다를까? 잘 나가는 브랜드는
시대가 바뀌어도 변하지 않는 본질에 집중한다.
'트렌드를 넘는 마케팅이 온다'가 제시하는 통찰력이다.

소비자의 프레임으로 소비자가 처한 상황 즉 맥락을 정확히 이해하여야 한다. 공감과 맥락은 하나의 세트로 묶여있는 실과 바늘같은 관계이다. 급변하는 세상에서 흔들리지 않는 마케팅의 첫 번째 전략은 '소비자는 맥락으로 말한다'라고 조언한다. 비대면 선거도 이와 다르지 않다. 국민의 마음을 꿰뚫어야 하는 것이다.

기본적 맥락

비대면 선거의 기본적 맥락은 국민의 눈과 국민의 프레임으로 국민이 처한 상황과 맥락을 이해하여야 한다. 국민들의 관점과 국민들의 상황을 이해하여야 한다. 기본적 맥락이 정확하여야 대면이든 비대면이든 국민들과 공감과 소통을 할 수 있다. 왜 이러한 일이 발생했는지 근본적인 맥락을 먼저 이해하고 난 다음 대책을 강구하는 방법을 찾아야 한다. 맥락을 이해하지 못하면 출발점에 제대로 서 있는 것이 아니다. 후보자의 콘텐츠가 지지자들을 포함하여 국민들로부터 관심을 끌고 공감을 얻기 위한 출발점이 맥락에 대한 이해인 것이다. 인공지능의 고도화된 기술은 인터넷포털에서 악성 댓글 판단기준을 욕설 단어에서 문장의 맥락으로 확대하고 있다. 네이버는 비속어 단어가 없어도 문장 전체의 맥락을 고려해 모욕적이라고 판단되면 차단 처리한다. 주어진 대상 이외에 그 대상과 함께 제시된 모든 정보인 맥락을 인식하는 인공지능의 기술이 나날이 진보하고 있는 것이다.

관계와 협업

비대면 선거에서 국민들과 소통하기 위해서는 국민들의 삶을 움직이는 배경이 되는 맥락의 중요성을 잘 파악하여야 한다. 여러 상황과 세대 성별 지역 등 사회문화적 맥락을 잘 이해하고 있어야 한다. 디지털 시대를 살고 있는 시민으로서 사회를 긍정적으로 변화시키는 디지털 시민성과 함께 공동체를 우선하는 관계와 협업의 맥락으로 콘텐츠를 포스팅 하도록 한다. 그러나 개인의 고유성을 무시하고 공동체만 우선하는 것은 지금의 사회문화적 맥락과 맞지 않으므로 주의하여야 한다.

용어선정 어휘력

국민들의 사회문화적 맥락과 상황맥락을 제대로 이해하게 되면 어떠한 용어와 어휘를 사용하여야 하는지가 명확해 진다. 후보자는 지지자들만을 결집시키는 어휘는 사용하지 않아야 한다. 지난 4.15총선에서 당시 미래통합당 배현진 후보자는 '국민대변인' 배현진이라는 용어로 총선에서 승리하였다. 만약 '보수대변인' 또는 '우파대변인' 배현진이라는 용어를 사용하였다면 과연 승리가 가능했겠는가? 맥락에 대한 충분한 이해가 콘텐츠 제작의 출발점이라는 것을 명심하여 그 맥락에 적합한 어휘를 사용하도록 해야 한다.

자신만의 맥락

후보자 자신의 맥락을 새롭게 만들어내고 새로운 시각을 부여하는 방향으로 콘텐츠를 제작하고 포스팅하도록 한다. 플랫폼 AI알고리즘 추천도 항상 고려하여야 한다. 섬과 육지를 연결하는 하나의 다리를 건설하는 공약을 만들기 위해 단순히 기획을 하기보다는, 섬에서 태어나 육지를 오가기 힘들어 넓은 세계를 잘 모르고 있던 섬의 아이들에게 더 넓은 세상을 알려준다는 새로운 맥락을 만들어냄으로써 희망차고 긍정적인 결과를 이끌어낼 수도 있다. 맥락은 새롭게 만들어지는 것이다. 이렇게 새로운 시각을 부여하고 새롭게 만들어지는 과정속에서 국민의 삶 또한 역시 새로운 맥락을 통해 재해석될 수 있다. 정치는 새로운 세계를 열어가는 창조적인 파괴이다. 후보자가 이러한 새로운 맥락 만들기로 국민들에게 비대면 언택트로 다가갈 때 국민들에게 훨씬 더 잘 인식되어 오래도록 각인될 수 있다. 전체적 맥락을 잘 노출시켜 인지를 잘 시키도록 함은 물론 추후 공약이나 정책을 소통함에 있어서도 전체적 맥락속에서 자연스럽게 깊이있는 공감을 형성할 수 있다.

[나만의 창의적 융합]

〈창의적 통찰력〉〈온오프 일체화〉〈데이터 과학화〉각 항목을 응용하여 맥락이 남다르게 하는 나만의 실행방안은?

059

트렌드

시대를 관통하는 주요한 흐름을 정확하게 예측한다.
해마다 10개의 소비트렌드 키워드를 선정하여 분석한다.
올해의 트렌드를 돌아보고 내년의 트렌드를 전망한다.
2008년부터 매년 트렌드코리아가 미래를 먼저 준비하게
해준다.

이 책을 읽어보지 않고 있으면 시대에 뒤떨어질까 두려운 느낌을 받는다. 정확한 통찰력으로 시대적 트렌드를 분석해 준다. 그 트렌드 속에 담긴 시사점도 알려준다. 정치의 주체인 국민의 생각을 이해하고 방향성을 정할 때 최적의 나침반 역할을 해준다.

언택트 업글

콘텐츠 트렌드는 비대면 선거에서 국민들의 삶과 밀접하게 관련이 되어 있다. 지난 4.7재보선 서울부산시장 보궐선거에서도 온라인 표심을 잡기 위한 치열한 '언택트 전쟁'이 벌어졌었다. 비대면의 중요성이 인식되어져 1년전 총선과 비교하면 비약적으로 퀄리티가 높아진 것은 바람직한 현상이었다.

민낯으로 또는 막걸리도 마시며 편안한 분위기로 후보자의 일상적인 모습을 보여주거나, 가벼운 분위기 속에서 자유롭게 질의응답 하는 등 친근하게 국민에게 다가가려는 노력은 좋은 시도였다. 공약정책 소개와 실시간 영상도 업그레이드 되었다. 국민들에게 '읽히는 영상'으로 인식되도록 동영상 미리보기 섬네일을 개성있는 분위기로 만들고, 카메라 4~5대를 동원해 다각도에서 촬영하여 라이브로 송출하기도 하였다. 출판기념회와 북 콘서트도 실시간으로 열면서 직접 시민들과 자연스럽게 소통에 나서기도 하였다.

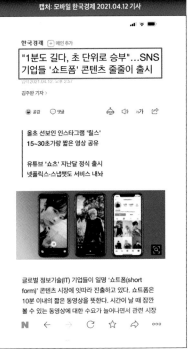

스낵 컬처^{Snack Culture}

시간과 공간의 제약 없이 모바일로 빠르고 재미있게 짧은 시간에 즐길 수 있는 스낵컬처가 주목받고 있다. 과자를 먹듯 출퇴근 시간이나 점심시간 등에 간편하게 문화생활을 즐기는 웹툰 웹소설 웹드라마가 대표적인 스낵 컬처이다. 비대면 정치와 선거에서 아직 웹툰이나 웹소설 웹드라마를 활용한 콘텐츠는 일반화되어 있지 않지만, 이슈를 바라보는 정치적 시각이 하나의 콘텐츠로 소비되도록 기획한다면 모바일을 자주 사용하는 젊은 층과 함께 호흡하는 좋은 시도가 될 것이다.

숏폼 콘텐츠^{Short-form Contents}

1분 내외의 짧은 숏폼Short-form 영상 콘텐츠가 이제 주류로 자리를 잡고 있다. 영상 플랫폼인 틱톡TikTok, 인스타그램의 '릴스Reels', 유튜브의 '쇼츠Shorts', 네이버 블로그의 '모먼트Moment'등에서 숏폼 영상이 주목을 받고 있다. 영상당 길이가 60초 이내로 길지 않기에 긴 영상제작에 비하여 부담이 덜하고, 각 플랫폼에서 편집이 쉬운 다양한 기능들을 무료로 제공하기에 휴대폰 촬영 영상만으로도 재미있는 콘텐츠 제작이 가능하다. 특히 MZ세대(밀레니얼+Z세대)를 중심으로 세로형 콘텐츠가 점차 대중화 되어가고 있다. 스마트폰에서 보기가 편하고 위아래로 빠르게 피드를 넘겨가며 소비할 수 있기 때문이다.

자신만의 특화

정치 신인들에게 비대면 언택트는 인공지능 알고리즘의 특성상 기회보다는 오히려 악조건으로 작용할 가능성이 크다. 인지도를 올리기 위해 노력하지만 열성 지지자 외에 외연 확장이 쉽지 않다. 유튜브 영상도 후보자마다 조회수 1만회를 넘긴 영상이 많지 않다. 보다 정밀한 타겟팅을 위한 자신만의 '콘텐츠 특화 전략'이 반드시 있어야 한다. 국민들의 니즈가 갈수록 세분화되는 변화의 흐름 속에서 세대별 트렌드에 맞추어 콘텐츠는 더 쪼개고 나누고 세분화 하여야 한다. 플랫폼 AI알고리즘 추천도 항상 고려하여야 한다. 싸움을 위한 기본적 준비인 콘텐츠 소비자층 확대 또한 필요하다. '026 온오프 일체화' '027 네트워크' '028 메인 플랫폼' 참조하여 온오프 일체화를 우선 구축하기를 권장한다. 후보자의 콘텐츠가 언택트에 익숙한 국민들에게 세대별로 특화되어 자연스럽게 소비되도록 만들어야 하는 것이다. 이제 '특화'는 단순히 차별화의 한 포인트 정도가 아니라 생존의 필수조건이 되었다.

[나만의 창의적 융합]

〈창의적 통찰력〉〈온오프 일체화〉〈데이터 과학화〉 각 항목을 응용하여 트렌드가 남다르게 하는 나만의 실행방안은?

3장 관심과 확장력이 다른 콘텐츠 경쟁력 전략

060 콘텐츠 기획

'갤럭시S21' '아이폰12' '비타500' '7-Eleven'
글자보다 숫자를 쉽게 기억한다. 이미지 전달이 빠르다.
소비자의 호기심을 자극한다. 숫자 그 이상의 의미를 지닌다.
숫자로 인지도를 높이는 뉴메릭 마케팅^{Numeric Marketing}이다.

빠르게 변화하고 경쟁이 치열할수록 후보자를 차별화시키고 고유의 특성을
알려주는 전략이 필요하다. 일단 관심을 끌고 짧은 시간에 기억할 수 있도록
만든다. 숫자를 직관적으로 보여주고 인지도를 높여준다. 뉴메릭 마케팅이
가진 장점이다.

기획 90%

전체 콘텐츠에 대한 기획을 먼저 한 후에 시기별 단계별 뉴미디어별 기
획을 하도록 한다. 스토리를 잘 기획하면 무엇을 찍어야 할지 무슨 이미지가
필요한지 명확히 보인다. 따라서 스토리 기획에 최소 90% 이상의 시간과 노
력을 쏟아붓고 집중하여야 한다. 영상을 촬영한 후 스토리를 기획하고 만들

려고하는 순서가 잘못된 경우를 선거 캠프에서 심심치 않게 본다. 기획이 분명하면 전달하고자 하는 스토리위주의 영상만 찍으면 된다. 몇 사람의 자의로 진행되는 콘텐츠 기획도 바람직하지 않다. 주요 파트의 책임자들이 사전협의하는 시스템 기획이 되어야 한다. 지난 4.15총선에서 이수진 후보자가 '삼국지보다 킹덤2보다 흥미진진'하다면서 포스팅한 '7가지 전쟁 시리즈, 나 떨고 있니?'는 기획력이 탄탄한 한 편의 스토리였다. 손에서 법전을 내려놓고 칼을 들어 전쟁에 뛰어들면서 무려 일곱 상대에게 선전포고를 하는 자신의 정치적 가치와 철학을 국민들에게 쉽고 분명하게 전달하였다.

캡처: 모바일 네이버 화면 2021.05.09

캡처: 모바일 페이스북 이수진의원 2020.03.19

듣는 것 우선

정치의 주체는 국민이다. 국민이 무엇을 원하는지, 지역의 이슈가 무엇인지, 어느 것을 우선하여야 할지 국민들의 니즈를 먼저 철저히 파악하여야 한다. 비대면 콘텐츠는 국민들이 관심을 가지도록 함이 우선이다. 국민들의 니즈 파악을 위해 후보자가 국민들로부터 듣는 형태의 콘텐츠를 반드시 먼저 포스팅하여 관심을 끌도록 기획한다. 그 다음 국민들로부터 들은 니즈를 후보자가 정리하여 응답하는 형태로 기획과정에서 콘텐츠 포스팅 순서를 정하도록 한다.

니즈 맞춤

국민들의 원하는 니즈가 무엇인지를 파악하여 국민들이 듣고 싶어하는 얘기를 할 때 쉽게 공감을 얻고 지지를 얻을 수 있다. 뉴닉New Neek은 지난 4.15총선 관련 구독자 설문조사를 먼저 실시하였다. 총 6,000개의 답변 중 각 정당의 공약 분석비교 요청 답변이 가장 많았었다. 이를 근거로 공약뽀개기를 제작하여 젊은 세대들로부터 호평을 받았다. 데이터가 기본이 되는 콘텐츠를 기획하는 것이 바람직하다.

자신만의 기획

좋은 것을 나열한 모범답안을 보는 사람의 입장에서는 오히려 지루하고 식상하다. 비슷비슷한 콘텐츠로 다른 후보자와 차별화시키는 것 또한 쉽지 않다. '멈추면, 비로소 보이는 것들' 책을 출간하여 300만 권을 판매하여 성공을 거두고 방송과 콘서트 출연으로 한국에서 높은 인지도를 가지고 있는 혜민스님의 사례를 참고하기를 추천한다. 스님은 편안하고 따뜻한 소통법으로 많은 이들에게 위로와 용기의 메시지를 전달하였다. 해결책을 제시한 것이 아니라, 아픔과 슬픔을 위로하고자 하는 접근법으로 그분들과 소통하였다. 그분들이 원하였던 것은 구체적인 해결방안이 아니라, 진실한 위로를 받고 싶었던 것이다. 비대면 선거에서 공약이나 정책에 대한 콘텐츠도 이와 다르지 않다. 기획은 머리로 하는 것이 아니라 가슴으로 하는 것이다. 구체적인 해결책을 제시하고자 하는 접근법보다는, 얘기를 들어주고 관심을 가지고 국민들과 함께 같이 문제를 풀어가고자 하는 접근법으로 자신만의 기획을 하여야 한다. 플랫폼 AI알고리즘 추천도 항상 고려하여야 한다. 관심을 가지고 같이 문제를 풀어가고자 하는 단계까지만 기획한다. 구체적인 해결책은 나중에 기획하도록 한다.

[나만의 창의적 융합]

〈창의적 통찰력〉 〈온오프 일체화〉 〈데이터 과학화〉 각 항목을 응용하여 콘텐츠 기획이 남다르게 하는 나만의 실행방안은?

061 시작

1차원적 좌표인 수많은 '점'들이 모여 하나의 형태가 된다.
'점'으로 이루어진 형태들이 모여 그림이 된다.
'선'이 중요시되던 시대에 그의 그림에는 '선'이 보이지 않는다.
신인상주의 화가 조르쥬 쇠라^{Georges Seurat}의 점묘화이다.

르네상스부터 신고전주의에 이르기까지 회화에서 '선'은 가장 중요한 요소이었다. 조르주 쇠라는 점으로 시작하여 점으로 세상을 표현하였다. 시작이 달랐다. 과학을 회화에 응용한 과학적 형태감각의 점묘화는 현대 패션 디자인에 새로운 세계를 열었다. 점묘화 기법 디자인은 선보다 점이 빛을 흡수하여 반사함에 더 효과적이어서 가시성이 높아 주목을 쉽게 끌고 또한 선으로 만든 작품과는 다른 매력을 선사한다.

국민 눈높이

　비대면 선거의 시작은 국민의 눈높이에 맞추어서 국민의 관점에서부터 시작하여야 한다. 자신의 눈높이에서 자신의 관점에서 시작하여 자신의 생각만을 이야기하는 콘텐츠들을 심심치 않게 본다. 나아가 아는 체만 하거나 훈계하고 가르치려고 하는 것도 가끔 본다. 상식과 합리성을 갖추어야 한다. 시작이 다르면 결과 또한 다르다. 잘못된 관점에서 시작하였음에도 불구하고 좋은 결과를 기대하는 것은 터무니 없는 것이다. 국민들의 눈높이를 이해하는 가장 좋은 방법은 콘텐츠로 제작하여 포스팅하고자 하는 주제에 대하여 지속적인 모니터링을 하는 것이다. 관심을 가지고 그 주제에 대한 국민들의 생각과 반응을 세밀하게 분석하면 어느 순간 국민들이 가지고 있는 눈높이와 비슷한 눈높이를 가지게 된다. 모니터링이 주는 장점이다.

261   3장 관심과 확장력이 다른 콘텐츠 경쟁력 전략

절대적 신뢰

정치의 주체인 국민은 항상 현명하고 항상 옳다는 강한 믿음과 절대적인 신뢰를 가져야 한다. 국민의 마음을 얻고 공감을 얻기 위해서는 국민이 원하는 생각과 관점에서 이야기하고 선거캠페인도 이러한 방향에 맞추어져야 한다. 후보자 자신이 원하는 대로 하는 것은 싸움에서 이기는 전략이 아니다. 국민이 원하는 대로 하는 것이 싸움에서 이기는 전략이다. 같은 생각을 가지는 후보자에게 국민들은 소중한 한 표를 던져 줄 것이라는 강한 신뢰를 항상 가져야 한다.

공약쥬스 사례

지난 4.15총선에서 지지하는 정당이 없는 세대에게 어울리는 정당과 공약을 찾아주는 것이 공약쥬스의 시작이었다. 관심사에 따라 각 정당의 공약을 큐레이션 해주는 '공약쥬스'는 국민들로부터 큰 관심을 받았다. 먹고 싶은 재료를 골라 한 잔의 쥬스를 만들 듯, 관심사에 맞는 공약을 골라 담으면 어울리는 정당을 추천해주었다. 밀레니얼 세대와 Z세대들을 대상으로 쉽고 간편한 서비스를 만들고 이들의 관심을 얻기 위한 정치 서비스를 론칭한 것이었다. 공약과 정책에 집중하는 생산적인 정치를 만들고자 했던 공약쥬스 시도는 대단히 성공적이었다.

자신만의 시작

공약쥬스의 성공사례가 시사하는 바는 아주 크다. 특정 정당이나 특정 후보자를 부각하여 지지를 호소하는 접근법보다는, 특정주제나 특정이슈를 중심으로 한 자신만의 시작이 다른 접근법을 권장한다. 플랫폼 AI알고리즘 추천도 항상 고려하여야 한다. 똑같은 방법의 똑같은 시작은 비대면 선거에서 인지도가 높은 후보자에게 유리할 수 밖에 없다. 도전자의 입장이거나 정치신인인 경우 불리한 상황에 처해 있는 것이다. 온라인 원격수업이나 재택근무를 위해 줌ZOOM이나 구글미트를 이용하여 비대면 화상회의를 하는 것은 이제 낯선 풍경이 아니다. 사회적 거리두기로 인하여 온라인을 통한 전시회와 공연도 늘어나고 있다. 온라인을 통한 연결로 각종 외부활동을 하는 '온택트Ontact'가 새로운 흐름으로 발전하고 있다. 비대면 선거 콘텐츠가 이렇게 하는 것도 있구나 하는 신선한 감각을 줄 수 있으면 바람직하다. 출발점인 시작을 다르게 하여 국민들로부터 주목을 끌고 또 다른 매력을 신사하도록 자신만의 시작을 준비하여야 한다.

[나만의 창의적 융합]

〈창의적 통찰력〉 〈온오프 일체화〉 〈데이터 과학화〉 각 항목을 응용하여 시작이 남다르게 하는 나만의 실행방안은?

3장 관심과 확장력이 다른 콘텐츠 경쟁력 전략

062

키워드

단순함이 복잡함을 이긴다. 간단한 게 답이다.
번잡한 곁가지를 잘라 버린다. 사고 절약의 원리이다.
쓸데없는 것은 잘라 버린다. 경제성의 원리이다.
단순성의 원칙인 '오컴의 면도날'Ockham's Razor'이다.

논리적으로 가장 단순한 것이 진실일 가능성이 높다는 논리절약의 원칙이다.
지나친 논리비약이나 불필요한 전제를 잘라냈다. 설명은 간단할수록 좋다.
핵심적인 단어인 키워드도 이와 다르지 않다. 키워드도 간단할수록 좋다.

키워드 세분화

비대면 콘텐츠는 국민의 관심사항을 키워드 중심으로 포스팅하고 정책
과 공약을 개발하도록 한다. 국민들의 검색 키워드가 점차 세분화되고 심층
적이고 맞춤형을 선호하는 방향으로 나아가고 있다. 국민들의 취향 세분화
와 이에 따른 개인 맞춤형 서비스의 성장은 많은 분야에서 나타나고 있는 트
렌드이다. 빅데이터 자료에서 국내여행 목적 및 활동 관련 키워드 중 뉴미디

어들에서 '낚시'와 같은 일반적인 키워드는 크게 증가하지 않았다. 그러나 '얼음낚시' '원투낚시' '배스낚시'등 세분화된 활동의 키워드는 높은 증가율을 보였다. 이러한 트렌드에 발맞추어 비대면 콘텐츠 포스팅에 대한 키워드 또한 다양화하고 세분화시켜야 한다. 예를 들어 '소상공인' 키워드의 콘텐츠 포스팅은 '도매업 소매업 음식업 숙박업 서비스업 광업 제조업 건설업 운수업' 등으로 더 세분화된 키워드로 포스팅하는 것이 바람직하다. 기획단계에서부터 세분화된 배경지식과 관련 자료가 요구되지만, 콘텐츠를 읽어 보는 국민은 세분화된 포스팅에 한층 더 친밀감을 가질 것이다.

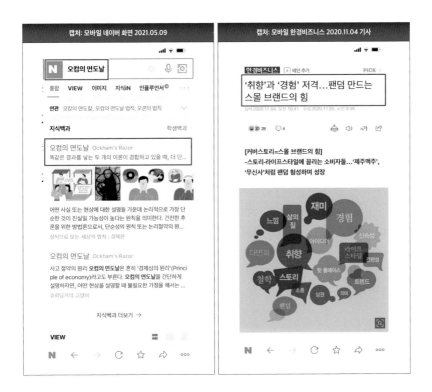

취향 세분화

다변화되는 세상 속에서 국민들의 개성과 취향이 점차 다양화되고 세분화 되었다. 마케팅 분야에서는 자기만의 개성과 취향을 최우선에 두는 소비자들이 등장함에 따라 이를 반영하고 새로운 가치를 제안하는 시장의 분화가 가속화되고 있다. 소비자는 취향에 부합되는 브랜드 인지 아닌지를 중요하게 생각한다. '자기다움'으로 개성을 드러내는 차별화된 브랜드들이 부각되고 있다. 비대면 선거에서 후보자의 '자기다움'을 알리는 키워드 세분화 전략이 필요한 시대가 되었다.

개인 맞춤형

국민들의 개성과 취향이 다양화되고 세분화됨에 따라 마케팅 분야에서는 빅데이터를 기반으로 실시간으로 소비자들의 상황과 맥락을 이해하면서 니즈를 예측해 서비스와 상품을 제공하는 '초개인화 기술'이 등장하였다. 개별 소비자에게 세심하게 맞춤형 서비스를 제공하도록 하기 위해 구체화하고 더 자세히 접근하여 촘촘히 쪼개서 세분화하는 것이다. 개별 소비자별로 니즈를 깊고 구체적으로 파악하고 경험의 과정을 세밀히 이해하고 라이프스타일부터 가치관까지 삶에 더 깊이 공감하는 것이다. 비대면 선거에서도 시대적 트렌드에 맞추는 개인별 또는 그룹별 성향에 따른 맞춤형 키워드와 콘텐츠 제공이 필요하다.

자신만의 키워드

비대면 언택트에서는 '자기다움'을 강조하는 자신만의 키워드가 특히 중요하다. 플랫폼 AI알고리즘 추천도 항상 고려하여야 한다. '원조 소장파=원희룡 남경필 정병국' '소신=조응천 김해영 금태섭 박용진' '공정=윤석열'...언론기사에서 자주 거론되는 긍정적 키워드별 '자기다움' 정치인들이다. 자신의 특성에 맞는 긍정적인 키워드는 국민들에게 긍정적 이미지로 쉽게 각인이 되고 인지도 향상에 긍정적인 영향을 미친다. '유치원3법=박용진' 등 특정한 주제에 대한 자신만의 키워드인 '자기다움'도 바람직하다. 국민들은 후보자 콘텐츠의 구체적인 내용을 잘 알기가 쉽지않다. 그러나 키워드 포스팅된 콘텐츠들은 그 키워드 만으로도 긍정적인 이미지를 강화시켜준다. 키워드가 중요한 이유이다. 국민들 취향의 세분화와 개인 맞춤형 니즈강화에 따라 키워드는 점차 세분되어야 하지만, '자기다움'을 인식시키는 가치와 철학적인 부분에서 자신만의 키워드는 진지한 전략적 고민을 거쳐 결정하도록 한다.

[나만의 창의적 융합]

〈창의적 통찰력〉 〈온오프 일체화〉 〈데이터 과학화〉 각 항목을 응용하여 키워드가 남다르게 하는 나만의 실행방안은?

063 감성

아름답고 안타까운 슬픈 그림같은 사랑 이야기이다.
유령이 되어서도 사랑하는 연인을 지켜주는 러브스토리이다.
애틋한 순애보가 시대를 초월해서 감성을 자극한다.
'Ghost'를 '사랑과 영혼'으로 번역한 감성적 호소가 돋보인다.

영화 주제곡 'Unchained Melody'도 감성적인 러브송으로 많은 사람들로부터 여전히 사랑을 받고 있다. 젊은 도예가인 여주인공 데미 무어가 도자기를 만들고 있을 때 뒤에 와서 끌어안는 러브씬 장면이 아주 유명하다. 삶과 죽음을 넘나드는 슬픈 사랑이 진한 감동으로 느껴지는 작품이다.

감성 경험

비대면 콘텐츠는 이성과 논리도 필요하지만 특히 감성이라는 가치를 잘 활용하여야 한다. 감성적으로 접근하는 콘텐츠는 무엇보다도 국민들에게 받아들여지는 수용성이 높다. B급 감성의 컨셉으로 A급 퀄리티의 콘텐츠를 만드는 트렌드가 주목을 받고 있다. '라스트핏 이코노미'는 상품을 배송 받고 포장을 뜯는 마지막 순간에 느끼는 주관적인 만족이 선택의 중요한 기준이 되는 소비자의 차별화된 경험이 소비에 주요한 영향을 미친다. '오늘의 유머' 라는 B급 정서 가득한 제품 콘텐츠로 특히 세탁조 크리너처럼 세탁기 통을 분해해 보여주는 식의 실험 동영상을 제작하여 구매를 유도하는 탁월한 실력을 발휘하여 '콘텐츠 커머스' 시대를 연 주목받는 기업도 있다. 비대면 선거에서도 특정 현안이나 이슈에 대한 국민들의 직접적인 경험이나 의견을 영상으로 만든다면 감성적 경험을 활용한 차별화된 좋은 콘텐츠가 될 것이다.

감성 색채

비대면 언택트에서는 색채 색깔 색감 디자인 이미지 등을 활용하여 눈에 보이지 않는 감성에 형태를 부여하고 사용자의 감성을 자극하여 선호하는 감정을 이끌어내야 한다. 흑백사진톤이나, 아름다운 즐거운 따뜻한 느낌이 나는 컬러톤이나, 프리즘이나, 다양한 색깔이나, 디자인이나, 패션이나, 개성이나 멋을 입히는 감성적 색채로 콘텐츠를 차별화 시켜야 한다. 감성 색채와 감성 디자인으로 무미건조한 비대면 환경을 따뜻하고 의미있는 국민들과의 만남으로 바꾸어 가야 한다.

감성 예술

영화 무용 음악 등 문화예술을 콘텐츠에 입혀서 한편의 광고처럼 메시지 전달력이 뛰어난 작품으로 만드는 것도 차별화된 좋은 콘텐츠를 만드는 방안이다. 특히 새로움New과 복고Retro를 합쳐서 복고를 새롭게 즐기는 '뉴트로Newtro'는 전 세대를 아우르는 콘텐츠로 각광을 받고 있다. 중장년 세대에게는 추억을 자극하며, 밀레니얼 세대에게는 경험한 적 없는 것에 새로움과 색다름을 느끼게 한다. 과거의 것에 현대적 감각을 더하여 재탄생시키는 뉴트로는 패션 음악 방송 영화 등 문화예술 각 방면에서 감성을 통한 국민적 공감대를 형성시키고 있다. 최근 미스트롯과 미스터트롯 프로그램을 비롯한 트롯열풍도 뉴트로 트렌드의 힘이다. 이제 트롯은 가요계의 비주류에서 주류 문화의 한 축으로 확고하게 자리를 잡았다.

자신만의 감성

비대면 선거의 중요성이 더해가면 갈수록 국민들로부터 관심을 끌고 지지를 받기 위해서 후보자 자신만의 차별화된 감성을 담은 감성적 콘텐츠가 반드시 필요하다. 플랫폼 AI알고리즘 추천도 항상 고려하여야 한다. 인간은 누구나 직감적으로 감성적 기분에 좌우되는 경향이 강하다. 흥미와 호기심, 재미를 느끼게 하고 무심결에 무언가를 하고 싶도록 만드는 기분, 특별한 이성이나 논리가 없이 왠지 모르게 그저 좋을 것 같다는 기분과 같은 감성적 가치를 소중히 여겨야 한다. 국민들과 함께 감성적으로 공감하고 정서적으로 공유하는 인간다운 후보자의 모습을 콘텐츠에 담아야 한다. 나아가 이성에 감성을 더하는 방법으로 감성을 활용하는 콘텐츠도 만들도록 한다. 직관적이고 순간적 반사적인 감성이 먼저 움직여야 이성적인 반응도 뒤따라온다.

[나만의 창의적 융합]

〈창의적 통찰력〉〈온오프 일체화〉〈데이터 과학화〉 각 항목을 응용하여 감성이 남다르게 하는 나만의 실행방안은?

064 공감

많은 직장인들이 나의 이야기라며 드라마를 보고 공감하였다.
본연의 주제에 집중하여 드라마의 현실성을 끌어올렸다.
현대를 살아가는 직장인의 애환과 삶을 잘 보여준 작품이었다.
'장그래' 법과 '미생' 신드롬이라는 사회적 파급력을 가져왔다.

'미생'은 바둑에서 집이나 대마가 아직 완전하게 살아 있지 않은 상태이다. 웹툰 '미생'은 자신의 삶을 승리하기 위해 한 수 한 수 돌을 잇는 사람들의 이야기이다. 직장인들의 현실적인 모습을 보여준 것으로 많은 화제를 몰고 왔으며 직장인들의 공감을 많이 받았다.

국민 반응척도

비대면 콘텐츠에서 공감은 국민들의 반응과 콘텐츠의 퀄리티를 측정하는 주요한 기준이다. 국민들이 관심을 갖고 몰입하는 생생한 감정경험을 느낄 수 있는 콘텐츠가 만들어질 때 공감을 형성하게 된다. 국민들에게 공감을 많이 받는 콘텐츠가 당연히 좋은 콘텐츠이다. 따라서 공감의 정도는 하나의

'능력'으로 분류되며, 소통의 주요 목적 중 하나이다. 공감은 하나의 감정으로 생각하지만 복잡한 3가지 과정을 거치며, 인지적 반응과 정서적 반응과 행동적인 반응이 함께 일어나는 다차원적 개념이다. 다른 사람들의 감정을 인지하는 인지적 공감, 그들의 감정을 함께 느끼는 정서적 공감, 그들과 함께 행동으로 참여하는 행동적 반응 등이 공감을 구성하는 세 가지 요소다. 국민들로부터 공감 받는 콘텐츠를 제작하고자 하면 반드시 이 3가지 요소를 단계적으로 체크하면서 부족한 부분을 보완하도록 한다. 기획단계에서 이러한 요소들이 잘 드러나는 콘텐츠가 되도록 치밀한 준비를 하여야 한다.

3장 관심과 확장력이 다른 콘텐츠 경쟁력 전략

인지적 공감

인지적 공감은 상대방이 처한 상황과 입장을 이해하려고 상대방의 처지가 되어보고 상대방의 관점을 이해하는 것이다. 상대방이 느끼거나 보는 것 등을 마치 자신이 보고 느끼는 것처럼 정확하게 인식하는 것이다. 상대방이 무슨 생각을 하고 무엇을 원하고 어떤 기분을 느끼는지 정확히 추측하는 의식적인 노력과 추론이 필요하다. 콘텐츠에서 표현하고자 하는 후보자의 입장이나 형편을 국민들이 잘 이해하고 인지할 수 있도록 즉 인지적 공감이 잘 되도록 하여야 한다.

정서적 공감

정서적 공감은 상대방의 감정을 자신의 감정처럼 느끼며, 상대방의 감정에 반응하고 그 감정을 공유하며, 상대방의 기분을 비슷하게 같이 느끼고 적절하게 반응해주는 것이다. 상대방의 기쁨이나 슬픔을 보고 비슷한 감정을 느끼는 상태처럼, 상대방과 자신의 경계를 지우고 상대방과 하나가 되어 함께 느끼는 감정이다. 콘텐츠에서 표현하려는 감정을 국민들이 자신의 감정으로 여길 수 있도록 해야한다. 감정을 이해하고 느끼고 함께 공유함으로써 콘텐츠에 대한 만족도가 높아지고 유대감이 깊어진다.

행동적 반응

비대면 콘텐츠에 공감하는 국민들의 행동적 반응은 좋아요 누르기와 댓글 그리고 포스팅 공유 등으로 주로 나타난다. 로먼 크르즈나릭Roman

Krznaric은 그의 책 '공감하는 능력'에서 공감은 상대방의 처지가 되어보고 상대방의 인지적 측면인 관점과 정서적 측면인 감정을 이해하고 행동으로 나아가는 과정이라고 하였다. 인지적 공감과 정서적 공감으로 유대감이 깊어진 상태에서 개선하고 싶은 마음이나 공감적 배려 등 행동적 반응으로 외부에 표현되어야 공감은 완성이 된다. 공감은 다른 생각을 가진 상대방을 이해하고 공유하고 연결하는 감정의 다리이다. 특정 주제에 공감하는 사람은 우리편 친구이고 공감하지 않으면 상대편 적으로 규정하는 경우들을 적지않게 본다. 콘텐츠에 공감적 배려인 사랑을 담으면 그 가치가 달라진다. 플랫폼 AI 알고리즘 추천도 항상 고려한다. 정서적 공감의 긍정적 측면인 친절 연민 배려를 콘텐츠에 담으면, 편가르기와 사회 양극화 보다는 정치적 경쟁을 순화하고 함께 공감하는 새로운 사회를 열어가는 출발점이 될 것이다.

[나만의 창의적 융합]

〈창의적 통찰력〉〈온오프 일체화〉〈데이터 과학화〉 각 항목을 응용하여 공감이 남다르게 하는 나만의 실행방안은?

065

외연확장

갓 태어난 새끼오리들은 처음 본 대상을 어미로 인지한다.
그 대상이 사람일지라도 어미오리처럼 졸졸 따라다닌다.
비교행동학자 콘라트 로렌츠^{Konrad Lorenz}는 이러한
본능적인 행동을 '각인^{Imprinting}'이라 불렀다.

처음 인지한 효과가 상당히 오랫동안 영향을 미치는 측면에서 각인효과는
사람에게도 크게 다르지 않다. 초기에 각인되는 '이미지 메이킹'을 통해 국민
들의 마음을 사로잡는 것이다. 한번 각인되면 쉽사리 지워지지 않는다는 게
강점이다.

중도층 지향

　비대면 선거에서 당론을 강조하여 지지자들이 선호하는 이야기를 할 것
인지 아니면 상식과 합리로 중도층을 공략하는 이야기를 할 것인지 먼저 콘
텐츠의 방향성을 설정하여야 한다. 선거의 목표는 당연히 싸움에서 이기는
것이고 승리하는 것이다. 선거를 지지층만으로 승리하기가 쉽지않다. 지지

층만을 결집하여 그들을 환호하게 만드는 것은 잠시 기분이 좋아질런지는 모르지만 승리의 가능성은 낮아진다. 중도층을 끌어들이지 못하면 대부분 패배한다. 선거의 당락을 좌우하는 중도층은 안정적이고 점진적인 개혁을 원하는 성향이 강하다. 그들에게 심어주고 각인시켜야 하는 콘텐츠는, 정당의 당론보다는 국민의 민생과 관련된 '개혁'과 '안정성'을 위주로 한 상식적이고 합리적인 공약과 정책들이다. 20여 년 전부터 불리어진 '원조 소장파'는 당내 비주류로서 개혁과 쇄신의 행동을 보여주었기에 국민들로부터 얻은 각인효과이다. 중도층을 지향하였기에 얻어진 커다란 정치적 자산인 것이다.

3장 관심과 확장력이 다른 콘텐츠 경쟁력 전략

통합 리더십

비대면 콘텐츠는 국민들의 시대정신을 잘 파악하고 이에 부합하는 포스팅을 하여야 국민들로부터 관심을 받고 공감을 얻고 지지를 받는다. 국민들이 원하는 것은 편가르기가 아니라 통합의 리더십이다. 지난 4.7재보선 서울 부산시장 선거에서 민주당은 편가르기에 의존한 이슈파이팅과 경쟁 후보자에 대한 네거티브로 지지층을 결집시키는 전략을 우선적으로 활용하였다. 대부분 정치평론가들이 예상한 대로 결과는 좋지 않았다. 뉴미디어와 빅데이터상의 데이터 또한 다르지 않았다.

부동층 공략

비대면 선거에서, 중도층과 같은 의미로도 사용할 수 있는, 특정 정당만을 지지하지는 않는 이른바 '부동층' 표심이 매번 최대 변수로 작용한다. 선거철이 되면 정당은 당의 '외연 확장'을 최대 목표로 설정하여 부동층 공략에 주력한다. 부동층 표심은 예측이 어렵고 변화가 많아서 흔히 '갈대 같다'고 표현한다. 부동층이든 지지층이든 국민 눈높이에서 가장 관심이 있는 것은 본선 경쟁력이 있는 후보자이다. 본선 경쟁력을 갖추기 위해서는 당연히 외연 확장력이 높아야 하며, 외연확장력은 중도층과 부동층의 관심과 지지에서 시작된다. 즉 상식과 합리로 중도층과 부동층을 공략하는 콘텐츠로 방향성을 정하는 것이 본선 경쟁력을 강화시키는 길이다.

자신만의 외연확장

선거의 승패는 중원 싸움에서 결정된다. 중원을 확보하고 중원을 장악하면 싸움을 이긴다. 중도층의 관심을 받으려면 중도층이 선호하는 콘텐츠를 포스팅하여야 한다. 비대면 콘텐츠에서는 플랫폼 AI알고리즘 추천을 항상 고려하여야 한다. 중도층이 키워드나 연관 검색어 등으로 후보자의 콘텐츠를 보게되면 AI알고리즘은 이를 인식한다. 향후 관련되는 새로운 포스팅을 하게 되면 모바일에서 읽어보기를 추천해 준다. 몇 번 이러한 알고리즘이 인식되면 항상 콘텐츠가 노출되어 진다. 알고리즘의 특성으로 외연확장이 이루어지는 과정이다. 자신만의 외연확장이 이루어지는 매커니즘이다. 비대면 플랫폼은 싫어하거나 관심없는 내용을 차단하는 스팸차단 기능을 모두 갖추고 있다. 지지층 위주의 포스팅이 중도층 국민에게 한 번 차단되면, 비대면에서는 다시 접근하여 노출시킬 수 있는 방안이 거의 없다는 것을 주의하여야 한다.

[나만의 창의적 융합]

〈창의적 통찰력〉〈온오프 일체화〉〈데이터 과학화〉 각 항목을 응용하여 외연확장이 남다르게 하는 나만의 실행방안은?

066

세대확장

"지금 M어가 Z에일 잘나가?"
MZ세대의 감성과 습관을 캐치하면 제품이 팔리기 시작한다.
성공하는 마케팅과 실패하는 마케팅의 차이를 알려준다.
MZ세대가 이끄는 '잘 팔리는 것들의 비밀'을 또한 알려준다.

새로운 세대의 취향과 열광을 읽어야 한다. 집단보다 개체가 중요하고, 지루한 것을 거부하며, 주위를 예민하게 살피는 고양이와 닮았다. 자신의 세대를 구분 짓고 이해한다고 말할 때 마음이 떠나가는 것이 MZ세대라고 이 책의 저자들은 설명한다.

세분화 콘텐츠

정치의 주체인 국민들의 취향과 개성이 세분화되고 다양화되었다. 나이 성별 인종 종교 문화 등 개인적 특성과 차이를 인정하는 다양성의 시대를 반영하는 비대면 콘텐츠가 되도록 기획과정에서부터 세분화 되어야 한다. 하나의 콘텐츠로 다양한 세대를 아우를 수 있다는 원소스 멀티유스One

Source Multi-use는 비대면 선거 콘텐츠 전략으로는 이제 더 이상 적합하지 않다. 20대의 국민들이 70대의 노인복지에 관심이 없고, 70대의 국민이 20대의 청년지원에 관심이 없기에 세대별 관심사에 맞추는 콘텐츠 기획이 필요하다. 30대의 육아지원 정책이 60대의 손자손녀 육아와 관련이 있는 경우도 있을 수 있다. 이러한 경우는 30대의 관점과 60대의 관점에서 각각 다른 콘텐츠 기획을 하고 나아가 융합적인 장점을 발휘할 수 있는 관점에서도 콘텐츠 기획을 하여야 한다. 2030세대의 관점을 6070세대가 정확히 이해하기 어렵듯이, 6070세대의 관점을 2030세대 또한 정확히 이해하기 어렵다. 각 세대의 팀원들이 그들의 관점을 기획에 반영하도록 하여야 한다.

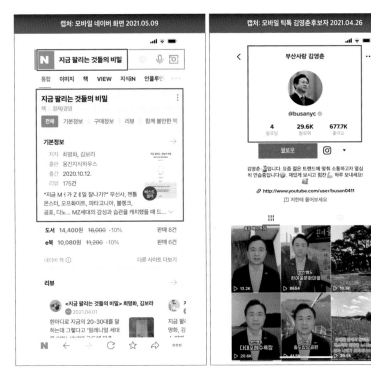

3장 관심과 확장력이 다른 콘텐츠 경쟁력 전략

뉴미디어별 차별화

비대면 선거에서 많이 활용되는 뉴미디어도 그 특성에 적합한 세분화된 콘텐츠를 기획하고 제작하여야 한다. 일반 영상은 유튜브와 네이버TV 위주로 한다. 1분내외의 짧은 영상은 틱톡TikTok, 인스타그램의 '릴스Reels', 유튜브의 '쇼츠Shorts', 네이버 블로그의 '모먼트Moment'등을 위주로 포스팅한다. 이미지는 인스타그램에서, 짧은 단문은 트위터에서, 깊이가 필요한 콘텐츠는 블로그에서, 속도가 필요한 것은 페이스북에서 포스팅한다.

세대별 차별화

특정 세대는 특정 뉴미디어를 자주 활용하기에 그 세대를 타겟으로 기획 제작한 콘텐츠는 그에 맞는 뉴미디어 위주로 포스팅하는 부분을 함께 고려하여 세대별 특성에 적합한 콘텐츠를 기획하고 제작하도록 한다. 2030의 MZ세대(1980년 이후 태어난 밀레니얼 세대와 1990년대 중반이후 2000년대 초반 태어난 Z세대)는 메타버스Metaverse와 숏폼 영상에 관심을 많이 보이고 있으므로 '아바타'와 1분내외의 영상으로 소통하는 콘텐츠를 기획 제작하는 것이 바람직하다. 40대인 X세대(1970년대 이후 태어난 세대)는 이들과 달리 인스타그램에 좀 더 민감하다. 6070세대는 카카오톡과 유튜브 활용도가 높다. 세대별로 세분화된 차별화로 마이크로 타겟팅을 하여야 하는 이유이다.

자신만의 세대확장

김영춘 후보자는 틱톡 '부산사랑 김영춘' 채널에서 공약을 짧은 콩트 형식으로 알리고 부산의 특산품을 소개하면서 인플루언서 인증인 '파란진드기'를 받는 등 젊은층의 시선을 끌었다. 자신만의 세대확장에 성공한 사례이다. 특별히 젊은층의 지지가 높다고 하여 또는 중장년층의 지지가 높다고 하여 선거에서 꼭 승리하는 것은 아니다. 각 세대별로 골고루 지지를 확보하는 것이 가장 이상적인 형태이지만 현실은 그렇지 않다. 강점을 가지는 또는 약점을 가지는 세대가 있기 마련이다. 그런 측면에서 자신의 부족한 부분을 보완해가는 세대확장이 가장 바람직스럽다. 플랫폼 AI알고리즘 추천을 항상 고려하여야 한다. 타겟 세대를 특정하여 제작한 타겟 콘텐츠는 그 세대들이 자주 정보를 취득하는 곳에 노출이 되도록 해야한다. 카페이든 커뮤니티이든 그룹이든 국민이 있는 곳을 먼저 찾아가는 자신만의 세대확장을 해야 한다.

[나만의 창의적 융합]

〈창의적 통찰력〉〈온오프 일체화〉〈데이터 과학화〉 각 항목을 응용하여 세대확장이 남다르게 하는 나만의 실행방안은?

067 스토리텔링

마약과 총이 난무하는 빈민가에 '엘 시스테마El Sistema'는
희망을 심었고, 마침내 한편의 동화와 같은 실화를 만들어냈다.
예술의 영역을 넘어 사회를 변화시킨 감동의 스토리였다.
세계 각국에 소개되었으며 벤치마킹의 대상이 되었다.

다큐멘터리 영화 '엘 시스테마'는 '가장 무서운 것은 희망이 없는 절망이다'
라는 생생한 현실을 영화에서 보여준다. 아이들은 길을 지나가다 총에 맞아
다리가 부상당하여 슬픈 것이 아니라, 부상으로 오디션에 참가 못하여 자신
의 희망이 사라질까봐 두려워한다. 꿈꾸는 자들이 어떻게 아름다운 세상을
만들었는지를 보여주는 이야기이다.

사실 '이야기'

비대면 선거에서는 이야기를 전달하는 커뮤니케이션 방식을 업그레이드
시켜서 콘텐츠를 기획 제작하여야 한다. 사실Fact이나 정보Information를 단
순히 그대로, '사실'로 전달만하는 이야기 방식에서 벗어나야 한다. 사실이나

정보를 하나의 '이야기Story'로 만들어서 메시지를 담아 전달하는 이야기 방식, 즉 스토리텔링이 되도록 하여야 한다. 사실에 근거한 콘텐츠는 사실적이고 생생한 현실감을 가지고 있다. '사실'이 지니는 중요성은 그 어떤 것과도 바꿀 수 없다. 여기에 국민들이 쉽게 이해하고, 오래 기억하며, 깊은 정서적 공감을 하도록 텍스트 이미지 소리 음악 영상 등 갖가지 형식 등을 빌려서 '이야기'를 만들어야 한다. 그래야 국민들에게 주는 감동의 울림이 훨씬 더 크고 효과가 배가된다. 국민들에게 사실을 전달하되 효과적으로 알리기 위해 스토리를 만들어서 이야기하는 방식으로 전달하여야 한다.

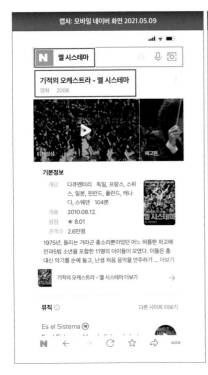

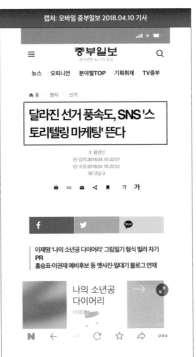

'사람' 이야기

사람 냄새가 나고 인간적인 향기가 풍기는 '사람' 이야기를 비대면 콘텐츠에 담으면 마음을 움직이는 감동적인 스토리를 만들 수 있다. 사람만이 사람의 마음을 움직일 수 있다. 사람 이야기를 선점하는 것이 비대면 선거에서 관심 이슈를 주도하는 주요한 분수령이 된다. 휴먼다큐멘터리 인간극장 인간시대 등의 스토리가 오랫동안 국민들로부터 사랑을 받고 있는 이유이다. 국민들의 이야기를 후보자의 콘텐츠에 담도록 기획 제작하여 그것을 스토리로 텔링하도록 한다.

일상 콘텐츠

국민의 삶과 밀접한 생활밀착형 정책이나 공약위주의 일상 콘텐츠가 비대면 콘텐츠의 주가 되어야 한다. 젊은 세대와 폭넓은 소통을 원하면 네이버 블로그에서 일상콘텐츠를 포스팅하기를 권장한다. 네이버가 정책적으로 일상콘텐츠라는 항목을 몇 년전에 새로 만들었다. 기업에서 활발하게 소통하는 인재가 대우를 받으면서 뉴미디어의 객관적인 이웃 구독자 팔로워 숫자가 하나의 스펙으로 인식되기 시작했다. 커피를 마시고, 간단히 운동을 하고, 분위기 좋은 카페를 방문하고, 주변 공원이나 산책로를 혼자서 걷기도 하고, 친구들과 어울려 가볍게 맥주도 마시고... 하나도 특별할 것이 없는 일상적인 생활을 콘텐츠로 만들어 매일 블로그에 포스팅하면서 블로그 이웃을 늘리고 방문자를 늘려가는 일상콘텐츠 운영자들 특히 대학생 운영자들이 상당히 많아졌다. 공감하기 쉽고, 읽어보는 사람이 많고, 소재가 끊이지 않게 이어지고, 잔잔한 감동을 오래 변함없이 주는 것이 일상콘텐츠의 장점이다.

자신만의 스토리텔링

기억에 남는 이야기와 메시지를 국민들에게 들려주기 위해 자신의 경험을 이야기 하는 것도 좋은 방안이다. 모호한 추상적 설명보다, 경험속의 현실감 있는 구체적 이야기를 하여야 한다. 플랫폼 AI알고리즘 추천도 항상 고려하여야 한다. 전달하고자 하는 스토리위주 영상만 찍어서 제작하고, 한 눈에 봐도 느껴지는 스토리위주 이미지만 만들고, 그 영상과 이미지를 보면 이야기하고자 하는 것이 귓가에 들리는 듯한 표현력이 응집된 자신만의 스토리를 텔링하는 방안을 만들어야 한다. 비대면 언택트이지만 현실감 있는 실제 그대로의 생생한 모습이 대면처럼 국민들의 가슴 깊은 곳까지 전달되도록 하여야 한다.

[나만의 창의적 융합]

〈창의적 통찰력〉〈온오프 일체화〉〈데이터 과학화〉 각 항목을 응용하여 스토리텔링이 남다르게 하는 나만의 실행방안은?

3장 관심과 확장력이 다른 콘텐츠 경쟁력 전략

068
비주얼

시간이 지날수록 세대들의 IQ 지수가 계속 높아진다.
과연 인류의 지능이 점점 더 똑똑해지는 것일까?
단어 사용관련 언어 능력은 점점 저하되고 있었다.
시각정보 처리능력이 상승하였다. '플린효과^{Flynn Effect}**'이다.**

인간의 뇌는 비주얼^{Visual}을 글자보다 6만배나 빨리 처리한다. 비주얼을 포함한 포스팅의 참여율은 그렇지 않은 경우보다 180%나 높다. 이미지를 포함한 기사의 조회수 또한 94%나 높다. 시각매체의 증가 특히 인터넷 TV 컴퓨터게임 발달로 인간의 시각정보 처리능력은 점진적으로 향상되고 있다. 비주얼을 다루는 능력이 향상된 것이다.

비주얼 스토리텔링

비대면 언택트에서 플린효과가 시사하는 바는 크다. 정치의 주체인 국민들은 시각적 정보 처리능력이 텍스트 정보 처리능력보다 뛰어나므로, 콘텐츠는 시각적인 비주얼 위주로 기획 제작되어야 한다는 것을 말해준다. 다양

한 시각적 표현방법을 사용하여 스토리를 전달하는 것이 비주얼 스토리텔링
이다. 시각성을 기반으로 한 스토리텔링으로 사진 그림 도표 지도 다이어그
램 픽토그램 타이포그래피 일러스트 만화 카드뉴스 인포그래픽 이미지 동영
상 등 시각적 미디어를 통해 스토리를 전개한다. 모바일과 뉴미디어 환경은
읽고 해독하는 방식보다는 보여주고 공감하는 방식이 더 중요한 비주얼 스
토리텔링 시대를 선도하고 있다. 비대면 선거에서는 특히 뉴미디어에서 보여
지는 작은 크기의 견본 미리보기 이미지인 섬네일Thumbnail을 이해하기 쉽고
관심을 끄는 것으로 만들도록 하여야 한다.

감성 시각화

스토리는 들려주는 것보다 보여주는 것이 더 영향력이 있다. 그러므로 스토리는 글자가 아닌 이미지에서 시작하는 것이 좋다. 이미지 위주 인스타그램의 경우 원본사진을 간편하게 보정하여 올리는 앱들이 많이 개발보급되고 또한 이를 사용하는 국민들이 많아져서 콘텐츠 퀄리티는 상당히 향상되어가고 있다. 정치권 콘텐츠는 이 흐름을 따라가지 못하고 있다. 콘텐츠에 대한 상당히 높은 국민들의 눈높이를 맞추기 위해서는 시대적 트렌드를 따라가는 것이 필요하다.

시각적 묘사 언어

이미지와 영상에서 감성 시각화가 필요한 만큼, 글을 읽으면서도 이미지가 머리에 그려지도록 시각적으로 묘사하는 언어를 사용하여야 한다. 콘텐츠를 기획 제작할 때 국민들의 시각적인 요소를 자극하여 경험 장면 사물을 떠올리게 하는 것이다. 여러 가지 이미지적인 형용사를 이용하여 시각적 언어표현으로 그려 주는 것은 국민들에게 사진을 보여주는 것과 같은 효과를 낼 수 있다. 시각을 자극하여 국민들이 장면을 이해하는데 가장 도움이 되도록, 글을 쓸 때에도 보여주고 싶은 것을 시각적으로 묘사하도록 한다.

자신만의 비주얼

비대면 언택트에서 비주얼 콘텐츠는 감성적인 시각 이미지와 기호를 사용하여 친근한 면을 앞세우는 이미지적 접근이다. 우선 시각적으로 국민들에게 믿음과 신뢰를 주는 자신만의 비주얼이 필요하다. 시작은 이미지와 상징을 부각하는 이미지적 접근일지라도 콘텐츠에 충분한 내용과 메시지를 담도록 기획 제작하여야 한다. 플랫폼 AI알고리즘 추천도 항상 고려하여야 한다. ICT기술의 발달로 비주얼 정보도 알고리즘으로 검색되고 추천된다. 최근에는 구글맵 T맵 카카오T와 같은 지도 프로그램의 대중화로 3차원적 지리정보 시스템GIS을 활용한 시각화가 주목을 받고 있다. 전국적으로 또는 지역적으로 정책이나 공약을 지리적 단위별로 지도 위에 나타내는 것 등으로 국민들에게 시각적 편의성을 제공하는 장점이 있다. 이모티콘 비주얼로 후보자의 이미지를 만들어 국민들에게 친근하게 다가가는 것도 좋은 시도이다. 또한 모바일에서 소리를 끄고 영상을 보는 것을 감안하여, 자막이나 소제목만으로도 메시지 전달이 가능하도록 세심하게 주의를 기울여야 한다.

[나만의 창의적 융합]

〈창의적 통찰력〉〈온오프 일체화〉〈데이터 과학화〉 각 항목을 응용하여 비주얼이 남다르게 하는 나만의 실행방안은?

069 관심

해결되지 않은 문제에 대해서 끊임없이 생각을 한다.
궁금증이 풀리지 않으면 계속 그 문제를 되돌아본다.
궁금증을 지속적으로 끌어서 관심을 유도한다.
'자이가르닉 효과Zeigarnik Effect'이다.

한 입 베어 문 사과형태의 애플 심벌마크가 온전한 사과형태보다 깊은 인상을 남긴다. 마치지 못한 일을 마음속에서 쉽게 지우지 못한다. 첫사랑을 쉽게 잊지 못한다. 드라마는 극적인 장면에서 끝나며 미완결을 머릿속에 주입해 다음회 시청률을 상승시키고자 한다. 관심과 주목을 받기 위해서는 '자이가르닉 효과'를 활용하여야 한다.

공통의 관심주제

국민들로부터 관심을 끄는 비대면 콘텐츠를 기획 제작하기 위해서는 우선 국민들이 관심을 가지고 있는 주제를 찾아야 한다. 국민은 관심있는 것만 보고 듣는다. 아는 만큼 보이는 것이 아니라, 보고자 한 것만 보고 듣고

자 한 것만 듣는다. 즉 주의를 기울인 부분만 보고 듣는것이다. 관심은 이제 하나의 권력이다. 관심을 받아야 선거에서 이긴다. 아무리 좋은 콘텐츠를 기획 제작하여도 국민들이 무관심하여 클릭조차하지 않는다면 의미가 없게 된다. 같은 관심을 가진 사람들이 만나면 이야기가 끝이 없고 활발한 소통이 이루어진다. 공통의 관심주제에 대한 콘텐츠는 동질감을 느끼고 공감대를 형성하게 함은 물론 뉴미디어에서 이웃이라는 새로운 인간 관계를 형성하는데 중요한 역할을 한다. 공통의 관심주제를 찾고나면 그 다음단계로 국민의 관심을 끌기위한 전략적인 이벤트와 연계되는 콘텐츠 기획 제작을 하도록 한다.

지속가능 콘텐츠

공통의 관심주제 또는 다양한 콘텐츠로 호기심을 자극하여 클릭하도록 유도하였지만 재방문을 이끌 수 있는 요소가 부족하면 다시 방문하지 않는다. 현실적인 이슈들을 Why의 가치를 중심으로 한 관점에서 바라보는 콘텐츠를 기획 제작하면, 메시지와 맥락과 키워드가 일관성 있게 국민들에게 전달되는 지속가능한 콘텐츠를 만들 수 있다. 또한 국민들의 관심주제와 성향과 기존 콘텐츠 반응을 지속적으로 파악하여 어떤 콘텐츠를 강화하여야 재방문을 유도하는지를 분석하도록 한다.

친숙한 익숙함

비대면 콘텐츠가 관심을 끌도록 하는 또 하나의 방법은 국민들과 비슷한 시각을 가진 콘텐츠를 기획 제작하는 것이다. 친숙한 익숙함 즉 유사성 Similarity으로 접근하여 비슷한 생각을 가진 국민들로부터 우선적으로 관심을 받는 것이다. 인간은 공통점이 있으면 좀 더 친절해지고 친밀한 마음이 들고 호감을 가지게 된다. 유사성과 공통점이 큰 작용을 한다. 유사성이 높을수록 대화의 화제가 풍부하고 편안함을 느끼고 친밀감이 더해진다. 유사성이 있는 타인에게서 지금까지 자신의 삶의 양식이 정당하다는 것을 확인하기도 한다. 자신과 비슷한 사람과의 만남을 통해 자신의 존재를 굳혀가기도 하는 것이다. 싸움을 이끌어가는 후보자의 긍정적 심리를 강화하기 위한 좋은 방안이다.

자신만의 관심끌기

비대면 선거에서는 다채롭고 다양하고 전략적인 자신만의 관심끌기 이벤트가 상당히 중요한 역할을 한다. 플랫폼 AI알고리즘 추천도 항상 고려하여야 한다. 가장 피하여야 할 상황은 국민들로부터의 무관심이다. 관심도를 높이는 이벤트를 순차적으로 기획하여 준비하고 있어야 한다. 어떠한 이벤트를 언제 만드느냐에 따라 국민들의 관심도가 달라진다. 선거는 축제이기에 볼거리 이벤트를 많이 만들어서 관심을 지속적으로 끌 수 있도록 한다. 언론도 기삿거리가 있으면 보도하기가 용이하다. 언론에 기사화되면 뉴미디어에서는 활용할 콘텐츠가 많아진다. 기사를 중심으로 생동감있는 현장영상과 현장사진을 활용하여 비대면 선거의 단점을 극복할 수 있다. 현장감 있는 비주얼을 보는 국민들은 후보자가 전달하는 메시지를 쉽게 인식할 수 있다. 전략적 이벤트를 통한 볼거리를 제공하는 것이 관심을 끄는 가장 좋은 방법이다.

[나만의 창의적 융합]

〈창의적 통찰력〉 〈온오프 일체화〉 〈데이터 과학화〉 각 항목을 응용하여 관심이 남다르게 하는 나만의 실행방안은?

070 　　　　비교와 대조

길거리에서 상표가 가려진 2개 컵의 콜라를 마셔보게 하였다.
어느 쪽이 더 맛있느냐고 묻고 하나를 선택하게 하였다.
가리고 있던 종이를 벗겨내고 선택한 상표를 보여주었다.
코카콜라와의 콜라전쟁 '펩시 챌린지^{Pepsi Challenge}'이었다.

코카콜라 브랜드라는 기존 관념을 벗어나자고 펩시가 도발하였던 '비교와
대조'전략 마케팅이었다. 콜라시장에 엄청난 파장을 일으켰다. 특히 '펩시 세
대'라는 용어를 내세우며 코카콜라를 구세대의 음료로, 펩시콜라를 젊은이
의 음료로 마케팅하였다. 펩시는 이 행사를 통해 브랜드의 영향력을 키우는
데 성공하였다.

일정기준 세우기
　　비대면 콘텐츠의 메시지를 국민들에게 잘 전달하는 방법 중의 하나는
두 가지 이상의 대상을 서로 비교하거나 대조하여 공통점과 차이점을 들어
서 설명하는 것이다. 비교하고 대조하려면 일정한 기준을 먼저 세워야 한다.

기준에 맞추어 두 대상의 공통점과 차이점을 찾아보면 대상의 특성을 더 잘 파악할 수 있다. 익숙하지 않은 문제의 해결책을 제시할 때도 잘 알고 있는 것과 비교하거나 대조해 보면 해결책에 대한 이해가 쉬워진다. 비교와 대조의 일정한 기준으로는 전before과 후after, 과거와 현재, 현재와 미래, 현실과 이상, 높은 것과 낮은 것, 긴 것과 짧은 것, 밝은 것과 어두운 것, 선과 악, 새로운 것과 오래된 것, 흑과 백, 남과 녀, 부자와 가난한 자 등이 있다. 이러한 기준을 사용하여 의미적으로 사실을 비교하고 대조시킴으로써 메시지를 인상적으로 뚜렷하게 드러내는 효과를 만들 수 있다.

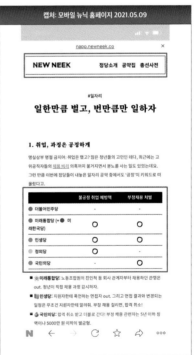

공통점 비교

비교Comparison는 범주가 같은 둘 이상의 대상을 견주어 공통점이나 비슷한 점을 찾는 것이다. '상이한' 대상의 공통점을 드러내어 설명하는 방법이다. 차이점을 반드시 밝힐 필요는 없이 비슷한 점을 중심으로 표현하도록 하며, 공통점은 경제적 생태적 환경적 사회적 관점이나 측면 등 일정한 기준을 세워서 비교하도록 한다. 비교는 세상을 다르게 보는 기초이자 출발점이다. 단편적인 설명이나 예시적인 나열보다는 비대면 콘텐츠의 퀄리티를 훨씬 더 높여준다.

차이점 대조

대조Contrast는 두 가지 이상의 대상을 견주어 차이점이나 다른 점을 찾는 것이다. '유사한' 대상의 차이점을 드러내어 설명하는 방법이다. 비슷한 점은 밝히지 않고 다른 점만을 부각시키는 방법으로 표현하도록 하며, 차이점은 일정한 기준을 세워서 대조하도록 한다. 주로 대비되는 기준을 세워서 차이점이 선명하게 드러나도록 한다. 인상적인 대비표현은 비대면 콘텐츠를 보는 국민들에게 뚜렷한 이미지를 남겨서 오랫동안 기억하게 할 수 있다.

자신만의 비교대조

비대면 콘텐츠에서 비교와 대조는 글뿐만 아니라 이미지와 영상으로도 더욱 더 강하게 표현할 수 있다. 특히 대비되는 색상이나 이미지는 한 눈에 강렬한 효과를 줄 수 있다. 비교와 대조를 통해서 공통점과 차이점을 찾았다면, 그 다음 단계는 그 결과를 바탕으로 후보자의 주장을 논리적으로 이끌어 가는 것이다. 근거나 이유가 되는 공통점과 차이점을 구체적으로 제시하였기에 후보자의 주장에 힘이 실린다. 이러한 자신만의 비교대조 단계를 거친 비대면 콘텐츠는 국민들에게 상식과 합리적인 논리를 갖춘 주장으로 인식되고, 나아가 후보자를 합리적인 정치인으로 각인하는 효과를 가져다 준다. 플랫폼 AI알고리즘 추천도 항상 고려하여야 한다. 뉴닉은 20대 총선 공약뽀개기에서 교육 안보 환경 정치 평등 민생경제 일자리 주거부동산 안전 등 9개 분야에 걸쳐 각 정당의 공약을 구체적으로 비교하고 대조하였다. 젊은 세대가 관심을 가질 만한 공약을 모아 정당별로 쉽고 재밌게 분석하여 비대면 콘텐츠로서 뛰어난 기획 제작능력을 보여주었다. 언론의 주목을 받았음은 물론 당시 15만 구독자들로부터 많은 찬사를 받았다.

[나만의 창의적 융합]

〈창의적 통찰력〉〈온오프 일체화〉〈데이터 과학화〉 각 항목을 응용하여 비교와 대조가 남다르게 하는 나만의 실행방안은?

3장 관심과 확장력이 다른 콘텐츠 경쟁력 전략

071 참신함

조 바이든 대통령 취임식 때 화제가 된 의외의 인물이 있다. 뉴미디어에서 폭발적인 반응을 얻어 10만개의 '짤'을 낳았다. 왕좌의 게임 화면과 뉴욕 공원과 지하철 등 배경을 합성하였다. 브랜드가 잘 정립돼 있었기 때문에 생긴 버니 샌더스^{Bernie Sanders} 상원의원의 '샌더스 밈' 열풍이었다.

우리나라에서도 대학교 홍보 포스터, 싸이와 춤추는 모습. 김장 봉사하는 모습 등의 배경을 합성하였다. '샌더스 밈'에서 특히 화제가 된 것은 그가 낀 손모아장갑이다. 그의 지지자가 친환경 털실로 직접 떠 선물한 것이었다. 참신한 아이디어와 발상으로 기획 제작되어 하나의 문화로 유행되고 있다. 스마트폰과 뉴미디어의 확산이 기여한, 비대면 플랫폼에서 다양한 모습으로 복제되고 만들어지는 짤방 혹은 패러디물들은 호기심과 재미를 준다.

놀이문화 '밈^{Meme}'

'밈'은 비대면 언택트에서 누가 더 재미있고 더 참신하게 재생산하였느냐에 가치를 두는 MZ세대의 문화이다. 누가 먼저 시작했느냐 하는 오리지널의 가치는 별로 중요하지 않다. 재미있는 말이나 행동을 사진이나 영상 등에 자신만의 표현 방식을 더하여 재가공하여 재생산하는 인터넷에서 유행하는 디지털 콘텐츠이다. 밈 자체가 하나의 놀이문화 요소이다. 심지어 CF광고에서도 밈이 등장하였다. 드라마 야인시대의 명대사 '사딸라(4달러)'와 영화 타짜 명대사 '묻고 더블로 가' 등이다. 국민들은 뛰어난 수준의 작품을 원하는 것이 아니다. 기발하고 신선한 콘텐츠를 원하는 것이다. 비대면 콘텐츠로 기존에 유행되었던 것을 다양한 형태의 개성적인 밈으로 기획 제작하도록 한다.

참여 콘텐츠

비대면 뉴미디어의 모든 콘텐츠를 후보자 혼자서 제작 생산하겠다고 하는 것은 별로 바람직하지 않다. 구독자들의 다양한 이야기와 사진과 영상에는 창의적인 참신한 아이디어들이 많이 있다. 후보자의 콘텐츠 기획 제작에 구독자들의 참여를 요청하도록 한다. 주제는 같이 관심을 가지는 것일수록 더욱 더 좋다. 콘텐츠를 같이 기획 제작하는 구독자들이 많아지면 많아 질수록, 참여가 만들어내는 콘텐츠의 공유 확산이 자발적으로 이루어지고 국민들에게 노출이 더 잘된다.

톡톡튀는 개성

비대면 콘텐츠에서 톡톡튀는 개성은 국민들의 관심을 끄는 차별화된 요소이다. 국민들은 새롭고 참신한 것에 끌린다. 진부하고 올드한 것이 아니라, 새로운 의미를 부여할 수 있는 참신한 것을 찾는다. 진부한 것에는 싫증을 낸다. 신선하고 톡톡튀는 문구 색상 비주얼 패션 등은 새롭고 산뜻한 느낌을 준다. 창의적이고 참신하고 톡톡튀는 개성이 있는 콘텐츠가 더 많이 기획 제작되도록 참신한 기획력과 열정적인 노력을 갖추어야 한다.

자신만의 참신함

후보자의 이미지에 긍정적으로 기여하고 새로운 문화 콘텐츠로 자리잡을 수 있는 자신만의 참신함으로 비대면 콘텐츠를 기획 제작하도록 한다. 플랫폼 AI알고리즘 추천도 항상 고려하여야 한다. 국민들이 특히 관심을 갖는 분야인 야구나 축구 등 스포츠도 좋은 주제이며, 익숙한 친근감이 있는 주제가 더 좋다. 문화예술 콘텐츠로는 고흐 모네 등 저작권 없는 미술품을 활용한 밈 즐기기도 좋은 방안이다. 지지자들이 그룹으로 일정 시간에 인터넷에서 플래쉬몹Flashmob 영상으로 특정행동을 하고 순식간에 사라지는 것도 시도할 만하다. '짧아서 확실히 행복'한 틱톡은 15~60초 숏폼 영상을 주로 포스팅하는데 처음 10초가 영상의 관심끌기를 좌우한다. 태영호 의원은 최근 랩, 막춤, 먹방 라이브 등 즐겁고 유쾌하게 사람들의 주목을 끄는 방법으로 인터넷에 접근성이 높은 청년층과 소통하는 콘텐츠를 만들었다. 20대 여성 비서가 자신의 초안을 '이대녀 표심을 왜 얻지 못했는지'로 바꾸자고 한 것을 잘 경청하여 국민들로부터 좋은 반응을 얻었다. 자신만의 참신함으로 국민과 소통하고자 하는 다양한 시도들이 계속 이어지기를 기대한다.

[나만의 창의적 융합]

〈창의적 통찰력〉 〈온오프 일체화〉 〈데이터 과학화〉 각 항목을 응용하여 참신함이 남다르게 하는 나만의 실행방안은?

3장 관심과 확장력이 다른 콘텐츠 경쟁력 전략

072 유연함

**사막에 불시착한 조종사는 양을 그려달라는 부탁을 받는다.
양의 이미지를 그려주며 몇 번 건네주지만 만족하지 않는다.
상자그림을 그려주며 네가 원하는 양은 이 안에 있다고 말한다.
비로소 어린 왕자의 얼굴이 환하게 밝아지며 상자그림에 매우
만족한다.**

생텍쥐페리Saint Exupery의 '어린 왕자Le Petit Prince' 동화 중의 양이 든 상자 이
야기이다. 그 상자에서 어린 왕자는 자신이 원하는 양의 모습을 마음껏 상
상해 볼 수 있었다. 중요한 것은 눈에 보이지 않는다. 유연한 사고로 콘텐츠
를 기획 제작하여야 중요한 것을 볼 수 있고 또한 중요한 것을 만들 수 있다.

유연한 사고

비대면 콘텐츠에서 국민들에게 가장 강력한 영향력을 미칠 수 있는 것은
유연한 사고가 느껴지는 콘텐츠이다. 부드러움이 강함을 이긴다. 콘텐츠에
특유의 유연함으로 융통성이 있는 부드러움을 담아야 한다. 콘텐츠에 너그
러우면서도 위엄을 잃지 않고 국민들에게 호감을 주는 자상함을 담아야 한

다. 콘텐츠에 독선적이지 않고 권위적이지 않은 열려진 사고를 담아야 한다. 콘텐츠에 동화처럼 단순해 보이는 이야기 속에 삶을 돌아보는 깊은 성찰을 담아야 한다. 콘텐츠에 진솔한 문체로 꾸밈없는 순수함이 보여지도록 하여야 한다. 아쉽게도 비대면 선거에서 이러한 유연한 사고를 담은 콘텐츠를 찾아보기가 쉽지 않다. 시대적 변화에 따른 새로운 생각과 친해지려고 노력하고, 새로운 것을 받아들이려고 애쓰는 유연한 자세로 콘텐츠를 기획 제작하여야 한다. 고정관념을 버리고 새로운 패러다임을 향해 마음을 열어야 한다.

탈 꼰대라떼

젊은 세대의 사이다인 펭수의 '잔소리는 거절'이라는 말에 2030은 환호한다. '꼰대인턴'이라는 드라마도 제작되었고 OST로 '꼰대라떼'라는 노래도 나왔다. '제발 그만그만 그만해 오늘도 반복되는 꼰대라떼~~' 기성세대의 규칙을 강요하거나 가르치려고 하는 의미로 처음 쓰였지만, 젊은세대나 자유주의적 생활양식에 간섭하려고 하는 의미로 확장되었다. 콘텐츠에 설명하려고 하거나 자신의 과거만을 말하면 꼰대로, 신뢰할 수 있는 조언을 하고 미래를 말하면 멘토가 된다.

다양성 인정

비대면 콘텐츠에 성별 나이 종교 인종 등 개인적 특성의 차이인 다양성을 인정하고, 다문화 사회로 접어든 우리 사회의 문화 다양성 증진을 위한 내용을 담도록 한다. 하나의 이슈에 대하여 다양한 시각에서 접근하고 다양한 의견과 입장을 반영하는 콘텐츠 기획과 제작이 되도록 한다. 특히 사회적 이슈가 되어있고 지속적인 관심이 필요한, 양성평등의 시각에서 성별 차이로 인한 차별과 불균형을 다루는 '성인지 감수성'에 관한 콘텐츠를 연속적으로 기획 제작하여 후보자의 유연한 사고를 국민들에게 보여주는 것은 시의적절한 좋은 시도가 될 것이다.

자신만의 유연함

비대면 언택트에서 후보자는 특정 이슈에 대해 자신과 반대되는 입장을 불편하게 여길 것이 아니라, 사회의 다양성을 발전시키는 긍정적인 견해로 오히려 감사하는 마음을 표할 수 있는 자신만의 유연함을 가지고 있어야 한다. 플랫폼 AI알고리즘 추천도 항상 고려하여야 한다. 자신과 견해가 비슷한 사람들과만 비대면에서 의견을 나누게 되면 점점 더 다른 의견에 귀를 기울일 여유와 유연성을 상실한게 된다. 다른 목소리에 귀를 기울이고 이해할 수 있는 균형감각을 잃지 말아야 한다. 카리스마를 지닌 유능한 인재가 대우를 받던 시대는 이제 지나갔다. 같이 대화하고 같이 협력하는 유연함을 갖춘 인재가 인정을 받는 시대이다. 어린 왕자가 전 세계 독자들로부터 꾸준히 사랑을 받는 이유는 시대가 변해도 어린 왕자가 전하는 메시지와 감동이 여전하기 때문이다. 어른들은 모두 한때는 어린아이였다. 아이에서 어른이 되는 과정에 '숫자'를 얻었지만 잃은 것은 너무나 많았다. 비대면 콘텐츠에 어린 왕자가 어른들에게 들려주는 유연함을 담도록 기획 제작하도록 한다.

[나만의 창의적 융합]

〈창의적 통찰력〉〈온오프 일체화〉〈데이터 과학화〉 각 항목을 응용하여 유연함이 남다르게 하는 나만의 실행방안은?

3장 관심과 확장력이 다른 콘텐츠 경쟁력 전략

073

어필

'인간은 파멸할 수는 있어도 패배하지는 않는다.'
위험과 모험에 대한 불굴의 정신을 묘사한 이야기이다.
수많은 좌절과 실패를 극복할 수 있는 용기를 얻는다.
헤밍웨이의 '노인과 바다The Old Man and the Sea'이다.

어니스트 헤밍웨이Ernest Hemingway 특유의 간결하고 힘찬 문체가 잘 드러난다. 인간이 가져야 할 용기와 믿음에 대한 이야기이다. 늙은 어부인 노인을 통해 험난한 바다에서도 좌절하지 않는 불굴의 인간정신을 보여준다. 인간의 삶과 자연에 대한 근본적인 질문을 하게한다. 1954년 노벨문학상 수상작이다.

끌리는 표현

비대면 언택트에서 흥미를 불러일으키거나 마음을 끄는 어필Appeal은 매우 중요한 요소이다. 끌리는 표현은 상대방의 마음을 헤아려서 자신의 생각과 감정을 전하는 것이기에 단순한 기술이 아니라 상대방에 대한 배려의 마

음에서 출발하는 것이다. 마음을 흔들고 시선을 사로잡고 클릭을 유발하는
글쓰기 비법을 담은 '끌리는 단어 혹하는 문장' 책을 추천한다. '스피드 눈썹
메이크업'은 '1초 눈썹 메이크업'으로, '촉촉한 수분크림'은 '13시간 촉촉한 수
분크림'과 같은 끌리는 표현으로 바꾸면 제품의 장점이 바로 이해되고 곧장
호기심이 생긴다고 알려준다. 끌리는 표현은 자신감을 키워 진실하게 자기
를 표현할 수 있게 해주며 상대방에게 좋은 인상을 남긴다. 상대방에 대한
배려와 인정이 묻어나는 기분 좋은 아우라가 있는 끌리는 표현을 비대면 콘
텐츠 기획과 제작에 많이 담도록 하여야 한다.

　　　　　　　　3장 관심과 확장력이 다른 콘텐츠 경쟁력 전략

검색 잘 되는 키워드

비대면 콘텐츠는 인터넷 플랫폼에서 검색이 잘 되는 키워드 특히 장소와 관련되는 부분을 고려하여 콘텐츠를 기획 제작하여야 한다. 국민들이 다른 키워드를 검색하였는데 후보자 이름이 우연히 그곳에 보여지는 경우가 가장 확장 가능성이 높다. 비대면 매커니즘을 활용하여 연관검색어로 노출하는 것이다. 영화나 방송에 소개된 곳이나 네티즌들이 자주 검색 방문하여 검색이 잘 되는 키워드 장소를 선택하여 이벤트를 기획 제작하여야 효과가 빨리 나타나고 그 효과가 오래간다.

미닝아웃Meaning Out

환경이나 사회적 가치를 고려하여 제품이 아닌 가치와 신념을 구매하는, 가치관에 따라 브랜드를 선택하고 소비하는 '미닝아웃'이 각광을 받고 있다. 뉴미디어에서 해시태그 기능을 사용하여 관심사를 공유하고 사회적 관심을 이끌어 낸다. 코로나 19의 세계적 유행으로 세계 경제가 모두 직격탄을 맞았지만, 나이키Nike는 예외였다. 흑인인권 시위운동BLM 'Black Lives Matter(흑인의 목숨도 소중하다)'에 적극적으로 동참하고, 브랜드 구호를 'For Once, Don't Do It(이번 한 번은 하지 마)'으로 바꾸면서까지 적극적으로 지지한 결과이었다. 정치적이고 사회적인 신념을 표현하는데에 침묵하지 않았기에 소비자들이 움직인 것이다.

자신만의 어필

비대면 언택트에서는 한번 인상이 굳어져 버리면 다른 새로운 사실을 발견해도 그 고정관념을 잘 바꾸기가 쉽지 않기에 자신만의 어필로 좋은 인상을 먼저 심어주는 것이 아주 중요하다. 플랫폼 AI알고리즘 추천도 항상 고려하여야 한다. 따뜻하면서 조심성이 있으면 사려깊고 신중한 사람으로 어필된다. 그러나 차가우면서 조심성이 있으면 냉혹하고 계산에 밝은 사람으로 어필된다. 시작은 자그마한 차이이지만 전체적으로는 엄청나게 다른 이미지로 국민들에게 비쳐지기에 따뜻한 이미지를 가장 앞세우는 방향으로 가는 것이 좋다. 배우 윤여정의 별명은 '새비지 그랜마Savage Grandma'로 즉 '팩폭 쩌는 할머니' '거침없이 솔직한 할머니'이다. 솔직하지만 주장하거나 강요하지 않는 진심이 느껴지기에, 유쾌한 돌직구로 할 말을 다 하는 자신만의 표현이 MZ세대에 어필이 된 것이었다.

[나만의 창의적 융합]

〈창의적 통찰력〉〈온오프 일체화〉〈데이터 과학화〉 각 항목을 응용하여 어필이 남다르게 하는 나만의 실행방안은?

3장 관심과 확장력이 다른 콘텐츠 경쟁력 전략

074   제작능력

누명을 쓴 형을 구하기 위해 일부러 범죄자가 되어 감옥에 간다.
탈옥계획을 세우고 자신의 몸에 '감옥 설계도' 문신을 새긴다.
국내에서 미드 매니아 열풍을 불러온 최초의 작품이다.
'프리즌 브레이크Prison Break'에서 문신은 석호필의 분신이다.

스코필드(한국애칭 석호필)의 문신은 줄거리 전개상 중요한 요소이며 작품
의 성공요인이자 팬들이 좋아하는 아이템이었다. 감옥 설계도를 자신의 몸
에 문신으로 새기는 발상이 기발하다. 감옥 탈출을 위해 쓰여진 여러 도구
중 자체적으로 해결 가능한 최상의 도구였다.

자체 제작능력

비대면 콘텐츠에서 가장 중요한 것은 자체 콘텐츠 제작능력과 제작시스
템을 갖추는 것이다. 비대면 선거의 비중이 높아지고 있는 상황에서 콘텐츠
제작을 외주 아웃소싱제작에 의존한다는 것은, 전쟁에서 싸움을 외인부대
에 의존하는 것과 다름이 없다. 자체적인 역량을 강화하여야 한다. 콘텐츠

퀄리티를 위해서는 기획과 동영상 촬영편집과 이미지 편집을 각각 담당하는 전문인력이 필요하다. 정치권에서는 직급이 낮은 인턴이나 비서들이 주로 이러한 업무를 담당하고 있는 경우를 많이 본다. 국민들의 콘텐츠 니즈 수준에 맞추어 점차로 비대면 뉴미디어가 전문화 되어가고 있는 추세에 비추어 볼 때 바람직한 현상은 아니다. 어린이들의 장래희망 1위가 '콘텐츠 크리에이터'라는 조사발표가 있었다. 비대면 뉴미디어 분야의 전문인력으로서 합당하게 대우하는 것이 필요하다. 이미지 편집과 영상 촬영편집을 위해서는 적절한 수준의 장비와 전문 컴퓨터 구입을 위한 투자가 또한 있어야 한다.

미디어 기능강화

비대면 뉴미디어의 미디어 소통 기능을 강화하여 메시지와 스토리를 갖춘 콘텐츠 생산과 국민 직접 소통창구로 만들어야 한다. 특히 뉴미디어 중 실시간으로 영상 소통이 가능한 유튜브는 언론으로서의 미디어 기능을 상당히 많이 갖춘 수준에 이르렀다. 일부 정치성향 유튜브의 경우는 중소규모 언론사보다 더 큰 영향력을 발휘하는 채널로 성장한 경우도 있다. 단순히 언론 보완기능이라는 아날로그적 접근을 넘어서 독자적 미디어인 디지털 소통채널로 제작능력을 강화하여야 한다.

간편제작 콘텐츠

모든 비대면 콘텐츠들이 전문적인 능력을 갖춘 인력들에 의해 제작되어야 하는 것은 아니다. 최근 일정한 툴이 이미 만들어져 있어서 휴대폰에서 찍은 사진이나 영상을 매뉴얼에 따라 선택하여 넣으면 상당한 퀄리티를 갖춘 영상과 카드뉴스가 만들어지는 간편한 시스템이나 앱들이 많이 보급화되어 있다. '타일Tyle'은 카드뉴스와 동영상 동시 제작툴로 메시지만 적으면 카드뉴스와 동영상이 자동으로 만들어진다. '키네마스터KineMaster'는 모바일에서 동영상을 간편하게 편집하는 앱이다. 이러한 간편 제작 시스템을 활용하는 것도 좋은 방안이다.

자신만의 제작능력

국민과 소통하는 접점을 넓히고 디지털 영역을 특화하는 기능을 더욱 강화하려면 비대면 언택트에서 특히 메타버스, 숏폼영상, 드론촬영영상 등을 활용할 수 있는 자신만의 제작능력을 갖추어야 한다. 플랫폼 AI알고리즘 추천도 항상 고려하여야 한다. 콘텐츠를 기획하고, 메시지를 개발하고, 동영상을 촬영 편집하고, 카드뉴스와 인포그래픽을 편집 제작하고, 뉴미디어를 체계적으로 운영하고, 콘텐츠 성과도 분석하고 이러한 모든 분야에 걸쳐서 시스템을 체계화하고 업그레이드 시켜가야 한다. 변화하는 뉴미디어 생태계에서 콘텐츠 경쟁력을 가지는 최선의 방안은 자체 제작능력을 강화하는 것이다. 외국 언론들이 방탄소년단과 다른 K-pop 그룹들과의 차이점이자 성공요인 중의 하나로 드는 것은, 기획사에 의해 만들어진 그룹이라기 보다는, 자신들이 음악을 자체제작하고 만들어가는 아티스트라는 인식을 팬들에게 각인시킨 것이 주요한 요인이라고 분석한다. 이처럼 콘텐츠 자체 제작능력 강화는 곧 콘텐츠 경쟁력 강화로 이어진다.

[나만의 창의적 융합]

〈창의적 통찰력〉 〈온오프 일체화〉 〈데이터 과학화〉 각 항목을 응용하여 제작능력이 남다르게 하는 나만의 실행방안은?

3장 관심과 확장력이 다른 콘텐츠 경쟁력 전략

075   브랜드

찬란한 황금빛의 화려한 예술 세계를 탄생시켰다.
관능적인 여성 이미지와 금빛의 화려한 색채가 펼쳐진다.
몽환적인 작품과 황금빛 관능으로 세상을 주물렀다.
황금빛의 화가 구스타프 클림트^{Gustav Klimt}이다.

클림트 특유의 황금빛 작품을 보며 관객들은 힐링한다. 그림 전체를 지배하는 몽환과 관능, 화려하고 역동적이며 에로틱한 요소와 강렬한 상징주의가 끊임없이 보여진다. 파격과 전위의 화가 클림트는 새 시대의 새로운 예술을 추구했었다. 황금색은 클림트의 브랜드이다.

브랜드 가치향상

비대면 콘텐츠는 후보자가 자신의 브랜드로 국민들과 소통하고 대화하는 광장이자 만남의 장소이다. 콘텐츠는 후보자의 브랜드 컨셉에 맞으면서 브랜드 가치를 전달하고 높이는 것이어야 한다. 자신만의 가치와 철학이 담긴 브랜드 컨셉을 정립하여 '자기다움'의 브랜드 가치를 국민들에게 차별화시켜서 인식되도록 하여야 한다. 예를 들어 브랜드 가치가 '비대면 선거를 승리로 이끄는 절대반지'라고 한다면, 콘텐츠는 선거에서 승리할 수 있도록 하기 위해서는 우선적으로 이러이러한 요소들을 고려하고 또한 이들을 구체적으로 이러이러하게 활용하는 것이 바람직하다는 방안 등을 포스팅하는 것으로 기획 제작되어야 한다. 시각적으로 눈을 끄고 퀄리티가 높은 이미지나 영상 콘텐츠의 궁극적인 목표는 메시지를 잘 전달하는 것이다. 국민들의 마음을 움직이는 구성과 강렬한 인상을 남기는 연출로 의도하는 메시지가 정확하게 전달이 되어서 브랜드 가치를 높이는 콘텐츠가 되어야 한다.

콘텐츠 브랜딩Branding

브랜딩은 브랜드 이미지, 브랜드 정체성, 브랜드 인지도, 브랜드 충성도 등의 단계를 거치면서 브랜드 가치를 인지하게 하여 브랜드의 신뢰감과 충성도를 유지하게 만드는 것이다. 궁극적으로는 후보자의 콘텐츠를 1차적으로 소비하고 나아가 2차적으로 재생산하는 충성도 높은 지지층을 형성하고 확대시켜 가는 활동이다. 콘텐츠 브랜딩을 통해 국민들은 후보자와의 일체감을 느낄수 있기에, 브랜딩에 반드시 자신만의 가치를 담아 후보자의 가치를 국민들과 공유하도록 하여야 한다.

뉴미디어 메인전략

비대면 뉴미디어는 후보자의 브랜드 가치를 향상하는 가장 핵심적인 미디어로, 보조전략이 아닌 메인전략이 되어야 한다. 단순히 브랜드 가치를 전달하는 미디어나 채널 중 하나가 되어서는 안된다. 뉴미디어 자체 제작능력과 미디어 기능을 강화하고 국민들과의 소통능력을 향상시켜 각각의 뉴미디어가 브랜드 가치를 향상하는 중심 미디어로 자리매김하여야 한다. 마케팅 분야에서는 이러한 인식이 상당히 공유되어있지만, 비대면 정치와 선거에서는 아직 그 중요성 인식이 부족하다. 각각 뉴미디어별로 특성에 맞는 최적화된 콘텐츠를 기획 제작하여 후보자의 브랜드 강화를 위한 전략을 수립하여 실행하도록 한다.

자신만의 브랜드

국민들은 후보자의 비대면 콘텐츠를 통해 긍정적인 경험들을 공유하고, 브랜드의 가치와 이미지를 부여하며, 감정적으로 신뢰감이나 편안함을 느낀다. 후보자는 자신만이 가지고 있는 브랜드 가치를 국민들에게 잘 전달하고 그 가치를 향상시켜 나가야한다. 플랫폼 AI알고리즘 추천도 항상 고려하여야 한다. 지난 4.7재보궐 부산시장 선거에서 박형준 후보자는 유튜브 방송 '차중진담'을 기획 제작하였다. 다양한 방송 경험을 가진 강점을 뉴미디어인 유튜브에서도 계속 살리고, 논객 이미지가 강한 기존 컨셉을 계속 유지하는 전략이었다. 전국적 주요 이슈에 대해 후보자의 생각을 즉각 전달하였기에 국민들은 후보자의 가치와 철학을 빠르게 같이 공유할 수 있었다. 특히 이동할 때 탑승한 차량에서 촬영이 진행되어 배경화면이 다양하고 변화되는 느낌을 준 것은 신선한 경험이었다. 콘텐츠는 또한 시간이 흘러도 메시지의 일관성을 유지하여야 하며 정기적으로 지속적으로 업데이트 되어야 한다.

[나만의 창의적 융합]

〈창의적 통찰력〉〈온오프 일체화〉〈데이터 과학화〉 각 항목을 응용하여 브랜드가 남다르게 하는 나만의 실행방안은?

PART 04

예측과 정확성이 다른
데이터 과학화 전략

076 패러다임

노란색 코닥^{Kodak} 필름은 100여년 동안 세계 시장을
지배하였지만 2012년 파산보호를 신청하였다.
패러다임^{Paradigm}이 변화한 것을 제때에 간파하지 못하였기에
추억의 사진으로 간직된채 사람들의 기억에서 희미해졌다.

세계 최초로 1975년 디지털Digital 카메라를 개발하고 관련 기술특허도 제
일 많이 갖고 있었던 회사는 코닥이었다. 향후 디지털 카메라가 아날로그
Analogue 필름 시장 전체를 바꿔놓을 것이라는 것을 코닥은 잘 알고 있었고
또한 준비도 되어있었다. 그러나 기존 필름사업이 계속 수익을 창출하고 있었
기에 필름 시장의 붕괴를 우려해 디지털 카메라의 상용화를 늦추었다. 대중
성을 예측한 일본 기업들이 보급형 디지털 카메라를 출시하면서 코닥은 디지
털이라는 새로운 시대의 변화에 제때에 적응하지 못하고 위기를 자초하였다.

선거는 과학

경험으로 선거하는 시대는 지나갔다. 선거는 과학이다. 선거는 데이터로

이야기하는 과학이다. 오래된 정치문법을 벗어던지고 새로운 정치문법으로 새롭게 써야 승리의 길로 나아갈 수 있다. 지난 4.15총선 당시 민주당은 이동통신기록에 기반한 빅데이터 시스템으로 후보자들에게 유동인구, 세대별, 지역별 특성까지 나온 데이터를 활용해 과학적 선거운동을 지원했다. 골목유세를 비롯한 유세차량 동선과 현수막 부착위치, 시간대별 아침·저녁인사 장소 등 일정에 데이터를 활용하였다. 데이터를 공약에 접목하여 맞춤 공약을 만들기도 하였다. 국민과 효율적 접촉을 위해 데이터가 선거운동에 본격적으로 활용된 것이다. 선거운동의 패러다임이 바뀐 것이다.

4장 예측과 정확성이 다른 데이터 과학화 전략

패러다임 변화

패러다임이 바뀐다는 것은 성공의 요인이 바뀌는 것이다. 같은 일을 하면서도 성공하는 법칙이 바뀐다는 의미이다. 게임 자체를 바꾸는 것은 아니지만, 패러다임 변화로 승자와 패자가 바뀌는 것이다. 전혀 자신의 실력이 줄어든 것이 아님에도 불구하고 패러다임 변화로 성공의 요인이 사라지는 것이다. 낡은 법칙 즉 경험으로 선거하는 오래된 패러다임에 계속 갇혀 있으면 성공의 기회는 당연히 줄어든다. 승리하고 싶다면 패러다임을 바꾸어야 한다.

새로운 게임법칙

2012년 미국 대선 당시 버락 오바마 대통령은 최신 기술과 과학기법으로 비대면 인터넷 공간의 살아 있는 민심을 데이터로 철저히 분석해 재선에 성공하였다. 통계, 수학, 데이터분석, 예측모델, 소프트웨어 전문가 등으로 빅데이터팀을 운영하여 뉴미디어를 통해 표현된 국민들의 의견을 보다 정교하고 입체적으로 분석하여 이를 선거에 활용하였다. 데이터 선거라는 새로운 게임이 시작되었으며, 변화된 패러다임의 새로운 게임법칙이 만들어진 것이다.

데이터로 결정

모든 것은 데이터를 기반으로 한다는 근본인식을 정립하여, 비대면 언택트의 기본적인 패러다임을 우선 '데이터 선거'로 바꾸어야 한다. 데이터로 토론하고, 데이터로 협의하고, 데이터로 결정하는 인식부터 가져야 한다. 디지털 카메라 기술과 특허를 모두 갖춘 코닥이 디지털 카메라 시장에서 완벽하게 실패한 교훈을 곰곰이 새겨야 한다. 그 다음 현재 실현가능한 방안을 찾아서 단계적으로 만들어간다. 처음부터 데이터 전문가들과 첨단 프로그램을 투입하여 준비할 필요는 없다. 어디서 어떠한 데이터들을 수집 확보 가능한지 데이터 현황을 파악한다. 곳곳에 흩어져 있는 데이터 수집경로를 통합하여 일관된 관점에서 분석하는 시스템을 갖추어 나가도록 한다. 분석한 데이터에서 인사이트를 추출하여 자신에게 맞는 기준을 세우고 검증하도록 한다. 적합한 해법을 찾아서 샘플로 검증을 반복하면서 조금씩 인사이트를 정립시켜 나가야 한다. 조금만 노력하면 데이터는 누구나 가질 수 있다. 그러나 그 데이터에서 필요한 인사이트를 추출하여 비대면 선거에 적용하는 것은 자신의 몫이다.

[나만의 창의적 융합]

〈창의적 통찰력〉〈온오프 일체화〉〈콘텐츠 경쟁력〉 각 항목을 응용하여 패러다임이 남다르게 하는 나만의 실행방안은?

4장 예측과 정확성이 다른 데이터 과학화 전략

077

ICT융합

독일 정치철학자 한나 아렌트^{Hannah Arendt}는 악의가 없어도 누구나 악인이 되는 '악의 평범성^{Banality of Evil}'을 얘기하였다. 유대인 학살을 지휘했던 아돌프 아이히만의 재판을 지켜보면서 악의 본질은 '사유의 무능력'으로 의도하지 않고 수동적으로 저지르는 것이라고 했다.

악명높은 유대인 학살 책임자는 광기를 가진 악당이 아니라, 그저 평범한 인간이었으며 스스로 생각하기를 포기하고 명령에만 따랐었다. 악은 의도적으로 능동적으로 저지르는 행동이라고 보통 생각하지만, 한나 아렌트는 오히려 누구나 무비판적으로 받아들일 때 악을 저지를 수 있다고 하였다. 누구나 다 하는 일이고 나 하나만 하지않는다고 무엇이 달라질 것인가라고 스스로 생각하고 행동하기를 그만둔다면, 우리는 언제든지 악을 저지를 수 있는 것이다.

원칙의 가치

선거는 국민 모두가 흥겨워하는 민주주의 축제의 장이다. 원칙의 가치를 지켜야 자신의 주장을 당당하게 말하고 어떠한 어려움에도 굴하지 않고 끝까지 밀고 나갈 수 있다. 공정한 룰과 공정한 과정으로 이루어지는 공정한 게임, 치열하게 싸우지만 공정한 결과에 대한 공정한 승복이 민주주의를 발전시키는 기본적인 원동력이다. 비대면 뉴미디어 선거운동은 정치적 표현의 자유와 선거의 공정성이라는 목적이 동시에 존재한다. 따라서 <u>모든 활동은 공직선거법의 적용을 받는 정치활동이 된다는 것을 항상 잊지 말아야 한다.</u> 스스로 생각하고 행동하기를 멈추면 언제든지 선거법 위반이 될 수 있다. 잘하는 것이 중요한 것이 아니다. 잘못하지 않는 것이 더욱 중요하다.

　　　　　　　　　　4장 예측과 정확성이 다른 데이터 과학화 전략

디지털기술 발달

ICT기술의 발달로 탈법과 불법의 흔적을 찾고 행위자를 특정하는 것은 어렵지 않다. 최근 허위사실 유포와 악의적 비방, 가짜뉴스와 여론 왜곡조작 도구로 비대면 뉴미디어가 종종 이용되고 있다. 수많은 사람들이 이용하기에 금방 찾아내기가 쉽지 않고 익명성 속에 숨어서 안전하다고 생각하기 쉽다. 이는 아주 잘못된 인식이다. 과학의 발달로 마음만 먹으면 찾는 것이 어렵지 않고 게다가 그 흔적은 아주 오랫동안 곳곳에 남아있다.

상업마케팅 유혹

편법을 넘어 탈법과 불법이 난무하는 상업 마케팅 현실은 정상적인 노력으로 정상적인 결과물을 만들어내는 제대로 된 전문가가 설 자리를 좁히고 있다. 선거철만 되면 상업 마케팅에서 활동하는 인력들이 비대면 선거에 뛰어드는 경우를 흔히 주위에서 본다. 공직선거법에서 허용되는 것인지 허용되지 않는 것인지도 잘 모른체 함부로 행동하는 경우도 적지않게 경험한다. 용감한 것과 무모한 것을 구분하지 못하는 어리석음이다. 책임은 후보자의 몫이다. 사소한 실수와 잘못이 엄청난 결과를 낳을 수도 있다.

정치문화 발전

ICT기술 발전과 융합은 정치선거문화 발전을 위해서만 사용되어야 한다. 만약 일탈한 정치인의 무분별한 정치적 야욕으로 공정한 절차와 공정한 가치가 훼손된다면 수많은 희생을 치르고 어렵게 얻은 한국의 자유민주주의는 뒤로 퇴보할 것이며 국민들의 분노에 직면할 것이다. 드루킹 여론조작사건은 우리 정치문화의 한 단면이다. 긍정적 가치로 국민의 미래를 희망차게 만들어 나갈 때 국민은 후보자에게 지지를 보내고 격려하고 응원한다. 정치주체인 국민의 의지와 여론을 왜곡하는 행위는 근절되어야 한다. 국민에게 신뢰받는 올바른 가치와 철학을 지닌 정치인들이 성공하는 풍토와 여건이 조성되어야 한다. 모바일의 전원이 꺼지지않는 한 비대면 언택트의 세상은 24시간 잠들지 않는다. 공직선거에 나서는 후보자는 최소한 비대면 언택트 정치문화를 거꾸로 뒤로 돌리지는 말아야 할 것이다. 한나 아렌트의 '악의 평범성'을 다시 한번 상기하면서, 스스로 생각하고 행동하기를 멈추지 말아야 한다.

[나만의 창의적 융합]

〈창의적 통찰력〉〈온오프 일체화〉〈콘텐츠 경쟁력〉 각 항목을 응용하여 ICT융합이 남다르게 하는 나만의 실행방안은?

078 인프라

'머니볼Moneyball'은 불공정한 게임을 승리로 이끄는 기술이다. 미국 메이저리그 만년 최하위팀 오클랜드 애슬레틱스는 데이터와 분석자료로 출루율이 좋은 선수를 적극 영입하였다. '저비용 고효율' 야구로 미국 프로야구 게임의 역사를 바꾸었다.

출루하면 게임에서 이기고 출루하지 못하면 게임에서 진다. 영화 '머니볼 Moneyball'은 출루율이 높은 타자가 득점 확률이 높다고 판단하여 통계와 분석 체계를 이용해 출루율과 승리 위주로 구단을 운영하는 이야기이다. 경기 데이터 분석자료만을 바탕으로 선수들의 재능을 평가하는 방식으로 미국 프로야구 140년 역사상 유일한 기록인 20연승의 대기록도 달성하였다. 데이터 과학화는 선거라는 게임의 승리를 위한 머니볼이다.

데이터 기반구조

데이터 인프라 구조가 달라야 선거를 이길 수 있다. 데이터 기반으로 선거를 하는 '저비용 고효율'의 기본적인 인프라 구조를 만들어야 한다. 선거에 활용가능한 데이터 위주로 후보자를 포함한 주요 구성원들이 데이터로 객관적인 판단을 할 수 있는 시스템을 만들어 가야 한다. 기본적인 객관적 데이터로는 유튜브 인스타그램 페이스북 블로그 등 소셜데이터, 네이버검색 네이버데이터랩 구글트렌드 등 포털데이터, 국가공공기관 공공데이터, 역대 선거결과분석 데이터, 역대선거후보자 홍보물분석 선거정책데이터, 통계청 인구사회통계데이터, 언론기사분석 빅데이터 빅카인즈, 문자메시지 발송 데이터, 지역사회 조직관련 데이터, 지역 민원사항분석 데이터, 여론조사 관련 데이터, 커뮤니티 데이터, 데이터분석회사제공 유료데이터 등이 있다.

협력체계 시스템화

일관된 관점에서 어떻게 효율적으로 데이터 수집경로를 통합하고 현황을 정리하고 분석기준과 시스템을 협력하여 체계적으로 구축하고 운영할 것인지를 협의하여 결정한다. 기획, 언론, 뉴미디어, 영상, 홍보, 조직 관련 담당자들은 당연히 참여하여 효율적 시스템을 같이 고민하여야 한다. 한 번에 만족스러운 수준으로 시스템화가 만들어 지지는 않는다. 일단 만들어진 기준과 시스템을 운영하면서 각 분야 담당자들의 의견을 참고하여 점차 업그레이드 시켜가도록 한다.

위기이자 기회

부족함을 알아야 채울 수 있다. 상대적 게임인 선거는 상대 후보자보다 조금만 더 앞서면 된다. 단 1표라도 더 많이 얻으면 이긴다. 단 1표라도 더 국민의 마음을 움직이면 이긴다. 선거의 주체인 국민을 좀 더 객관적으로 알아내서 국민의 마음을 얻어야 한다. 데이터를 수집하고 분석하는 시스템을 갖추어서 좀 더 객관적으로 예측할 수 있으면 승리에 좀 더 다가가는 것이다. 부족함을 느끼고 이를 보완하기 위해 움직이고 행동한다면 그 순간부터 위기는 기회가 된다.

승리의 머니볼

중도층의 표심을 우호적인 지지로 이끌어내기 위해서는 승리의 머니볼인 데이터 선거가 절대적으로 필요하다. 후보자 개인이 데이터 전문가가 투입되는 첨단 프로그램을 설계하여 운영하는 것은 비현실적이다. 데이터분석 전문회사의 유료 데이터를 사용하는 방안도 있지만 비용도 만만치 않고 선거에 활용할 유용한 데이터가 아직은 부족하다. 중앙선관위가 인공지능과 빅데이터 분석을 활용해 가짜뉴스 유포 등 온라인 선거범죄를 엄단하는 시스템 구축에 나선다고 한다. 비용이 많이 드는 빅데이터 분석시스템 구축이 가능한 곳은 중앙선관위와 거대정당 2곳 뿐이다. 정치선진화 공공데이터의 개념으로 중앙선관위가 정치분야 빅데이터 분석시스템을 구축하는 것이 좋다고 생각한다. 특히 국내 데이터분석 전문기업이 몇 년전부터 서울시 등에 연간 2억원 정도에 제공하고 있는 빅데이터 여론분석 시스템을 협력구축한 후, 이를 저렴한 비용으로 정당과 정치인에게 제공하는 시스템을 갖춘다면 정치분야 데이터 과학화는 단번에 상당한 수준으로 향상될 것이다. 데이터 과학화를 갖춘 선진정치를 위해서 조만간 현실화 되기를 바란다.

[나만의 창의적 융합]

〈창의적 통찰력〉 〈온오프 일체화〉 〈콘텐츠 경쟁력〉 각 항목을 응용하여 인프라가 남다르게 하는 나만의 실행방안은?

079   GIS 활용

'길을 다시 잃지 않을 것이다...' 빌 킬데이^{Bill Kilday}가 쓴
'구글맵 혁명^{Never Lost Again}'의 영어 원제목이다.
구글맵이 성공을 이루기까지는 20년간의 노력이 필요했다.
스마트폰과 결합하면서 보이지 않은 권력이 탄생한 것이다.

스마트폰을 꺼내 구글맵 T맵 카카오T 등의 지도 앱을 컨다. 길을 찾아가는
내비게이션은 물론이고 현재위치에서 음식점 주유소 식료품 커피 편의점 미
용실 공원 체육관 호텔 약국 ATM 등 생활편의시설 위치가 지도위에 표시되
고 사진과 함께 간략한 설명과 도착예상시간이 표시된다. 제공된 정보에 참
여하여 수정 제안도 할 수 있다. 택시도 호출하고, 대리기사도 부르고, 주차
장도 찾는다. 공공의 영역에서는 하늘 바다 땅 지하 교통 건물 등에서 버스
노선 도착시간 범죄발생 미세먼지 에너지정책 보육 복지 관광 문화 환경 국
토계획 도시계획 시설물관리 등 다양한 분야에 활용되고 있다. GIS(지리정
보시스템, Geographic Information System)가 가져온 변화이다.

선거와 지리공간 만남

국민의 삶과 미래의 정책을 결정하는 정치와 선거의 영역에서의 GIS 활용은 아주 초보적인 단계이다. 미국은 일찍이 2008년부터 오바마 대통령이 GIS데이터 기반의 마이크로 타겟팅을 선거전략으로 활용하였다. 상대보다 탁월하고 효과적인 새로운 승리방안이 될 수 있음을 보여주었다. 국내에서는 민주당이 중앙당 차원에서 GIS 마이크로 전략지도를 만들어 2016년과 2020년 총선, 2017년 대선, 2018년 지방선거에 활용하였다. 방대한 데이터 자료와 전문적인 기술이 필요하기에 GIS 지도를 후보자 개개인이 만드는 것은 현실적으로 어려움이 많다.

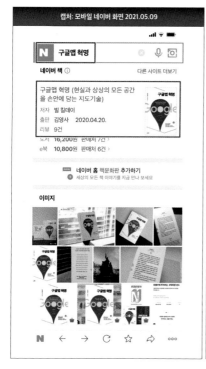

4장 예측과 정확성이 다른 데이터 과학화 전략

지리정보 주권

세계는 지리정보시스템 전쟁 중이다. 특히 공공의 영역에서 시스템 도입을 결정하는 정책결정권자들은 지리정보 주권이 무엇보다 중요함을 인식하여야 한다. 포털에서 구글과 네이버의 전쟁이 벌어지고 있듯이, GIS에서도 글로벌 기업 에스리와 국내기업의 전쟁이 치열하다. 국토계획 도시계획 시설물관리 등의 기본이 되는 시스템에 국내 중견기업들의 GIS기술을 채택하여 세계적 기술로 도약발전하도록 정부가 적극 지원하여야 한다. GIS기술의 발전은 곧 인공지능 무인자율주행차 등 4차산업혁명 핵심 기술과 직결된다. '황금알을 낳는 거위'를 알아보지 못하는 것이 안타깝다. 10년을 넘어 100년 후 세대의 미래주권과 미래먹거리를 단편적 시각에서 결정하는 어리석음이 없어야 한다.

지리적 시각화

지리적으로 시각화된 데이터가 각광을 받고 있다. 수집 분석한 데이터를 세분화된 지역단위에 적용하여 지리적 정보로 전환하고 이를 시각적으로 표현함으로써 이해도를 높인다. 모든 것을 무료로 입체적 정보로 직관적으로 파악하는 구글맵 혁명에 익숙해진 국민들은 이제 2차원 평면의 세계에 머문 지도와 시각화되지 않은 지도에는 상당한 불편함을 느낀다. 불편을 넘어 불만을 가진다.

3차원 GIS 정책지도

수많은 후보자의 공약과 정책을 지역주민들이 한 눈에 파악하기에는 현실적으로 어려움이 있다. 국내 공간정보 전문기업 이지스가 지난 2018년 지방선거에서 GIS기반 정책지도 서비스를 선보였다. 후보자 현황을 직관적으로 파악하고 선거정보를 국민들에게 효율적으로 전달함에 있어서 3차원 GIS 기반의 정책지도 서비스가 그 역할을 잘 할 수 있음을 보여주었다. 선거기간 뿐만아니라 정당의 정책을 국민들에게 알림에 있어서 평상시에도 당연히 필요하다. '005 통찰력'에서 기술하였듯이, 비대면 언택트 선거는 모바일의 변화속도와 방향에 발맞추는 통찰력을 갖추어야 한다. 구글맵처럼 각 정당의 앱을 열면 각 정당이 지향하는 정책과 공약에 대한 GIS 정책지도가 한눈에 보여야 한다. 국민의 삶의 변화에 정치도 발맞추어야 하는 것이다. 정치의 선진화는 멀리 거창한 구호속에 있지않다. 바로 생활속 정치변화에 있다.

[나만의 창의적 융합]

〈창의적 통찰력〉〈온오프 일체화〉〈콘텐츠 경쟁력〉 각 항목을 응용하여 GIS 활용이 남다르게 하는 나만의 실행방안은?

080

인공지능 활용

2016년 3월 전 세계의 이목이 서울의 한 호텔에 쏠렸다.
구글 딥마인드의 바둑 인공지능AI 프로그램 알파고^{AlphaGo}와
세계 최정상급 이세돌9단과의 세기의 바둑대결이 펼쳐졌다.
사람들은 인공지능의 능력을 생중계로 보면서 충격에 빠졌다.
그때 1승이 알파고를 상대로한 인간의 유일한 승리로 남아 있다.

2021년 1월 바람의 세기와 지형까지 스스로 읽어낼 수 있는 인공지능AI 골퍼 '엘드릭'과 골프 여제 박세리가 정면 대결을 펼쳤다. 인공지능AI이 이제는 하나의 문화가 되어가고 있다. 인공지능 스피커가 시간과 날씨를 알려준다. TV도 켜고 끄고 채널도 돌린다. 제목만 얘기하면 노래도 들려준다. 음성 한 마디에 새로운 비서가 생겼다. 인간의 다양한 삶에 인공지능이 이미 너무나 많이 스며들어와 있다.

정보격차 해소

4차산업혁명의 모든 곳에 인공지능이 빠지지 않는다. 인공지능없이 4차산업혁명을 논할 수조차 없다. 마케팅 분야의 인공지능 활용은 상당한 경지

에까지 이르렀지만, 그에 비해 정치선거분야는 아직 초보적인 단계이다. 국내기업 오투오 개발한 시범적 앱을 지난 4.15총선에서 선보였다. 사용자가 '후보 공약' '주요 경력' 등 궁금한 것을 음성으로 물어보면 인공지능 비서가 친근하게 대답을 해 준다. 휴대폰으로 음성인식 대화를 하는 시스템이므로 시각장애인들이나 자판에 익숙하지 않은 국민들에게 정보접근성을 쉽게 해 줌으로써 정보격차를 해소할 수 있는 긍정적 기능이 돋보였다. 후보자에게는 국민들이 관심을 가지는 선거정보가 어떤 부분인지 데이터로 확인하고 또 부족한 부분을 보완할 수 있으므로 유권자 타겟팅을 가능하게 해준다.

4장 예측과 정확성이 다른 데이터 과학화 전략

음성인식 대화형

음성인식 대화형 인공지능 선거운동 앱은 비대면 선거에서 새로운 소통을 열어갈 가능성을 충분히 보여주었다. 시스템 연결을 위한 몇가지 작동이 끝나고 나면 간단히 음성으로 필요한 정보를 물어보기만 하면 된다. 저장된 데이터베이스에서 인공지능이 관련 질문에 적절히 응답해준다. 시범적으로 운영되었던 '이낙연 응답하라'라는 앱을 이용해보면서 앞으로는 이러한 대화형 비서들이 선거와 후보자에 관한 정보와 정책 공약 등을 얻는 주요한 방식이 될 수 있으리라 확신하였다.

모바일 최적화

모바일에서 작동하는 점 또한 상당히 편리한 점이었다. 24시간 잠들지 않는 비대면 언택트에서 다양한 정보제공과 노출이 가능하기 때문이다. 사용방법의 차이는 있었으나 안드로이드와 아이폰에서 모두 사용이 가능하였다. 다만 솔루션이 구글 어시스턴트Google Assistant 기반이라 안드로이드에서는 다운로드 구동이 다소 불편한 점은 개선되어야 할 것이다.

맞춤형 정보제공

핵심무기가 달라야 선거라는 전쟁에서 이길 수 있다. 국민 눈높이에 맞추어 인공지능과 빅데이터 블록체인 등 4차산업혁명 기술을 활용한 분석적이고 세밀한 과학적 선거운동방식이 조만간 대세가 될 것이라 예측한다. 국민들은 이러한 기술의 발달을 일상생활 곳곳에서 매일 느끼며 살고 있다. 후보자들의 선거운동방식이 국민 수준보다 앞서지는 못하더라도 최소한 따라가는 수준이 되어야 국민들로부터 긍정적인 평가를 받을 수 있다. 입력된 콘텐츠가 충분하지 않으면 단조로운 정보제공에 국민들이 싫증을 낸다. 재방문을 유도할 수 있는 콘텐츠 축적과 지속가능성의 숙제가 남아있다. 한번 방문한 국민들의 검색 정보를 축적하여 재방문할 경우 관련 검색어 위주로 좀 더 심화된 정보나 다른 이미지 위주의 정보를 제공하는 시스템을 만들어야 한다. 기존 뉴미디어에 업로드된 콘텐츠를 그대로 옮겨 오기보다는, 성별 연령별 직업별 등 세분화된 기준으로 콘텐츠를 입력하여 다양한 국민들에게 다양한 정보를 제공하는 방법도 좋다. 단순한 정보제공보다는 인공지능의 장점을 국민들이 인식할 수 있는 맞춤형 정보제공을 위한 세밀한 시도가 필요하다.

[나만의 창의적 융합]

〈창의적 통찰력〉〈온오프 일체화〉〈콘텐츠 경쟁력〉 각 항목을 응용하여 인공지능 활용이 남다르게 하는 나만의 실행방안은?

4장 예측과 정확성이 다른 데이터 과학화 전략

081

챗봇 활용

영화 '그녀^{Her}'는 인공지능과의 공감과 사랑을 다룬 영화이다. '테오도르^{Theodore}'는 스스로 생각하고 느끼는 인격형 인공지능체계인 '사만다^{Samantha}'라는 여성을 만나 사랑에 빠졌다. 조만간 우리의 미래에 다가올 모습이다.

'테오도르'는 실체가 없고 육체가 없는 인공지능 '사만다'에게 감정을 느끼고 사랑도 느끼며 공감한다. 서로 진지하게 대화하고 채팅한다. 그들의 관계는 소유자와 소유물이 아니다. 인격체 대 인격체 간의 대화이고 관계이다. 자신의 말에 귀 기울이고 이해해주는 인공지능으로 인해 조금씩 행복을 되찾아가기는 하지만 현실을 깨닫기 시작한다...

새로운 커뮤니케이션

챗봇$^{Chat Bot}$은 '채팅^{Chatting}'과 '로봇^{Robot}'의 합성어로 사람처럼 채팅하는 로봇을 말한다. 음성이 미처 전달해줄 수 없는 다양하고 많은 정보와 이미지들을 채팅 커뮤니케이션을 통해서 전달할 수 있기에 공공과 민간의 대고객 서비스를 비롯한 생활 속 여러 곳에 활용되고 있다. 챗봇 기술의 진화도 한몫하고 있다. 비대면 언택트에서 챗봇은 새로운 커뮤니케이션으로서 지금보다 훨씬 더 각광을 받을 것이다. 인공지능AI 스타트업 자이냅스는 세 번의 선거를 통해 업그레이드된 선거 정보를 제공하는 차세대 챗봇 '나엘Nael'을 선보였다. 2017년 대선 챗봇 '로즈'와 2018년 지방선거 챗봇 '로엘'에 이어 세 번째로 선보이는 인공지능 선거 챗봇이었다. 쉽게 접근할 수 있도록 대부분 국민들이 사용하는 카카오톡을 플랫폼으로 활용한 것은 좋은 시도였다. 비대면 시대에 맞춰 최근 정치인 팬클럽 '그래도 이재명'도 카카오톡 단체방용 챗봇을 도입하여 적극적으로 챗봇을 활용하고 있다.

충분한 기반 데이터

국내에서 선거에 몇 번 시도되었지만 기반 데이터가 너무 기초적이라서 사용자가 적었다. 챗봇 '나엘'은 선거기본정보, 내 선거구, 투표소 찾기, 후보자 정보, 최신 뉴스 등 기본적인 정보를 제공하였다. '080 인공지능 활용' 항목에서 설명하였듯이, 국민들이 알고 싶어하는 후보자의 구체적이고 상세한 정보와 공약 정책들이 충분한 데이터로 입력되어 있어야만 한다. 홍보부족도 많은 국민들이 찾지 않은 요인이었기에 챗봇의 존재와 장점을 알리는 노력도 함께 필요하다.

오토 인텐트 기능

챗봇기술도 진화하고 있다. 지금의 인공지능은 대부분 미리 저장해둔 대로 데이터를 분류하여 처리하는 수준이다. 저장하지 않은 데이터는 '찾을 수 없음'으로 나온다. 영화 속 '사만다'는 사용자의 의도를 파악하여 스스로 계속 생각하고 묻고 답을 구한다. 적극적으로 사용자가 원하는 데이터를 찾는 진보된 기술이었다. 총선용 챗봇 '나엘'도 오토 인텐트 기능을 선보였다. 챗봇이 사용자에게 질문과 관련한 몇가지 정보를 먼저 제공하고 선택 여부를 되묻는 즉 먼저 말을 거는 능동적 오토 인텐트 기능이었다. 이 기능은 국민 관심사를 적극적으로 찾으면서 맞춤형 타겟팅하는데 유용하게 활용할 가능성이 엿보였다.

저비용 고효율

국내에서도 대기업들이 마케팅 고객상담 AS서비스 등에 몇 년동안 챗봇을 많이 채택 활용하고 있다. 사용자의 의도까지 파악하는 진보된 기술을 아직 채택하지 않은 경우에는 고객의 질문에 대한 시나리오 형태수준의 응답만 가능하게 된다. 챗봇을 통한 자동응대가 어려운 경우에는 아직 상담원이 대답하는 것이 일반적이다. 미국 보험사 스테이트 오토 파이낸셜State Auto Financial은 80명 풀타임 직원 노동량의 챗봇을 24시간 가동하여 고객 응대 속도를 크게 향상하였다. 챗봇은 국민들이 후보자에 대한 궁금한 정책과 방향을 질문하면 언제든지 설명하여 줄 수 있다. 또한 응답할 때, 일반적인 웹 페이지처럼, 이미지와 동영상 등 다양한 형태의 비주얼로 정보를 전달하는 비주얼 페이지도 제공할 수 있다. 참여자들의 반응을 분석하여 방향성을 정립하고 예측할 수 있다. 챗봇은 머지않아 저비용 고효율로 국민들과 소통하는 새로운 커뮤니케이션이 될 것이다.

[나만의 창의적 융합]

〈창의적 통찰력〉〈온오프 일체화〉〈콘텐츠 경쟁력〉 각 항목을 응용하여 챗봇 활용이 남다르게 하는 나만의 실행방안은?

082

데이터 수집

빅브라더Big Brother는 세상에서 전지전능한 존재이다.
사람들이 활동하는 모든 곳에 텔레스크린이 걸려있다.
빅브라더가 시민의 안전을 위해 항상 주시하고 있다.
조지 오웰 George Orwell**의 소설 '1984' 속의 세상이다.**

빅데이터Big Data와 빅브라더는 동전의 양면이다. 개인사생활 침해의 절대 악
만 강조해서도 안되지만, 사회안전 유지의 절대 선만 강조해서도 안된다. 개
인정보를 수집하고 분석하는 서비스가 프라이버시를 보호하고 국민들의 안
전을 지키고 편익을 제공하느냐 아니면 개인정보를 유출하고 인권을 침해하
느냐는 사회적으로 항상 이슈가 되고 있다.

선거용 데이터베이스Database

데이터 선거 인프라를 구축하기 위해서는 데이터를 한 곳에 모으는 것이
바람직하다. 기본적인 객관적 데이터는, '078 인프라'에서 설명한 것처럼 10여
종류가 있으며, 서로 성격이 다른 데이터들이다. 따라서 선거에 직접 활용이

가능한 데이터를 기반으로 선거용 데이터베이스를 구축하도록 한다. 수작업이 가능한 엑셀정도의 수준에서 운영할 것인지 더 나아가 전문적인 데이터베이스 프로그램을 운영할 것인지는 데이터의 수집 경로와 데이터의 양 그리고 활용정도에 따라 결정한다. 처음에는 가능한 것부터 저비용으로 시작하여 발걸음을 내딛는 것이 중요하다. 기술적인 부분은 데이터베이스 전문가의 자문을 받아야 한다. 단순히 수집하는 것만이 아니라 저장된 데이터를 검색하고, 기준에 따라 분석하고, 지속적으로 비교 대조하여 판단하고, 이를 시각화하여 인포그래픽으로 활용하는 것까지 함께 고려하여야 한다.

모든 것 데이터화

ICT기술의 힘을 이용해서 모든 것이 데이터화되고 있는 시대이다. 지역이나 정당활동은 물론 선거에 필요하면 무엇이든지 데이터화 한다는 자세를 가지는 것이 좋다. 21세기 원유 빅데이터 시대에서 데이터는 인과관계가 있는 데이터만 중요한 것이 아니다. 통계학과 알고리즘을 이용하여 분석하면서 전혀 인과관계가 없는 데이터들 속에서 상관관계를 발견하여 활용하는 것이 궁극적인 목표이다. 국민들의 정치적 성향을 보여주고 이를 파악할 수 있는 데이터는 무엇이라도 최대한 수집하여야 한다. 예를 들어 상품구매상점 구매종류 사용액 등 데이터를 보면 구매성향과 취미를 알수 있다. 관심사를 알 수 있으므로 관심사에 대한 정책과 공약을 수립할 때 유용한 데이터가 된다. 상관성이 인과성보다 더 중요한 시대이므로, 데이터 수집단계에서는 향후 필요할 것으로 예측되는 데이터는 가능한 한 모두 수집하도록 한다.

패스트Fast 데이터

패스트 데이터는 실시간 스트리밍 동영상 등에 대한 반응처럼 속도에 초점을 맞춘 데이터 활용 전략을 의미한다. 데이터를 저장하고 분석한 뒤 행동하면 이미 때를 놓치게 된다. 실시간으로 유입되는 데이터에 대하여 실시간으로 처리하고 예측까지 가능하도록 하여야 데이터로서의 가치를 지니게 된다. 데이터 처리 속도를 끌어올려 들어오는 즉시 반응하고 빨리 처리하도록 하는 것이 핵심이다.

스마트^{Smart} 데이터

스마트 데이터는 선거에 영향을 주는 것이 확실하면서 바로 활용할 수 있는 데이터이다. 문자메시지 발송을 위한 데이터와 지역사회의 오프라인 조직관련 데이터는 필수적인 자료들이다. 스마트한 맞춤형 지역 데이터 위주로 전략을 설정하고 액션플랜을 수립하고 실행하여야 한다. 데이터 수집은 최종적으로 데이터들을 한 눈에 비교분석하여 종합적으로 판단할 수 있도록 만들기 위한 사전과정이다. 보여주기 위한 많은 양의 데이터도 필요하지 않지만, 적은 양의 데이터로 예측하는 것 또한 부정확한 위험성이 있다. 어느 정도 양이 확보되어야 하며 비용 대비 품질도 고려하여야 한다. 후보자가 할 수 있는 가장 간단한 방법으로부터 시작하여 데이터를 선거에 반영하고 적용하도록 한다.

[나만의 창의적 융합]

〈창의적 통찰력〉〈온오프 일체화〉〈콘텐츠 경쟁력〉 각 항목을 응용하여 데이터 수집이 남다르게 하는 나만의 실행방안은?

083

객관적 기준

규칙적으로 소리를 발생시켜 음악의 빠르기를 정해준다.
음악의 템포를 올바르게 나타낼 수 있게 하여준다.
정확한 타이밍을 알려 주고 템포를 연습하는 장치이다.
템포측정기 메트로놈^{Metronome}이다.

음악이 진행되는 빠르기인 템포를 나타내는 단위는 1분 동안의 박자 수 BPM^{Beats per Minute}이다. 메트로놈은 1분 동안에 몇 번의 박자^{Beat}가 반복되는지를 셀 수 있게 해 준다. 정확한 기준이 있기에 박자를 잘 맞추는 것을 '칼박'이라 부르기도 한다.

합리적 계량화

비대면 언택트에서 데이터의 특성이나 경향 따위를 수량으로써 표시하는 계량화는 반드시 필요하다. 측정 척도가 되는 객관적인 평가 지표를 먼저 수립하고 수치로 계량화하여 데이터를 분석 평가하고 그 결과가 객관적이고 과학적인 것이 되도록 하여야 한다. 숫자로 비교평가하면 데이터의 효율성을 평가하고 이를 개선하는 자료로 활용하기 편리하다. 정량적 요소는 최대한 계량화한다. 계량화가 어려운 정성적인 요소는 상대적인 기준으로 평가하도록 한다. 계량화 기준은 단순명료하고 합리적이어야 한다. 국내 소셜메트릭스 회사들이 뉴미디어 SNS언급량(버즈) 분석기준에서 트위터 언급량 1개와 블로그 언급량 1개를 똑같은 언급량 1로 분석하는 사례가 적지 않다. 콘텐츠 생산자 입장이든 소비자 입장이든 이런 기준은 합리적이지 않다. 블로그 언급량 1개가 트위터 언급량 5~10개의 영향력을 가지는 기준이 되어야 객관성을 가진다. 데이터 입력과정에서 보정하여야 하는 사안이다.

키워드 분석

비대면 선거에서 후보자가 관심을 가지고 관리하여야 하고 언론보도는 물론 콘텐츠 기획 제작에도 항상 넣는 키워드를 먼저 선정하도록 한다. 이러한 키워드들을 중요한 기준으로 삼아 성과를 데이터로 평가하도록 한다. 국민들이 선거와 관련하여 관심있게 검색하는 키워드 예를 들어 00시장선거, 00시장후보자, 후보자 및 경쟁 후보자 이름 등은 당연히 포함되어야 한다. 후보자의 이미지를 나타내는 키워드나 연관검색어 및 경쟁 후보자의 대표 키워드 등도 포함되도록 한다.

감성 분석

비대면 플랫폼에서 단순히 검색량이나 언급량을 기준으로 분석하는 것은 1차원적이다. 감성과 관련된 텍스트 정보를 추출하여 긍정 부정 중립의 3분류 중 어떠한 감정을 가지고 있는가를 판단하여 분석하는 감성분석이 주목을 받고 있다. 광고성이나 반복 생산되는 것은 필터링하여 제외한다. 개인의 의견 감정 평가 신념 태도 정서 등 뉴미디어에서 주관적 언어로 표현된 것은 국민들의 의사 결정에 적지않은 영향을 미친다. 최근에는 감성 범주를 다양하게 하거나 감성의 정도성 단계를 구분하는 다양한 분석도 이루어지고 있다. 감성과 연관된 긍정적 부정적 키워드들은 평판분석과 반응탐지, 평가개선사항 파악과 모니터링 등에 중요하며 점차 그 중요성을 더하여 갈 것이다.

핵심지표 선정

핵심성과지표 KPIKey Performance Index가 객관적일 때만 데이터는 의미를 지닌다. 올바른 기준으로 데이터를 입력하고 분석평가하여야 객관적인 정확성을 기할 수 있다. 기준이 바로서야 분석이 정확하다. 뉴미디어에서는 영향력을 감안할 때 '공유1=좋아요10'의 객관적 기준을 가지고 분석하기를 권장한다. 지난 4.15총선 당시 전국에서 뉴미디어 SNS언급량이 늘어났다고 해서 지역구에서 당선가능성이 객관적으로 높아졌다고 언급하는 경우가 적지 않았다. 참고기준 정도인 것을 객관적 기준인 것처럼 평가하는 것은 잘못된 것이다. 계량화를 위한 핵심지표는 실행하면서 점차 업그레이드해 나가야 한다. 유념할 점은 결과로 나타나는 지수의 수치 규모보다는, 상승흐름인지 하강흐름인지 데이터에 나타난 흐름의 추세를 파악하는 것이 우선적이어야 한다. 데이터가 알려주는 흐름을 빨리 인식하고 대처하여야 한다.

[나만의 창의적 융합]

〈창의적 통찰력〉〈온오프 일체화〉〈콘텐츠 경쟁력〉 각 항목을 응용하여 객관적 기준이 남다르게 하는 나만의 실행방안은?

084

깊이

단 한 번의 호흡으로 산소없이 수심 깊이 내려갔다 올라온다.
원브레스One Breath로 물속에 숨을 참고 11분이나 있는다.
수영복 하나만 입고 바다밑 100미터를 공기통없이 들어간다.
극한 스포츠 프리 다이빙Free Diving 선수들의 세계이다.

보통사람은 1분도 숨을 참기 힘든데 강사가 되기위한 기준이 4~5분이다. 물속에서 압력평형인 이퀄라이징을 맞추지 못하면 귀가 아프고 5미터도 내려가기 힘들다. 세계신기록은 130미터이다. 프리다이빙 선수들의 기록은 상상을 초월하지만 훈련만 하면 누구나 가능하다. 바다에서만 생활하는 바다집시 바자우Bajau족도 부러워할만한 실력이다.

공약 심층분석

비대면 선거에서 공약과 정책을 기준으로 하는 정책선거의 내용들이 주된 콘텐츠가 되는 것이 바람직하다. 정책선거는 후보자가 자신이 추진하고자 하는 공약의 구체적인 목표와 이행방법 등을 국민에게 제시하고, 이들 공약과 정책을 중심으로 후보자들이 국민들로부터 선택을 받는 선거이다. 이러한 정책선거를 잘 대처하는 방안은 지역과 관련된 국민들의 니즈에 대해서 심층적으로 우선 분석하는 것이다. 언론에 보도된 기사나 정보 수준을 넘어서 깊이있는 데이터로 먼저 분석하도록 한다. 새로운 현안으로 대두되는 이슈도 있지만, 지나간 최근 몇 번의 선거에서 출마하였던 입후보자들의 공약들에 국민들의 니즈가 상당부분 담겨져있다. 이미 이루어진 것도 있고 아직 미해결의 상태로 남겨져 있는 것도 있다. 각 가정에 보내는 입후보자 선거공보에는 후보자들이 내세운 공약과 어떻게 실행할지 구체적인 방안이 담겨있다.

4장 예측과 정확성이 다른 데이터 과학화 전략

선관위 공보자료

중앙선관위 사이트에서 정책공약보기=> 선거정보도서관=> 후보자선전물 순서로 들어가면 대통령 국회의원 광역단체장 기초단체장 광역의원 기초의원 선거의 후보자 공약과 정책이 담긴 선거공보물을 자료로 볼 수 있다. 후보자는 자신의 지역과 관련되는 각급 선거 최근 입후보자의 정책공약인 선거공보 파일을 다운로드하여 데이터화된 자료로 만든다. 다운된 공보자료는 pdf파일인데 내용인 텍스트복사가 바로 되지않는다. 내용복사를 위해 '알pdf 프로그램'을 알툴즈 홈페이지에서 다운받아서 문서를 연다. 상단 메뉴에 '문자인식 OCR'을 클릭하여 다운로드 받으면 이미지에 포함된 텍스트인 경우에도 인식하여 드래그하여 텍스트 복사가 가능하게 된다. 이 프로그램을 이용하여 선거공보에 담긴 입후보자의 정책공약을 복사하여 먼저 기초자료로 정리한다.

가중치 부여

정치의 주체인 국민의 관점에서 볼 때, 같은 내용의 정책공약이더라도 광역단체장의 공약과 광역의원의 공약은 같은 느낌으로 받아들여지지 않는다. 각급 선거에 따른 가중치를 부여하여 공약을 수치로 계량화하는 작업을 하기를 권장한다. 대통령선거*5, 광역단체장*4, 국회의원선거*3, 기초단체장*3, 광역의원*2, 기초의원*1 등의 가중치를 공약에 부여하여 수치화 한다. 국민의 눈높이에서 공약의 관심도와 주요도를 숫자로 측정하여 우선순위를 정하는 과정이다.

공약 데이터화

비대면 선거에서 후보자간 TV토론이나 유튜브 토론의 영향력이 점차 커져가고 있으며 상대 후보자의 정책과 공약에 대한 검증은 물론 지역만이 가지고 있는 공약이슈에 대한 배경지식과 맥락이 필요하다. 계량화를 거치면 선거공약 심층분석과 데이터화 과정이 완성된다. 계량화된 숫자의 합이 큰 공약은 국민들의 니즈와 관심 및 주요도가 큰 것이다. 입후보한 후보자들이 어떠한 분야와 주제를 중점적으로 얘기하였는지, 그 중요도가 어느 정도인지를 한 눈에 파악할 수 있다. 공약을 데이터로 입력할 때 단순히 1~2개 키워드 위주로 입력하기보다는 키워드에 주요 내용을 담아 긴 제목이 되는 수준으로 입력하여야 한다. 추후 관련되는 부분을 검색하여 비교대조할 때 쉽게 찾을 수 있다.

[나만의 창의적 융합]

〈창의적 통찰력〉 〈온오프 일체화〉 〈콘텐츠 경쟁력〉 각 항목을 응용하여 깊이가 남다르게 하는 나만의 실행방안은?

085

너비

**인간의 희노애락을 틀에 박힌 동작만으로는 담아낼 수 없다.
맨발로 무대에 올라 파격적인 몸짓으로 춤을 추었다.
자유분방한 예술혼으로, 춤으로 자유를 표현한 맨발의 댄서
이사도라 던컨**Isadora Duncan**은 모던댄스의 지평을 넓혔다.**

기존의 틀에 얽매인 무용형식을 부정하고 발레의 전통적인 규범과 양식에서
벗어났다. 파격적인 무대의상으로 무용계에 새 바람을 불러 일으켰다. 무용
에 대한 대중의 개념을 변화시켰으며 무용을 통해 자유를 추구하였다. 현대
무용을 창조적 예술의 수준으로 끌어올렸다. 자유로운 형식의 창작무용은
한 단계 더 발전해 현대무용으로 발전하였다.

니즈 심층분석

정치의 주체인 국민이 중심이 되는 정치와 선거의 시작은 국민의 니즈가
무엇인지를 우선 파악하는 것이다. 국민들이 후보자를 찾아오도록 앉아서
기다리고 있어서는 안된다. 후보자가 적극적으로 국민들을 비대면으로 찾아

가야 한다. 국회의원 선거나 지방선거 등에서는 지역이 특정되어 있기에 지역 주민들이 원하는 니즈가 무엇인지를 우선 적극적으로 파악하여 정리하고 심층분석하여야 한다. 국민들에게 구체적인 해결책을 제시하고자 하는 것을 목표로 니즈를 파악하는 것은 바람직하지 못하다. 국민들의 니즈를 해결하는 것이 다양한 이해관계 충돌과 예산소요 등으로 해결적 차원의 방안을 제시하기가 그렇게 간단하지 않다. 따라서 국민들의 다양한 니즈를 파악하고, 어려운 얘기를 들어주고, 지속적인 관심을 가지고, 국민들과 함께 같이 적극적으로 방안을 찾고자 하는 관점에서 접근하여야 한다.

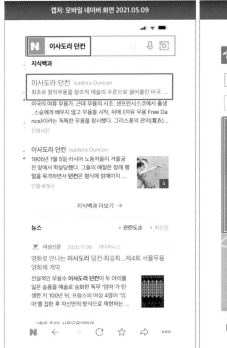

비대면 지역니즈

비대면 언택트에서 국민들의 니즈는 후보자의 뉴미디어와 공공기관의 각종 뉴미디어들에서 콘텐츠에 대한 댓글이나 반응 등의 형태로 표현된다. 또한 시청이나 구청 등 공공기관 홈페이지의 민원사항이나 제안사항 등에서도 표현된다. 내용은 구체적으로 불편사항 민원사항 시정요청사항 건의사항 관심사항 지역이슈 등이다. 비대면으로 표현된 국민들의 이러한 니즈를 데이터 자료로 체계적이고 지속적으로 정리하는 노력을 하여야 한다.

단위별 분류

비대면 언택트에서 수집정리된 국민들의 니즈는 지역별(동 아파트 도로 등) 단체별(직능 사회 동호회 등) 주제별(교통 환경 안전 복지 문화 경제 주택 건설 기타) 등 단위를 나누어 분류하도록 한다. 분류가 세분화 되어지면 되어질수록 좋다. 국민들의 니즈를 정확히 파악하여야 추후 관련되는 전문가들의 자문이나 협력 등을 요청하고 같이 참여시킬 때 편리하다. 특히 민원사항의 경우 다소 복잡한 진행과정과 다양한 이해관계 충돌이 있으므로 주요 키워드 입력을 잘하여 관련된 검색의 경우에 전후사정 이해가 쉽도록 해주는 것이 필요하다.

니즈 데이터화

국민들의 니즈를 적극적으로 비대면 언택트에서 찾아서 정리 분석 분류화하여 데이터 선거의 새로운 지평을 넓혀야 한다. 국민들의 니즈가 정리되어 분석되고 다시 데이터화 되어 유용한 정보자료로 재탄생 되어야 한다. 니즈의 데이터화가 이루어지면 어느 지역의 어떤 주제를 어떻게 기획하여 정책공약화 하여야 하는지를 보다 더 쉽게 데이터로 판단할 수 있게 된다. 후보자와 주요 책임자들의 직감에 의한 정책공약화에서, 국민들의 니즈 데이터를 기반으로 한 정책공약화로 한 단계 진일보하게 되는 것이다. 추가적으로 지역에서 대면적 정당활동이나 지역구 활동 등에서 만난 국민들의 얘기도 관심있게 듣고 정리하여 데이터 자료로 남겨야 한다. 입력과정에서 단순히 키워드 니즈의 수량만을 표시하는 것은 바람직하지 않다. 같은 키워드 니즈에 대한 다수 국민의 요구와 개인의 반복적 요구, 반복적인 악성스팸형의 니즈 등에 대해서는 특별히 표기하여 니즈 정도성 단계를 캠프 책임자들이 데이터만 보아도 알 수 있도록 하는 것이 좋다.

[나만의 창의적 융합]

〈창의적 통찰력〉 〈온오프 일체화〉 〈콘텐츠 경쟁력〉 각 항목을 응용하여 너비가 남다르게 하는 나만의 실행방안은?

4장 예측과 정확성이 다른 데이터 과학화 전략

086

퀄리티

'가장 높이 나는 새가 가장 멀리 본다'
눈앞의 일에만 매달리지 말고 멀리 앞날을 내다보아야 한다.
자신의 꿈에 꿋꿋하게 도전하는 삶의 가치를 일깨워 준다.
'갈매기의 꿈^{Jonathan Livingston Seagull}'이 주는 교훈이다.

미국 소설가 리처드 바크^{Richard Bach}는 비상을 꿈꾸는 한 마리 갈매기를 통해서 자유의 참 의미를 깨닫고 삶의 본질을 되돌아보게 한다. 멋지게 날기를 꿈꾸는 조나단은 단지 먹이를 구하기 위해 하늘을 나는 다른 갈매기와는 삶의 퀄리티가 다르다. 더 높이 날고 더 멀리 보려는 꿈이 그의 삶이다. 자신의 꿈과 이상을 추구하는 삶은 진정한 자유를 느끼게 해 준다.

지역 통계자료

비대면 선거에서 데이터 과학화를 위해서는 기본적인 지역별 인구 경제 사회 통계자료가 바탕이 되어야 데이터의 퀄리티를 유지할 수 있다. 데이터의 중요성을 인식하여 각 자치단체와 공공기관들이 엄청난 양의 데이터를 생산하고 이를 공개하는 것은 매우 바람직하다. 아쉬운 점은 공개된 데이터들을 활용할 수 있는 교육이나 실질적 도움이 되는 안내들이 아직은 별로 없다는 점이다. 한국지능정보사회진흥원 공공데이터포털에서는 데이터 활용 창업에 관심이 있는 수요자를 대상으로 앱 개발, 챗봇, 분석 시각화 등의 활용 실습교육을 하고 있다. 데이터 활용의 기본역량 강화교육을 실시하고는 있으나 아직 교육실시 횟수가 많지 않다. 공공데이터 이용 활성화를 위해서는 국민들이 불편없이 교육을 받을 수 있도록 자주 가까운 곳에서 실시되어야 한다.

통합데이터지도

정책공약과 관련한 데이터를 위해서는 빅데이터플랫폼 '통합 데이터지도'를 활용하는 것이 편리하다. 통합데이터지도는 빅데이터 플랫폼 및 센터가 생산 유통한 공공 및 민간 데이터를 쉽게 연계하고 활용할 수 있도록 하며, 데이터 댐에 모인 데이터를 쉽고 빠르게 찾고 활용할 수 있도록 지원하고 있다. 예를들어 2030세대들의 24시간 영유아보육센터를 공약으로 하고자 할 경우, 지역별 현재 영유아 보육시설 정보 및 관련 데이터를 한 번에 검색하여 확인하고 다운로드 할 수 있다.

다크^{Dark} 데이터

비대면 선거에서 후보자에게 필요한 정보는 데이터 수집 분석 가공의 절차를 거쳐야 하기에 바로 찾고 바로 구하기가 쉽지 않다. 다크 데이터는 자료를 사용하지 않고 단순히 쌓아두는 즉각적인 대응이 필요한 자료가 아닌 것을 말한다. 실무자가 겪는 갈등 중의 하나도 언젠가는 필요하겠지 하는 다크 데이터와 관련이 있다. 데이터 분류기술은 급격하게 빨라지고 발전하고 있으므로, 후보자 캠프의 자체능력으로 분류하여 활용하기 어려운 다크 데이터는 쌓아두기보다 아예 무시하기를 권장한다.

지역통계 데이터화

아직 우리나라에는 정치 및 선거와 관련한 데이터 자료가 많지 않다. 중앙선관위가 제공하는 각급 선거관련 자료와 여론조사기관이 내부적으로 가지고 있는 여론조사 분석 데이터 정도를 제외하고는 선거용 데이터를 제공하는 기관이 거의 없다. 선거를 전문적으로 치르는 정당들이 앞장서서 데이터를 선거에 활용할 수 있게 수집하고 분석하고 가공하여야 한다. 민주당에서 여러차례 시도가 있었듯이, 미국 선거의 사례를 참고하여 응용하고 적용하는 과정이 필요하다. 후보자 개인 차원에서 가능한 것은 지역별 통계자료를 분석하여 데이터화 하는 것이다. 특히 지역주민들의 관심사와 취미 및 특성을 알 수 있는 데이터 예를들어 지역주민들이 정보를 얻는 미디어, 소비성향, 여가시간 활용, 관심주제, 자주 가는 장소 등을 최소한 연령대별로 데이터화하는 노력을 지속하도록 한다. 이러한 것들은 추후 비대면 콘텐츠 기획 제작에 유용하게 활용되는 퀄리티가 높은 데이터가 된다. 지역언론의 이슈나 기사제목들을 분석하여 데이터화하는 것도 하나의 방법이다.

[나만의 창의적 융합]

〈창의적 통찰력〉〈온오프 일체화〉〈콘텐츠 경쟁력〉 각 항목을 응용하여 퀄리티가 남다르게 하는 나만의 실행방안은?

087

세분화

그리스에서 난쟁이를 뜻하는 나노스^{Nanos}에서 유래했다.
'난장이가 쏘아올린 작은 공'이다. 가장 작은 것이 가장 크다.
1나노^{Nano}미터는 10^{-9}미터(10억 분의 1)이다.
작은 세계 큰 기술로 세상을 바꾸고 있는 중이다.

나노기술은 나노미터 크기의 원자나 분자 단위를 제어하고 조작하여 새로운 물질을 만들어 낸다. 섬유, 전자, 반도체, 에너지, 환경, 의학, 국방, 자동차, 컴퓨터, 스포츠용품, 화장품, 차세대 디스플레이, 바이오, 필름, 태양전지, 촉매 등의 다양한 기술과 융합하여 새로운 응용기술들이 만들어지고 있다. 새로운 세계가 열리고 있다.

맞춤형 민심파악

개인의 취향이 다양해지고 세분화되는 트렌드에 따라 민심을 파악하기 위한 흐름도 변화하여야 한다. 사회계층도 다양해졌으며 개개인도 다양화되었다. 마케팅 시장에서 커피 취향도 세분화되어 '프리미엄 원두'커피가 주목을 받고 있다. '타서 마시던 커피'에서 '내려 마시는 커피'로 변화하고 있다. 인스턴트 커피는 전체 커피에서 2015년 83%에서 28%로 급감한 반면, 원두 커피는 17%에서 72%로 급격히 증가하였다. 인스턴트 커피와 커피 자판기가 점점 자취를 감추고, 다양한 원두와 전문 커피머신이 자리를 대신하고 있다. 시장의 트렌드가 소비자 개인의 다양한 맛과 향을 즐길 수 있는 맞춤형으로 변화하는 것이다. 이러한 흐름은 커피 뿐만 아니라 일상생활 곳곳에서도 일어나고 있다. <u>맞춤형 콘텐츠 기획 제작을 위해서는 맞춤형 민심을 파악하는 맞춤형 데이터가 필요하다.</u> 궁극적으로는 국민 대중이 아니라 한 사람 한사람의 국민을 만난다고 생각하여야 한다.

맞춤형 데이터

개인 취향의 세분화에 따라 맞춤형 민심파악을 위한 데이터도 세분화 되어야 한다. 빅데이터는 특정 집단의 공통적 특징을 파악하는 것에 유용하다. 수집과 가공에 들이는 시간과 비용에 비해 빅데이터가 과연 효능이 있는지에 대한 평가가 필요하다는 관점이 일부에서 제기되고 있다. 맞춤형 데이터를 위해 성별 연령별 직업별 세대별 지역별 주제별 등 점차 세분화된 기준으로 데이터를 수집단계에서부터 기획하고 분석하고 자료화하도록 한다.

시계열 데이터

일정 기간에 대해 시간의 경과와 함께 일정한 간격마다 시간의 함수로 표현되는 데이터이다. 시계열 데이터로 오랜시간에 걸쳐서 쌓인 데이터는 롱데이터long data라고 부른다. 한 분야에 과거로부터 꾸준히 축적된 데이터는 어떤 특정 부분에서 오랜 시간 수집한 데이터로 흐름분석에 유용한 데이터이다. 평상시 정당활동이나 지역구 활동에서 얻어지는 모든 것도 자료로 데이터화하여 오랜 기간 축적하면 시계열 데이터로서 충분한 활용가치를 가지게 된다.

스몰Small 데이터

개인화된 데이터를 의미하는 스몰데이터는 개인의 차별화된 특성을 파악하고 개인의 심리패턴까지도 보여주는 장점이 있는 데이터이다. 맥락 없는 빅데이터보다는 사용자의 필요성에 따라 잘 관리되는 스몰데이터가 더 유용할 수 있다는 변화된 견해들이 최근에 등장하고 있다. 스몰데이터는 사용자 개개인의 취향 소비성향 기호 등을 세부적으로 파악하며 빅데이터가 포착하지 못하는 개인의 세세한 부분을 추출해 낼 수 있다. 목표물을 찾아서 오차범위 1미터 이내에서 정확히 목표물을 맞추는 무인공격기 드론에 비유하여 표현하기도 한다. 스몰데이터를 활용하면 고객의 니즈를 정확히 파악할 수 있어 새로운 기회를 제공하며 니즈를 거의 충족시킬 수 있다는 장점이 있어 빅데이터의 보완재로 쓰여지고 있다. 이러한 스몰데이터는 빅데이터 이후 트렌드로 각광을 받고 있지만 비대면 선거 현실에서는 그 단계로까지 나아가기에는 아직 현실적인 여건이 갖추어져 있지 않다. 장기적으로는 스몰데이터로 나아가야 하지만 전략적 관점에서 예를 들어 '2030 여성'처럼 세대와 성별을 합한 타겟층을 정하여 데이터화하는 방안을 권장한다.

[나만의 창의적 융합]

〈창의적 통찰력〉〈온오프 일체화〉〈콘텐츠 경쟁력〉 각 항목을 응용하여 세분화가 남다르게 하는 나만의 실행방안은?

088 　　　　　　　상관관계

대부분 조류는 타원형 알을 낳는다. 계란도 타원형이다.
날지 못하는 새들의 알이 나는 새의 알보다 구형에 더 가깝다.
날개가 큰 조류일수록 알이 더 길쭉한 타원형이다.
비행 능력을 높이기 위해 몸통이 더 작고 좁게 진화하였다.

조류는 타원형 알을 낳게끔 진화하였다. 과학자들은 다양한 가설로 알이
타원형인 이유를 설명하였다. 알 형태는 몸과 날개 크기 비율과 가장 밀접
한 관련이 있다. 날개가 큰 새들은 몸통이 작았다. 몸통이 작기에 골반뼈도
좁고, 좁은 골반을 통과하는 알이 길쭉한 형태로 진화하였다. 비행 능력을
높이기 위한 진화였다. 인과성 보다는 연관성에 가까운 연구결과이다.

인구사회통계

　　비대면 선거에서 선거에 직접적인 영향을 미치는 인과관계를 지닌 데이
터 자료도 있지만, 데이터 자료에서 전혀 예상하지 못한 선거와의 연관성 즉
상관관계를 파악하는 것이 상당히 중요하다. 빅데이터 수집 분석으로 이러

한 시도가 성공할 경우 경쟁 후보자 보다 상당한 우위에서 선거를 이끌어갈 수 있다. 인구통계학적인 성별, 연령, 직업, 학력, 소득, 주택, 가구 등에 따라 후보자 지지 가능성이 높은 집단과 낮은 집단의 특성을 파악하는 것이 필요하다. 통계청 인구주택 총조사는 500명 단위가 최적으로 조사되고 있다. 지지와 상관관계 주요 요인을 찾는 끊임없는 시도와 노력이 있어야 한다. 이러한 시도는 통제된 실험을 하기 어렵기 때문에 대부분 간접적인 증거로 판단하는 상관관계 분석에 의존하여야 한다.

연관성 분석

인구사회통계 데이터와 후보자 지지 또는 후보자 정당 지지와의 상관관계 요인을 분석한다. A라는 사물을 좋아하면 B후보를 선택할 가능성이 높다는 연관성을 파악하고 분석하는 것이다. 2012년 미국 대선 오바마 캠프에서는 오바마에게 투표의향이 있는지를 예측하기 위하여 인구사회학적 특징, 과거투표 참가이력, 잡지구독 등 80여가지 이상의 변수들을 활용하였다. 많은 구성요소 중 연관성이 있는 것을 찾아야 하며, 데이터 과학선거가 가장 빛날 수 있는 새로운 분야이다.

샘플 테스트

몇 개의 요소들에서 일정한 상관관계가 발견된다면 샘플 테스트를 거쳐 각각의 요소별로 계속 그 정확성을 높여가야 한다. 샘플 테스트는 연관성의 구체적인 정도를 확인하기 위한 과정이다. 그 연관성은 100%인 것만 필요한 것이 아니다. 샘플 테스트에서 연관성이 30%이거나 70%로 결과수치가 나오면, 그 요인에 대해서는 30%나 70%로 수치를 잠정 확정하여 선거 예측을 하면 된다. 다음 샘플 테스트에서 비율이 높아지거나 낮아지면 변화된 결과수치를 근거로 선거 예측을 하도록 한다. 수차례 샘플 테스트 결과 전혀 연관성이 없는 요소는 고려하지 않도록 한다.

상관요인 추론

어느 특정한 요인이 후보자 지지가 높은 요인으로 분석된 경우에 그 요인은 인과관계의 측면보다는 연관성인 상관관계의 측면이 강하다. 그 요인은 지리적 변수(국가 지역 등), 인구통계적 변수(연령 성별 직업 소득 등), 행동적 변수(소비구매량 구매빈도 충성도 시기 등), 심리적 변수(편익 라이프스타일 등)등 다양한 요인일 수 있다. 특히 국민들의 관심사와 취미를 알 수 있는 카드 구매자료나 소비구매 형태를 분석하는 것이 중요하다. 상식적으로는 예상할 수 없는 요인들 중에서 새로운 연관성을 찾아내는 과정이 빅데이터를 통한 데이터 과학선거의 핵심이다. 수많은 요인 중 한 변수가 다른 변수와 동시에 움직이는 것을 찾아내서 그 정도를 통계적 지수로 나타내어야 한다. 좀 더 정밀한 요인으로 향후 선거과정을 예측하고 대비하여야 한다. 이러한 상관관계 분석은 빅데이터 분석시스템이 필수적으로 갖추어져 있어야 가능하다. 비용문제로 후보자 개인이 시도하기는 쉽지 않다.

[나만의 창의적 융합]

〈창의적 통찰력〉〈온오프 일체화〉〈콘텐츠 경쟁력〉각 항목을 응용하여 상관관계가 남다르게 하는 나만의 실행방안은?

089

생태계

인공지능 AI에 의해 인류가 지배되고 있다.
스스로 판단하고 결정하는 자유의지를 가진 AI이다.
인간의 기억마저도 AI에 의해 입력되고 삭제된다.
진짜 같은 가상현실의 세상, 영화 '매트릭스^{The Matrix}'이다.

'매트릭스'는 사회나 개인이 성장하고 발달하는 기반이다. 인간들은 '매트릭스'의 프로그램에 따라 AI의 철저한 통제를 받는다. 인간이 보고 느끼는 것들은 항상 검색 엔진에 노출되어 진다. 인간의 기억도 지배하는 가상현실의 세계이다. 그 '매트릭스'를 빠져 나오는, 꿈에서 깨어난 자들이 만드는 새로운 세상이 열린다.

선거지형 심층분석

비대면 선거에서 그 전에 치른 선거와 같은 환경에서 준비하는 선거는 없다. 지역주민의 성향도 달라지고 경쟁 후보자도 다르고 정당도 다르고 시대에 따라 지역에 따라 모든 것이 다 가변적이며 같지 않다. 그러나 시간이 흐르면서 시계열적인 기본적 데이터들이 쌓이면 하나의 흐름이나 추세로서 형성되어 이를 파악할 수 있다. 지역의 특정 정당 지지도가 하나의 생태계처럼 지역별로 형성된다. 지역의 날씨를 매시간 매일 매월 매계절 매년 정기적으로 관찰하면 그 지역의 기후를 알 수 있다. 어떤 장소에서 오랜 기간 동안 나타난 강수량 기온 바람 등을 평균한 것이 기후이다. 날씨가 모여 기후를 이루는 것이다. 지난 선거의 통계자료를 일정한 기준에 따라 심층적으로 수집 정리 분석하여 하나의 생태계처럼 형성되어 있는 객관적 선거지형과 환경을 데이터로 세밀하게 먼저 심층분석하여야 한다.

선관위 통계시스템

중앙선관위 사이트에서 선거통계시스템=> 투·개표=> 개표단위별 개표결과 순서로 들어가면 대통령 국회의원 광역단체장 기초단체장 광역의원 기초의원 선거의 각 정당 후보자의 득표현황을 자료로 볼 수 있다. 자신이 출마하고자 하는 선거 위주로, 예를 들어 기초단체장 출마를 희망할 경우 지난 기초단체장 선거를 우선하여, 통계자료를 분석하도록 한다. 최소한 최근 10년이내 선거 통계자료를 읍면동별 투표구별로, 유효득표수를 기준으로하여, 정당별로 수집 정리하도록 한다.

중장기 흐름

최소 대선2회 총선2회 지방선거2회 이상의 각 정당별 득표율 데이터가 쌓이면 특정정당 A정당을 기준으로 그 정당의 최대득표율과 최소득표율이 보인다. 최소득표율이 'A정당 적극지지층'이다. 최대득표율에서 최소득표율을 뺀 값은 'A정당 소극지지층'이 된다. 경쟁정당인 B정당도 이런 방법으로 'B정당 적극지지층'과 'B정당 소극지지층'을 찾으며, 그 외의 나머지 비율은 '중도층'이 된다. '부동층=스윙보터층'은 '중도층+A정당 소극지지층+B정당 소극지지층'을 합한 것이 되며, 그 당시 선거 후보자나 선거 상황에 따라 지지를 바꾸거나 철회하는 성향의 국민인 것이다.

선거지형 데이터화

비대면 선거를 준비하는 선거지형 데이터화는, 자치구별보다는 읍면동별로 투표구별로, 가능한 최소단위로 세분화 하는 것이 바람직하다. 투표결과 데이터를 바탕으로 지역적 지지흐름 생태계를 절대우세 상대우세 백중 상대 열세 절대열세 지역으로 5단계 구분하여 선거구 전체 또는 세분화 단위지역 을 파악하도록 한다. 지역별 선거지형 분석 데이터화가 완료되면 단계별로 전략적 타겟층과 타겟지역을 선정한다. 우선 타겟층 1순위는 지난 선거에서 자신의 정당을 지지하였다가 이탈한 지지층이며, 2순위는 중도층으로, 3순 위는 상대 정당을 지지하였지만 이탈한 지지층 순서로 득표전략을 기획 수 립하도록 한다. 데이터 과학화의 목표는 객관적인 선거관련 데이터화로 후보 자의 선거운동을 효율적으로 전개하여 득표를 최대화하는 것이다. 선관위 통계시스템 자료를 활용하여 세분화 단위까지 정당별 지지에 대한 선거지형 과 변화흐름을 추적 분석하는 것은 기본적인 데이터 선거 준비행위이다.

[나만의 창의적 융합]

〈창의적 통찰력〉 〈온오프 일체화〉 〈콘텐츠 경쟁력〉 각 항목을 응용하여 생태계가 남다 르게 하는 나만의 실행방안은?

4장 예측과 정확성이 다른 데이터 과학화 전략

090

포지셔닝

경계선 지능을 가진 포레스트의 인간승리 이야기이다.
누구보다 빠르게 달릴 수 있는 자신의 재능을 깨닫는다.
불행과 방황의 시절도 있지만 늘 달리는 삶을 살아간다.
세상에서 가장 눈부신 달리기가 시작된다.
"Run! Forrest Run!"

영화 '포레스트 검프Forrest Gump'는 자신의 운명을 개척하기 보다는, 자신에게 주어진 새로운 인생에 순응하며 살아가는 이야기이다. '인생은 초콜릿 상자와 같다. 네가 무엇을 고를지 아무도 모른다.' 영화에 나오는 명대사이다. 한치 앞을 바라볼 수 없는 것이 인생이다. 포레스트는 주어지는 상황을 받아들이면서 운명과 함께 보조를 맞추지만, 남다른 달리기 재능을 살려서 달리기로 성공하는 삶을 산다.

통찰력 지수

비대면 선거의 시작은 우선 후보자 자신의 비교우위 장단점을 잘 파악하는 것부터 출발하여야 한다. 후보자 자신과 경쟁 후보자의 주요 요인을 비교분석하여 데이터화 한다. 후보자 자신만의 장단점 파악은 포지셔닝 전략에서 무의미할 수 있다. 경쟁 후보자에 따라 포지셔닝이 달라질 수 있으므로 반드시 경쟁 후보자를 포함하도록 한다. 비교분석 주요 요인은 각자 다를 수 있지만, 타겟팅과 지지가 다른 창의적 통찰력 전략의 25가지(001 프레임~025 인지도) 요인을 기준으로 하여 각 요인에 대해 10점을 최고점으로 250점을 만점으로 통찰력 지수를 평가한다. 매월 1회 캠프의 실무 주요 책임자들이 후보자와 경쟁 후보자의 장단점을 지속적으로 모니터링하여 통찰력 지수를 평가하고 이를 정기적으로 책임자별로 데이터화 하도록 한다.

4장 예측과 정확성이 다른 데이터 과학화 전략

일체화 지수

비대면 선거에서 온오프일체화는 선택이 아닌 필수적인 트렌드이다. 장점을 잘 찾아야 이기는 방법을 알 수 있다. 속도와 파급력이 다른 시스템 일체화 전략의 25가지(026 온오프일체화~050 집단적 힘) 요인을 기준으로 하여 각 요인에 대해 10점을 최고점으로 250점을 만점으로 일체화 지수를 평가한다. 매월 1회 캠프의 실무 주요 책임자들이 후보자와 경쟁 후보자의 장단점을 지속적으로 모니터링하여 일체화 지수를 평가하고 이를 정기적으로 책임자별로 데이터화 하도록 한다.

콘텐츠 지수

국민들이 비대면에서 후보자와 만나는 지점이다. 관심과 확장력이 다른 콘텐츠 경쟁력 전략의 25가지(051 가치와 철학~075 브랜드) 요인을 기준으로 하여 각 요인에 대해 10점을 최고점으로 250점을 만점으로 콘텐츠 지수를 평가한다. 매월 1회 캠프의 실무 주요 책임자들이 후보자와 경쟁 후보자의 장단점을 지속적으로 모니터링하여 콘텐츠 지수를 평가하고 이를 정기적으로 책임자별로 데이터화 하도록 한다.

비교우위 경쟁력

영화 '포레스트 검프'에서 포레스트는 경계선 지적능력을 가진 핸디캡을 가지고 있었지만, 자신의 재능이자 장점인 달리기와 관련된 삶을 살아가는 것으로 포지셔닝 전략을 선택하여 성공하는 인생을 살게된다. 후보자는 자신의 브랜드를 국민들의 마음이나 인식에 어떻게 자리 잡아야 하는가 하는 포지셔닝 전략을 수립하고 실행해야 한다. 후보자가 아무리 자신의 브랜드를 이러이러하다고 강조해도 국민이 그것과 다르게 인식을 할 수도 있으므로 실행한 전략의 평가도 뒤따라야 한다. 매월 1회 정기적으로 경쟁 후보자와 비교분석하여 데이터화를 진행하면 특정한 몇가지 비교우위 경쟁력을 가지는 부분이 눈에 띄게 보인다. 이 부분을 중점적으로 강화하는 포지셔닝 전략으로 월간 주간 일간 활동계획을 체계적으로 수립하도록 한다. 또한 비교우위가 될 수 있는 여건을 기획하여 단계적으로 실행하고 만들어 나가야 한다. 자체분석이 국민의 눈높이에서 정확하여야 부족한 부분을 채울 수 있다. 경쟁 후보자 분석에 따라 자신의 포지셔닝이 달라지기도 하고, 자신의 포지셔닝에 따라 경쟁 후보자의 분석이 달라지기도 한다. 무엇이 우선인지는 선택의 문제이다.

[나만의 창의적 융합]

〈창의적 통찰력〉 〈온오프 일체화〉 〈콘텐츠 경쟁력〉 각 항목을 응용하여 포지셔닝이 남다르게 하는 나만의 실행방안은?

091 모니터링

태어난 순간부터 30년 동안 전세계에 24시간 생중계되고 있다.
일거수일투족이 생방송되는 거대한 세트 속에 그는 살고있다.
아내와 친구는 물론 모든 사람은 각자 역할을 맡은 배우이다.
영화 '트루먼 쇼^{The Truman Show}'의 트루먼의 삶이다.

지금 당신은 진짜 인생을 살고 있나요? 실시간으로 전 세계인들에게 그의 삶이 모니터링되고 있던 트루먼이 자신의 모든 생활이 조작되고 연출된 삶이라는 사실을 알게 된다. 모든 것이 가짜인 '트루먼 쇼'의 주인공은 진짜 인생을 찾기 위한 여정을 시작한다.

실시간 모니터링

전 국민이 좋아하는 고스톱을 잘 치는 비결은 상대방이 무엇을 손에 들고, 무엇을 판에 내고, 무엇을 판에서 가져가는지 흐름을 파악하면서 다음에 내가 무엇을 할 것인지 판단하여 행동하는 것이다. 놀이로 하는 고스톱도 상대방의 행동을 관찰하고 판 전체 흐름을 분석하는 것이 기본이다. 비대면 선거에서는 당연히 경쟁 후보자들에 대한 실시간 모니터링을 하고 캠프 주요 책임자들이 매일매일 그 현황을 공유하는 기본적 시스템이 되어 있어야 한다. 모니터링은 '023 위기관리'의 사전 방어적 조치이다. 특히 위기의 징후를 감지하는 상대 후보자 주요 포스팅, 국민의 반응, 객관적 숫자, 외부 데이터, 상승하강 흐름 등 기본적 모니터링은 데이터화하여 관리해야 한다. 그러나 실제 선거캠프에서는 경쟁 후보자가 무엇을 하는지 제대로 모니터링을 하지않고, 후보자 자신의 목소리만 내고 자신의 스케줄대로 움직이는 경우를 적지않게 본다. 고스톱의 가장 평범한 진리를 깨달아야 한다.

4장 예측과 정확성이 다른 데이터 과학화 전략

훈련된 인력

실시간 모니터링에서 이상한 흐름이 있을 때는 즉시 매뉴얼에 따라 보고가 되고, 보통은 일정한 시간을 정하여 최소1일 1회 매일 모니터링 현황을 일정한 양식에 따라 보고하는 체계와 시스템이 되어 있어야 한다. 모니터링의 특성상 전후 맥락을 잘 이해하고 대응하기 위해서는 훈련된 인력이 담당하여야 한다. 뉴미디어 각각에 대한 기본적인 이해도는 갖추고 있는 인력이어야 한다. 처음부터 훈련된 인력이 아니더라도 업무를 전담하도록 하여 점차 숙련도를 높여가야 한다.

대응 시스템

실시간 모니터링에서 위기가 감지될 경우 신속히 대응하여야 할 경우를 가상하여 매뉴얼을 작성하고 이에 따른 가상훈련을 하도록 한다. 가장 중요한 것은 시스템에 의한 적절한 대응이다. 최대 위기상황과 최소 위기상황을 가상하여 각 상황에 대한 인력배치와 단계적 대응을 사전에 준비하고 있어야 한다. 특히 후보자에 대한 네거티브 공격과 언론의 부정적 기사에 대한 비대면 언택트에서의 효율적 대응을 위한 자체 대처능력을 강화하여 나가야 한다. 대응에 대한 자체평가도 실시하여 향후 비슷한 사안에 대응하는 매뉴얼을 업그레이드 시켜야 한다.

경쟁 후보자 관점

모니터링은 경쟁 후보자들의 전체 현황을 한눈에 알아볼 수 있어야 한다. 상황을 실시간으로 추적하면서 각 뉴미디어들에 대한 포스팅 내용과 반응 및 향후 예상 등을 예측하고, 이에 대응하여 후보자는 무엇을 할 것인지 구체적 대응방안도 함께 분석하여 제시하여야 한다. 주의할 점은 모니터링의 관점이 후보자 관점이 아니라 경쟁 후보자 관점이어야 한다. 나의 관점에서 상대를 생각하면 상대가 하고자 하는 의도를 놓치기 쉽다. 따라서 경쟁 후보자의 관점에서 경쟁 후보자의 사고를 따라서, 경쟁 후보자가 사고하는 방식으로 사고하여야 한다. 즉 경쟁 후보자의 심리에 초점을 맞추어 모니터링을 하여야 한다. 경쟁 후보자들은 인터뷰와 포스팅 등에서 자신의 생각과 방향 등 자신의 많은 것을 드러내고 표현한다. 이것을 잘 모니터링하여 다음 단계를 예측하고 대응하도록 한다. 연결부위는 어디든 항상 가장 약한 곳이다. 각 부분들이 연결되는 곳에서 불화와 분열이 있는지 모니터링에서 잘 파악하고, 이러한 약점이 찾아지면 이곳을 공격포인트로 잡도록 한다.

[나만의 창의적 융합]

〈창의적 통찰력〉 〈온오프 일체화〉 〈콘텐츠 경쟁력〉 각 항목을 응용하여 모니터링이 남다르게 하는 나만의 실행방안은?

4장 예측과 정확성이 다른 데이터 과학화 전략

092

흐름추적

총상을 입고 바다를 표류하던 남자가 어부들에게 구조된다. 기억을 잃었지만 유일한 단서로 자신의 정체를 추적해간다. 관련된 퍼즐들이 하나둘 맞추어지기 시작한다. 베스트셀러를 원작으로 한 영화 '본 아이덴티티 The Bourne Identity**'이다.**

제이슨이 자신의 과거를 하나하나씩 추적해 가는 것이 주된 내용인 이 영화의 씨네리뷰에 이런 언론기사가 있다. '독특한 점은 초반부터 관객은 제이슨의 정체를 아는데 제이슨만 자기가 누구인지를 모른다는 것이다.' '심리적 긴장은 제이슨이 정체를 알려줄 수 있는 자를 결국 찾아낼 수 있을 것인가를 지켜보는 데서 비롯된다.'

네이버 검색량데이터

네이버 검색광고 또는 데이터랩에서 키워드 검색량 데이터를 매일 체크하여 변화의 흐름을 반드시 파악하도록 하여야 한다. 네이버 검색광고로 검색량을 체크할 경우, PC버전으로 하여 네이버 검색광고=>키워드 도구로 들어가서 키워드 최대 5개까지 경쟁 후보자의 검색량을 한 번에 체크하도록 한다. 검색량이 증가하였다는 것은 인지도가 증가하거나 관심이 증가하여 제기한 이슈에 대하여 민감하게 반응하였다는 의미이다. 그러나 검색 내에는 긍정적 관심과 부정적 관심이 모두 포함되어 있으므로 일방적인 긍정적 선거민심으로 해석하여서는 안된다. 단지 긍정이든 부정이든 국민의 관심도가 증가한 수준으로 해석하여야 한다. 검색량 트렌드로만 지지도 증가나 선거의 유리와 불리를 판단하는 것은 무리이다. 네이버 데이터랩은 통합검색에서 검색된 검색어와 검색횟수를 기간별 연령별 성별로 조회할 수 있는 장점이 있다.

4장 예측과 정확성이 다른 데이터 과학화 전략

구글 트렌드

비대면 선거에 데이터 중심의 예측모델에 대한 국민들의 관심도가 증가한 것은 너무나 바람직한 현상이다. 선거가 치열하면 치열할수록 구글 트렌드는 항상 후보자들간의 비교를 통한 직관적인 데이터로 관심을 끌고 있다. 지난 4.7서울시장 보궐선거 야권 단일후보로 각종 여론조사 결과를 바탕으로 접전을 예상했지만, 구글 트렌드는 오세훈 후보가 안철수 후보를 검색량에서 압도했다는 것을 보여주었다. 미국 대선의 경우에서도 후보자의 이름과 주요정책공약 등을 중심으로 구글 트렌드를 활용하여 미국 대선을 예측하기도 하였다. 그러나 검색량 증가는 국민의 관심도 증가를 의미하는 것이지 지지도가 증가한 것을 의미하지는 않는다. 부정적 이슈에 따라 검색량 증가가 나타날 수 있는 점을 걸러내지 못하는 아쉬움이 아직 남아있다. 키워드에 감성분석을 적용한 세분화된 검색량 데이터로 후보자들의 지지도 증감이 예측가능한 시기가 머지않아 오기를 기대한다.

소셜분석 데이터

비대면 선거의 흐름을 추적하는 또 하나의 데이터는 유튜브 인스타그램 블로그 페이스북 트위터 등 각 뉴미디어들의 분석 데이터이다. 구독자수 이웃수 방문자수 조회수 좋아요수 댓글수 등 오픈되어 있는 객관적인 숫자들을 중심으로 경쟁 후보자들과 비교대조하여 흐름을 추적하도록 한다. 일간현황을 그래프로 연결하여 상승곡선인지 하강곡선인지를 보여주는 것이 좋다.

여론조사 분석

비대면 언택트의 객관적인 지표로 여론조사가 갖는 중요성이 점점 더 커지고 있다. 유무선 비율 등 표본에 따라 결과의 차이가 다소 있더라도 상승세인지 하강세인지 흐름을 파악하는 것이 아주 중요하다. 거기에 맞추어 주요한 전략을 다르게 세워야 한다. 며칠이 멀다하고 언론에서 각종 여론조사 결과가 발표되고 그 발표에 따라 정치권은 물론 국민들도 출렁거린다. 국민의 여론을 반영하는 여론조사가 경선에 일정비율로 도입되더니 이제는 서울시장과 부산시장 후보도 일부 정당에서는 100% 여론조사로 결정하기도 하였다. 단순히 흐름을 반영하는 보조적인 것이 아니라 국민의 의사를 대신하여 결정한 사례였다.

[나만의 창의적 융합]

〈창의적 통찰력〉〈온오프 일체화〉〈콘텐츠 경쟁력〉 각 항목을 응용하여 흐름추적이 남다르게 하는 나만의 실행방안은?

4장 예측과 정확성이 다른 데이터 과학화 전략

093 인포그래픽

요즘 만석이라 미어터지는 '두유노클럽'을 아시나요?
윤여정의 입성으로 '두유노클럽'은 더 뜨거워졌다.
이 클럽은 실존하지는 않지만, 한국을 빛낸 '명예의 전당'이다.
인포그래픽 한 장이 한꺼번에 내용을 구체적으로 알려준다.

나타내고자 하는 콘텐츠를 시각적인 비주얼 요소로 쉽고 빠르게 전달하며, 일반적인 사진이나 그림과는 달리 스토리를 통해 정보를 전달한다. 배우 윤여정이 위풍당당하게 입성한 클럽을 소개하는 인포그래픽이 텍스트 기사보다 훨씬 더 흥미를 유발한다. 일명 '국뽕 클럽'이라고도 불리는 한국을 빛내거나 찬양하게 한 인물들의 클럽이다. 봉준호 김연아 손흥민 박찬호 류현진 페이커 방탄소년단 등의 이름이 보인다.

데이터 시각화

비대면 언택트에서 분석한 데이터를 숫자 그대로 읽는 것은 불편하다. 시각적인 그래프나 도표 등을 활용하여 비교와 대조가 잘 되도록 하여야 한다. 데이터 분석 결과를 쉽게 이해할 수 있도록 시각적 수단을 통해 효과적으로 전달하는 것이 데이터 시각화이다. 인포그래픽은 데이터 시각화의 한 종류이다. 깊이 있는 정보분석이 뒷받침될 때 시각적 표현 역시 강한 전달력을 가질 수 있다. 데이터를 요약해 표현하는 인포그래픽은 일기예보 기상도나 기사 내용의 통계수치 그래프 등에서 많이 쓰이고 있다. 비대면 선거에서는 한 장에 통찰력 있는 내용을 담아 국민들에게 흥미를 유발시켜 직관적으로 전달하도록 한다. 나아가 각 뉴미디어들에 이 한 장을 공유함으로써 플랫폼에 빠르게 확산되도록 하는 측면을 고려하여야 한다.

흥미 유발

2019년 통계에서 1분동안 인터넷 세상에서 유튜브에서는 450만 뷰, 구글에서는 380만건이 검색되었다. 우리는 이처럼 정보의 홍수 속에서 살아가고 있기 때문에 감성을 자극하고 흥미를 유발하는 정보가 아니면 자연히 그 정보는 패싱하게 된다. 적절한 아이콘과 컬러를 사용하고 재미까지 더하여 보는 사람의 눈길을 멈추게하고 클릭하게 만들어야 한다. 사용자들이 쉽게 이해하고 관심을 가질 수 있도록 시각화하는 인포그래픽의 중요성은 갈수록 높아지고 있다.

직관적 전달

정보의 격차가 곧 사회적 격차로 이어지는 오늘날 인포그래픽은 정보격차 해소를 위한 매우 중요한 역할을 한다. 정보의 핵심을 직관적으로 보여주면서 일반 국민들도 쉽고 정확하게 필요한 정보를 이해할 수 있도록 도와준다. 복잡한 데이터를 보기 좋고 단순하게 시각화해 누구라도 데이터를 재미있게 접하도록 한다. 따라서 그래픽을 제작하는 것뿐만 아니라 담기는 정보의 메시지를 전달하는 것에도 중점을 두어야 한다. 정보를 재해석하고 이를 쉽게 풀어내는 능력 또한 필요하다.

빠른 공유확산

비대면 언택트에서 분석한 데이터는 보는 사용자 중심의 인포그래픽으로 만들어서 데이터를 정보로 변화시키면서 스토리가 그려지도록 하여야 한다. 숫자로만 쓰여져 있거나 텍스트화로만 되어 있을 경우에는 이를 다른 뉴미디어들에 공유하여도 빠른 확산을 기대하기가 힘들다. 잘 만들어진 한 장의 인포그래픽은 호기심을 자극하여 클릭을 유도하고, 나아가 공유하는 행동으로 옮기도록 하는 힘을 가진다. 최근에는 모바일의 특성에 맞추어 90도 회전을 하지않고 모바일에서 바로 보는 세로형 콘텐츠들이 많이 제작되고 있는 추세이다. 인포그래픽 또한 세로형으로 모바일에서 글자크기가 잘 보이는 정도의 적절한 크기를 유지하도록 기획하고 제작되어야 한다. 너무 세로로 길게 제작하면 모바일 화면에서 가독성이 떨어진다. 모바일 최적화를 고려하여야 한다. 데이터 내용의 모든 부분을 두드러지게 하기보다는, 그 중에서 우선 강조하고자 하는 부분만 특히 두드러지게 하여 보는 사람들에게 명확하게 전달하는 표현력도 또한 중요하다. 인포그래픽을 다운로드하여 활용하는 사이트로 Canva와 Infogram을 추천한다.

[나만의 창의적 융합]

〈창의적 통찰력〉〈온오프 일체화〉〈콘텐츠 경쟁력〉 각 항목을 응용하여 인포그래픽이 남다르게 하는 나만의 실행방안은?

업데이트

편향된 데이터는 어떻게 세계의 절반을 지우는가?
여성과 관련된 정보와 지식이 제대로 수집되지 않는다.
'젠더 데이터 공백'이 생겼다. 최신으로 업데이트시켜야 한다.
'보이지 않는 여자들Invisible Women'이 알려주는 통찰력이다.

시스템 자체에서 저절로 주어지는 디폴트값Default Value이 남성을 기준으로 삼은 것이 문제였다. 데이터 관점에서 성차별 매커니즘을 밝히고 있다. 표준 사무실 온도를 결정할 때 70kg인 40세 남성의 기초대사율을 기준으로 한다. 이런 탓에 여성들에게 적정한 온도보다 평균 5도가 더 낮다. 젠더 문제의 새로운 패러다임을 제시하였다. 데이터가 보여주는 불평등의 세계이다. 디폴트값 업데이트Update가 필요하다.

올바른 데이터

비대면 언택트에서 데이터의 중요성이 커지면 커질수록 잘못된 데이터가 가지는 심각성이 문제점으로 더 크게 부각된다. 남성들 평균 손 크기에 맞추어진 스마트폰은 여성들이 겨우 손에 쥘 수 있기에 자주 떨어뜨린다. 심장마비의 진단과 치료가 남성에게 맞춰져 있어 여성 심장마비 환자들이 골든타임을 놓치는 일도 잦으며 사망할 확률은 남성의 2배에 이른다. 잘못된 디폴트값에 의한 편향된 데이터가 여성들을 투명인간으로 만들며 심지어 세상의 표준에 여성은 보이지 않도록 만들고 있다. 올바르지 않은 데이터들이 보여주는 심각한 폐해의 단편적인 모습이다. 올바른 데이터 수집 분석 활용의 필요성을 인식시키는 사례이다. 데이터 기반 선거의 기초를 제대로 확립하기 위하여 데이터가 수집단계부터 이러한 문제점이 발생하지 않도록 하여야 한다.

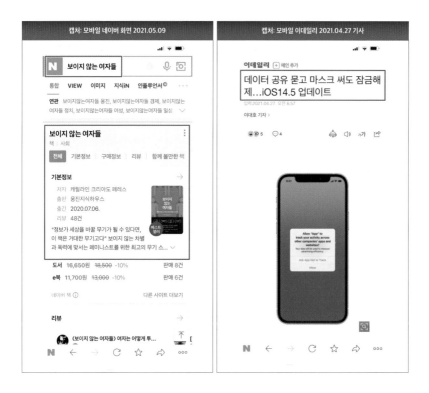

최신 데이터

데이터의 생명은 최신성과 정확성이다. 최신성은 데이터 수집단계에서 가장 최근의 데이터로 업데이트하여 입력하여야 한다. 선거캠프에서는 문자 메시지 발송용 데이터를 상당히 많이 가지고 있다. 특히 대량문자 발송의 경우에 업데이트되지 않은 데이터로 인한 적지않은 컴플레인에 직면하는 경우가 있다. 컴플레인이 들어오면 즉시 잘못된 데이터를 삭제하거나 수정하여 업데이트 하여야 한다. 그대로 방치하여 예전 데이터로 2~3회 발송되면 뜻하지 않은 난관에 직면할 수도 있다.

승리 가능성

철지난 데이터로 준비를 하고 예측하게 되면 정확성은 당연히 떨어진다. 철지난 구식무기로 전쟁을 하려고 하면 승리의 가능성이 낮아지게 된다. 최신 무기로 전쟁을 치러야 승리의 가능성이 높아진다. 데이터 업데이트를 가로막는 가장 큰 요인은 후보자의 데이터 선거에 대한 인식부족이다. 선관위 통계시스템 공보자료 등을 비롯한 대부분의 데이터들은 단순 수집 그 자체만으로 바로 활용할 수 있는 경우가 많지 않다. 기준을 세워서 분류하고 분석하고 검증하는 단계를 거쳐야만 비로소 데이터가 정보로서의 기능을 발휘하게 된다. 데이터는 단순히 관찰하거나 측정하여 수집한 자료이지만, 정보는 데이터를 활용할 수 있도록 분석처리한 유용한 결과물이다. 승리의 가능성을 높이기 위해서는 데이터를 정보로 만들어가는 상당한 사전준비 시간과 노력이 필요한 것이다.

정기적 자료정리

정기적이고 규칙적으로 자료를 정리하고 업데이트 하는 것은 비대면 선거에서 관련된 주요 책임자들에게 중요한 영향을 미친다. 항상 정기적으로 업데이트된 상태의 데이터로 각 파트의 책임자들이 업무를 수행하고 있을 때에는, 데이터에 대한 신뢰가 있기에 발생하는 문제점이나 좋은 점을 정확히 파악하고 예측할 수 있다. 그러나 데이터가 업데이트 되지 않은 상태이면 기본적인 예측을 하기가 어려운 상태에 놓여지게 된다. 언제나 최신의 상태로 업데이트 되도록 시스템으로 구축하고 만들어야 한다. 자동으로 각각의 데이터들이 업데이트 되는 구글 스프레드시트Google Sheets 등이 있다. 링크를 연결하고 매칭하여야 하므로 전문가의 도움을 받는 것이 좋다.

[나만의 창의적 융합]

〈창의적 통찰력〉〈온오프 일체화〉〈콘텐츠 경쟁력〉 각 항목을 응용하여 업데이트가 남다르게 하는 나만의 실행방안은?

095 소셜 분석

데이터는 돈이며 21세기 원유이다. '감시 자본주의'가 탄생했다.
사용자가 구글을 검색하지만, 사실은 구글이 사용자를 검색한다.
사용자가 뉴미디어를 활용하였지만, 사실은 뉴미디어 플랫폼이
사용자 행동을 활용한 데이터로 전에 없던 권력을 손에 넣었다.

사용자가 누른 좋아요와 클릭하고 검색한 정보가 행동 데이터가 된다. 취향
이나 정보를 알아서 추천하는 알고리즘이 미래에 좋아할 만한 광고와 서비
스를 추천한다. 예측서비스가 만들어진다. 사용자 경험을 통해 감시이익을
창출하는 '감시 자본주의'라는 새로운 경제질서가 수립되었다. 데이터로 인
한 디스토피아를 분석 조명한 책이다.

뉴미디어 메트릭스Metrics

비대면 플랫폼들의 추천 알고리즘이 만들어내는 확증편향과 필터버블
은, '감시 자본주의 시대' 저자의 관점에서는, 운영자들이 사용자 개개인의
행동 데이터를 바탕으로 예측서비스를 제공하는 과정에서 생기는 현상이다.

ICT기술의 발전이 더 나은 미래를 만들어낼 것이라는 긍정적 관점에서, 플랫폼들이 제공하는 행동 데이터를 분석하여 제공하는 소셜분석인 소셜메트릭스를 발전적으로 잘 활용하는 것이 중요하다. 각 플랫폼들은 계정 운영자들에게 방대한 분량의 메트릭스를 제공하고 있다. 키워드 분석은 물론 감성분석의 기초단계 수준까지, 일간 주간 월간은 물론 시간대별로, 심도깊게 다각도에 걸쳐 각 콘텐츠 포스팅에 대한 반응을 담은 다양한 데이터를 관리자 페이지에서 제공하고 있다. 각 뉴미디어들의 효율적 운영과 비대면 선거의 싸움을 잘 하기 위하여 반드시 메트릭스를 바탕으로 한 뉴미디어 운영이 되어야한다.

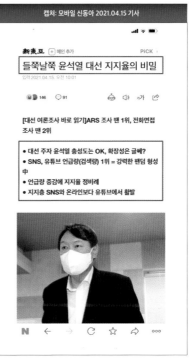

인사이트 찾기

데이터 수집 분석은 향후 효율적으로 활용할 수 있는 통찰력인 인사이트를 찾기 위한 과정이다. 인스타그램의 경우 최근7일 또는 최근30일의 도달과 노출, 팔로워의 지역 연령 성별 등은 콘텐츠 반응을 객관적으로 확인하는 주요한 데이터이다. 블로그의 경우 정보를 취득하는 국민의 관점을 파악할 수 있는 사용자분석⇒ 유입분석⇒ 검색유입 사이트유입에 특히 우선순위를 두어야 한다. 특정 키워드나 주제에 대하여 유입이 급격히 증가하는 경우를 잘 분석하여 참고한다.

유튜브 인사이트

유튜브 알고리즘 연구자들이 추천 알고리즘을 분석한 결과를 종합하면 조회 수, 시청 시간, 조회 수 증가 속도, 좋아요 싫어요 댓글 공유 같은 시청자의 참여도, 참신성, 채널 내 영상 업로드 빈도, 지역, 세션 시간, 선호하는 영상 주제, 과거 시청 데이터 등 개인적 선호도를 고려하여 우선순위 추천영상 목록을 만든다고 한다. 2019년 4월 언론진흥재단이 주도하여 유튜브의 추천 영상 목록을 수집해 분석하는 '유튜브 추천 알고리즘과 저널리즘' 실증적 연구를 하였다. 유튜브 알고리즘은 방송사가 제공하는 영상, 제목이 길거나 제목 안에 주요 키워드가 많은 영상, 라이브 영상을 선호, 짧은 영상보다는 긴 영상을 선호, 특정 기간 화제가 되는 이슈를 집중적으로 추천, 필터버블 문제지적을 고려하여 의도적 장르 다양성 추천, 시청 시간watch time이 유튜브 추천 알고리즘의 중요한 요인으로 분석되었다. 또한 채널 첫 영상은 안내영상으로 1~3분 분량, 섬네일은 직접 제작, 제목과 설명문이 겹치도록 함, 태그는 주제관련 인기 키워드로 최대 10개, 라이브는 예고를 최대한 많이하고 종료 후 하이라이트 제공할 것으로 분석결과를 바탕으로 제언하였다. 유튜브 전체 시청 시간의 70%가 알고리즘 추천에 의존하고 있다고 한다.

비대면 흐름분석

소셜분석을 통해서 포스팅과 결과 분석 사이의 관계를 잘 찾도록 한다. 좋은 결과를 만들어내는 포스팅이나 키워드 장소 타겟대상 등의 요인을 객관적으로 분석하여 이를 향후 운영에 반영한다. 성공과 실패의 요인을 점차 데이터화하고 이 데이터들로 비대면 흐름을 상승세로 이끌어가는 수준으로 분석되어야 한다.

[나만의 창의적 융합]

〈창의적 통찰력〉〈온오프 일체화〉〈콘텐츠 경쟁력〉각 항목을 응용하여 소셜 분석이 남다르게 하는 나만의 실행방안은?

096　분류와 검색

영화등급은 잠재적인 수용자층을 결정하는 중요한 요인이다.
영화를 보고 장면을 일일히 확인해야하는 매우 고된 작업이다.
등급에 따라 영화 제작자들의 수익에 상당한 영향을 미친다.
알고리즘은 제작전 대본을 보고 수초만에 등급을 예측하여준다.
촬영전에 대본을 수정하여 등급을 조정하는 것이 가능하여졌다.

인공지능이 폭력행위, 약물중독, 성적인 내용 등 위험 행동과 패턴 그리고 언어를 학습한다. 대본의 문장이나 표현들을 긍정 부정 공격 등으로 분류한다. 사람이 영화를 보고 이런 장면을 일일히 확인해야 하는 불편함을 없앤다. 영화 촬영 전에 대중의 평가를 예상하고 즉각적인 피드백이 가능하다.

해시 태그 ^{Hash Tag}

　　해시태그는 뉴미디어의 포스팅을 주제별로 그룹화하는 일종의 꼬리표를 다는 기능으로 2007년에 등장하여 지금은 일반화 되어있다. 해시 기호# 뒤의 문구는 띄어쓰지 않으며, 띄어 쓰게 되면 해시태그가 아닌 것으로 인식된다. 트위터는 2009년 모든 해시태그에 링크를 달아서 누르면 같은 포스팅을 검색할 수 있도록 하였다. 사용자가 공유하는 관심사를 묶어서 보여주었다. 관련 정보를 묶는 정도의 기능으로 시작하였지만, 지금은 관심사 검색과 마케팅 홍보수단 그리고 참여자를 모으는 이벤트 기능 등 문화현상 등에도 쓰인다. 일상화 콘텐츠가 많은 인스타그램에서는 가볍게 취미를 같이하는 사용자들의 놀이수단으로 사용하기도 한다. 나아가 정치적인 이슈에 대한 의사표시의 수단으로도 사용한다. 같은 해시태그로 포스팅된 태그의 양이 많으면 핫한 이슈로 인식되므로 트렌드를 파악하는 중요한 요소이기도 하다.

4장 예측과 정확성이 다른 데이터 과학화 전략

뉴미디어 태그

비대면 언택트에서 일반화된 문화현상인 해시태그를 잘 운영하면서 이와 관련된 데이터 분류와 검색을 체계적으로 하는 전략이 필요하다. 콘텐츠를 기획 제작하는 과정에서 모든 데이터를 다 잘 분류하고 검색하기는 쉽지 않다. 후보자가 비대면 선거에서 특별히 싸움에 이기기 위하여 연령대별 성별 직능별 주제별로 타겟을 두는 키워드를 선정하도록 한다. 키워드는 각 뉴미디어별 특성에 맞추어 다르게 선정하여도 좋다. 집중적으로 타겟 키워드를 검색하고 데이터를 수집 분석하도록 한다. 일정한 데이터가 모여지고 분석되면 공통되는 흐름이 보인다. 특히 키워드와 관련되는 연관 검색어에 관한 데이터도 수집하고 분석하도록 한다. 우선순위 키워드에 따라 선거에 활용하기 위한 목적으로, 후보자가 가능한 수준에서만 데이터를 분류 관리하도록 하여야 한다. 단지 보관만하는 데이터는 비효율적이고 시간 낭비이다.

데이터공개 분류

'082 데이터 수집'에서 언급하였듯이, 선거용 데이터베이스를 구축하여 데이터를 한 곳에 모아야 한다. 각 파트의 책임자들 위주로 이 데이터를 검색하고 활용하지만, 선거라는 특성상 일정한 데이터에 대해서는 내부 보안을 위해 공개제한을 하여야 할 필요성이 있다. 따라서 데이터별로 최소한 전부공개, 일부공개, 비공개 등 최소한 3단계 보안등급을 자체적으로 부여하여 데이터 공개와 외부반출을 제한하는 내부규칙을 만들어 시행하도록 한다.

효율적 관리

비대면 선거의 데이터를 효율적으로 관리하여 데이터를 중복으로 생산하는 비효율을 방지하고 생산된 데이터를 각 부서들이 기획에 잘 활용할 수 있도록 하여야 한다. 그러기 위해서는 최초 데이터 생산자가 데이터 분류 기준과 목록 작성을 정확하게 하여 관리자에게 넘겨주고, 관리자가 이를 리스트화하여 전체 공유하고 각 부서 책임자들이 잘 검색하여 사용하도록 지원하여야 한다. 데이터 공유와 검색지원이 잘 이루어지면 필요한 데이터를 찾기위해 이리저리 검색하던 많은 시간을 절약할 수 있다. 처음에는 업무협조가 다소 원활히 되지 않더라도 기획 제작을 진행해가면서 체계적인 시스템을 구축하여야 한다.

[나만의 창의적 융합]

〈창의적 통찰력〉〈온오프 일체화〉〈콘텐츠 경쟁력〉 각 항목을 응용하여 분류와 검색이 남다르게 하는 나만의 실행방안은?

097 생각 예측

'어머, 어떻게 알았지? 내 성격하고 너무나 똑같다.'
누구에게나 맞을 수밖에 없는 것을 나에게만 맞는다고 생각한다.
성격에 대한 보편적 설명인데 나에게만 일치한다고 생각한다.
혈액형 성격과 타로를 믿는 것은 '바넘 효과Barnum Effect'이다.

비대면 언택트 시대에 16가지 성격 유형을 구분하는 MBTI를 비롯하여 꽃테스트, 컬러테스트, 호구성향테스트, 무의식동물테스트, 향수테스트 등 다양한 소재와 설정으로 각종 심리테스트들이 인기를 끌고 있다. 테스트 결과를 뉴미디어에 포스팅하고 공유하면서 즐긴다. 심리학자인 버트럼 포러Bertram Forer는 모든 학생들에게 '똑같은' 내용의 성격 검사 결과지를 나눠주고 평가 결과를 모아 분석해보니 5점 만점에 4.26으로 매우 높은 일치도를 보인 것을 실험을 통해 입증했다.

현재 생각예측

데이터 기반의 과학선거를 위해 수집하고 분석한 결과가, 바넘효과나 포러효과처럼, 누구에게나 다 맞는 일반적인 내용이어서는 곤란하다. 데이터 선거는 국민들의 행동 데이터를 바탕으로 현재 국민들의 생각을 알아내는 과학에 가깝다. 사람들의 생각과 실제 행동이 다른 경우가 적지 않다. 예를 들어 A정당 이슈현안 인스타그램 포스팅에 어떤 국민이 좋아요를 누른 행동 데이터 하나가 있을 경우, 현재의 시각에서 그 국민은 A정당 이슈현안에 지지하는 생각을 가지고 있다는 것이 정확한 해석이다. 향후 예정된 선거일 투표장에서 A정당 후보자를 찍는 행동을 할 것인지는 실제 다를 수 있다. 미래 행동의 '추측'이냐 '예측'이냐는 다른 데이터들과 결합여부에 달려있다.

불확실성 감소

일간 주간 월간으로 경쟁 후보자와 비교가 가능한 객관적인 숫자로 보여지는 행동 데이터를 수집하여 분석하는 데이터 선거는 불확실성을 감소시키는 역할을 한다. 비대면 선거는 국민들과의 대면기회가 많지 않기에 후보자 지지여부 선거분위기를 감지하기가 더더욱 어렵다. 실제 선거캠프에서도 후보자를 비롯한 각 파트의 책임자들이 가장 우려하는 것이 불확실성이다. 여론조사를 제외하고는 객관적으로 각 후보자들의 비교가 가능한 것은 객관적 숫자의 데이터 뿐이다.

미래 행동지표

경험과 직관에 의존하는 판단으로 선거를 하던 시대는 이미 지나갔다. 데이터 선거는 데이터의 범위를 어느 정도 수준까지 준비할 것인가의 문제이지 이제는 당연히 준비해야 할 필수적인 과정이다. 통계와 확률로 구성된 데이터 과학의 전문지식은 수많은 국민들의 단편적인 행동 데이터를 모아 현재의 생각을 예측하고 불확실성을 감소시킨다. 나아가 미래에도 이러한 행동을 할 것이라는 하나의 예측가능성을 높여주는 지표로서 기능한다. 데이터 과학은 기계적이고 차가운 숫자들 속에서 개개인의 은밀한 속마음을 조금씩 밝혀가면서 미래 행동을 예측하고 있다.

효율적 과학의 한계

데이터 과학은 비대면 언택트 선거에서 상당한 역할을 하고 있는 효율적 과학이지만 항상 한계를 가지고 있다는 것을 인식하여야 한다. 데이터는 왜곡과 조작에 매우 취약하다. 특히 데이터 수집단계에서 반복적인 악성스팸을 효율적으로 걸러내는 시스템이 되어있지 않으면 당연히 왜곡된 결과를 만들어내게 된다. 또한 같은 데이터라도 이를 어떻게 분석하고 해석하느냐에 따라 전혀 다른 결과가 나오는 판단의 한계도 있다. 통계와 확률의 기술적 발달로 과학의 경지에까지 이르렀지만 모든 데이터는 오류가 있을 수 있다. 불완전성과 불확실성을 내포하고 있는 것이다. 이러한 근본적인 한계를 잘 인식하여 발생할 수 있는 오류의 가능성을 점차 줄여가는 것이 데이터 선거의 기본적인 자세가 되어야 한다. 또한 캠프내에서 각 파트를 기획하는 책임자들이 데이터를 기반으로 하기 때문에 태생적으로 생기는 오류와 실패에 대해서도 너그럽게 인정하고 상호협력 존중하여야 한다.

[나만의 창의적 융합]

〈창의적 통찰력〉〈온오프 일체화〉〈콘텐츠 경쟁력〉각 항목을 응용하여 생각 예측이 남다르게 하는 나만의 실행방안은?

4장 예측과 정확성이 다른 데이터 과학화 전략

098

솔루션

'스키조프레니아'형인 도망치는 사람이 더 용기가 있고 강인하다.
도망치는 것은 용기가 있기 때문에 도망칠 수 있는 것이다.
위험을 인식하는 능력과 결단을 내릴 수 있는 용기가 중요하다.
'철학은 어떻게 삶의 무기가 되는가'의 삶의 지혜이다.

급변하는 디지털 시대에는 정주형의 '파라노이아'형보다, 도망치는 형의 '스키조프레니아Schizophrenia'형이 더 요구된다. 재빨리 도망칠 줄 아는 사람이 승리한다. '스키조프레니아'형은 사태변화를 인식하는 센스와 우연에 대한 직감이 그의 무기이다. 불리한 것을 재빨리 벗어날 줄 아는 사람이 결국에는 승리한다.

결단하는 용기

비대면 선거에서 데이터로 객관적 판단을 하였을 때 향후 해결이 어려운 부분은 과감히 잊어버리면서 다른 곳에 집중하는 용기가 필요하다. 우선 데이터 기반 선거에서 관리가 어려운 데이터는 포기하고 쉽게 구할 수 있는 데이터 위주로만 수집분석 활용하도록 한다. 후보자가 중점을 두고 주제와 키워드를 선정하여 포스팅을 지속하고 있지만 데이터로 판단할 때 국민들은 관심이 별로 없는 것으로 반응이 나타나면 주제와 키워드를 바꾸어야 한다. 뉴미디어에서는 특히 유튜브는 알고리즘의 특성상 많은 시간을 필요로 한다. 사전준비가 부족한 경우에는 실시간 라이브 위주로만 메시지를 담아 전달하는 것에 중점을 두어 운영하고, 편집하여 포스팅하는 콘텐츠는 시간과 인력이 많이 필요하기에 후순위로 미루어 둔다. 운영기간이 짧은 유튜브는 구독자와 평균적인 조회수가 많지 않기에 단기간에 성과를 내기가 어려우므로 초기에는 예전보다 상승곡선을 그려간다는 목표로만 운영하는 것이 좋다.

4장 예측과 정확성이 다른 데이터 과학화 전략

해결 방안

데이터 기반 선거에서 데이터가 알려주는 단점보완을 어떻게 할 것인가에 대해서는 전략적인 사고와 접근의 해결방안이 필요하다. '034 비교우위'에서 언급한 바와 같이, 단점보완보다는 장점강화에 우선을 두는 것이 좋다. 즉 시급하게 단점을 보완하여야 하는 경우를 제외하고는, 자신만의 장점을 강화하여 국민들에게 후보자가 잘하는 부분을 각인시키도록 한다. 잘하는 부분을 특별하게 더 잘하도록 하여 장점으로 단점을 커버하는 솔루션을 사용하는 것이 바람직하다.

커뮤니티 사이트

지난 4.7 서울시장 보궐선거에서 언론기사로 보도된 민주당의 선거 막바지 커뮤니티 사이트를 활용한 솔루션 전략이 눈길을 끈다. "...'이모티콘 민주 퀴즈' 포스터를 만들어 올리며 '#투표 안 할 것 같은 친구 소환'에 해시태그를 달아 투표를 독려했다...박영선 후보는 진보성향 누리꾼이 많은 온라인 커뮤니티 보배드림 사이트에 투표와 지지를 호소하는 글을 올렸다...캠프 공동선거대책위원장을 맡은 우상호 의원은 클리앙에 투표를 호소하는 내용의 박 후보가 직접 쓴 손편지를 올렸다..." 국민이 있으면 어디든지 가겠다는 적극적인 자세로 커뮤니티 사이트에 가입하여 생각을 공유하는 국민들과 평소에 활동을 하는 것이 필요하다.

먼저 문제점찾기

데이터 기반 선거를 위한 과정에서는 데이터를 수집하고 분석하면서 그 안에서 먼저 문제점이 무엇인지를 찾아야 한다. 문제점이 무엇인지가 명확하게 인식되어야 후보자를 비롯한 주요 책임자들이 그 문제점을 해결하는 방안을 고민할 수 있는 것이다. 문제점이 없으면 솔루션도 필요없다. 후보자의 문제점이 인지도가 부족하다든지, 기본조직이 든든하지 못하다든지, 콘텐츠 핵심이 없다든지, 여론조사 결과수치가 낮다든지 하는 등이면 이것을 해결하기 위해 사용되는 것이 바로 솔루션이다. 솔루션은 말그대로 '해결방안'을 의미하며, 이미 발견된 문제를 해결하는 방안이다. 후보자의 문제점을 해결할 수 있으면 그것이 소프트웨어이든 하드웨어이든 서비스이든 전문인력이든 솔루션이 되는 것이다. ICT 기술의 발전을 응용한 솔루션을 찾을 수 있으면 좀 더 효율적인 해결방안이 될 것이다.

[나만의 창의적 융합]

〈창의적 통찰력〉〈온오프 일체화〉〈콘텐츠 경쟁력〉각 항목을 응용하여 솔루션이 남다르게 하는 나만의 실행방안은?

099

전략적 결정

뜨거운 태양 아래에서도 식물은 화상을 입지 않는다.
빛의 세기를 감지하고 세포핵과 신호를 주고 받는다.
세포핵에서 과산화수소 양을 감지해서 최적의 전략을 세운다.
초롱초롱 푸르른 잎의 비결은 이 양을 조절하는 능력 때문이다.

식물도 강한 빛 아래에서는 잎이 손상될 수 있기 때문에 스스로 환경에 적응해 나가는 최적의 생존 전략을 세워서 행동한다. 햇볕이 뜨겁게 내리쬐지만 식물의 잎은 화상을 입지 않는다. 인간노화의 원인으로 알려진 활성산소 '과산화수소(H_2O_2)'가 비결이라는 연구 결과가 있다.

생존자 편향오류 Survivorship Bias

데이터 선거에서는 같은 사실이지만 데이터를 분석하고 판단하는 능력이 중요하다. 보이는 것만으로 판단해서는 안되며, 보이지 않는 데이터로 판단할 줄 알아야 한다. 미국은 2차 세계대전 중 전투기 성능 보강을 위해 생존하여 돌아온 비행기에 남아있는 총알 자국을 연구하여 데이터를 수집하였다. 총알 자국이 날개와 꼬리 부분에 주로 발견되었기에 이 부분을 중심으로 보강하고 피해를 줄이고자 하였다. 그러나 이것은 '생존자'들이 만들어내는 데이터였다. 보이지 않는 데이터로 판단한 현명한 연구원의 결론은, 각 부분은 총알을 맞을 확률이 비슷한데 조종석과 엔진 부분에 총알 자국 데이터가 없다는 것은 이 부분의 손상이 치명타가 되어 돌아오지 못했다는 증거라는 것이었다. 총알을 맞지 않은 부분을 더 보강하여야 생존확률을 높일 수 있었던 것이다. 수집할 수 있는 데이터의 한계를 생각하여야 한다. 보여지는 데이터만을 분석하여 엉뚱한 판단을 하는 오류를 범하지 말아야 한다.

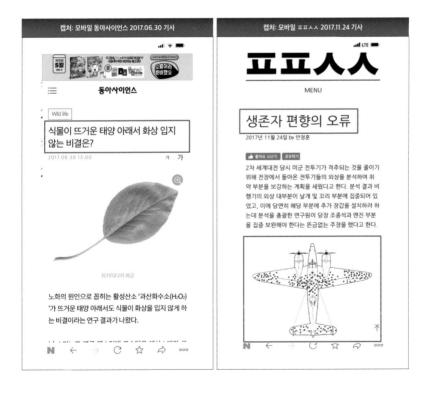

합리적 결정

데이터에 근거한 결정은 '그 시점'의 최상의 합리적 결정이다. 개인적 경험에 의존할 때 생기는 불필요한 논쟁과 갈등 소지를 줄여서 캠프내의 팀워크를 잘 만들어 갈 수 있다. 미래는 아무도 예측할 수 없기에 후보자가 할 수 있는 것은, 그 시점에서 그 당시에서, 판단할 수 있는 최적의 자료로 최상의 결정을 하는 것이다. 분석된 데이터를 기반으로 가능한 인사이트를 활용하여 합리적인 결정을 내리도록 한다. 설령 결과가 좋지 않더라도 그 누구의 책임도 잘못도 아니다.

서울시 온라인 모니터링

서울시의 온라인 시정 모니터링 및 빅데이터 분석 운영사례는 정당이나 다른 공공기관에서 참고할 만한 몇가지 주요한 포인트가 있다. 국민들과 서울시정 관심사에 대한 여론 흐름과 시민 반응, 소셜미디어 연관키워드와 영향력 분석 등 디지털 동향을 온라인 모니터링 분석 툴을 도입하여 실시간 이슈 추이 및 트렌드 분석과 키워드 검색 등을 하였다. 포털뉴스 블로그 카페 커뮤니티 페이스북 트위터 인스타그램 등에서 실시간 자료 수집을 하고, 포털 메인 뉴스의 댓글 수집과 분석을 하여 날짜별 매체별 키워드별로 감성어와 연관어 분석과 교차 비교분석을 하였다. 시정관련 긴급 위기상황 발생시 이슈에 대한 여론 추이 변화를 분석하여 수시보고함으로써 위기관리 기능도 갖추었다.

실패의 교훈

중요한 선거운동 캠페인 계획과 전략적 결정을 할 경우 각 파트 책임들과 함께 객관적인 데이터를 기반으로 결정하여야 한다. 성공의 사례에서도 배우고 실패의 사례에서도 배워야 한다. 성공의 독특한 성공 패턴이 있듯이 실패로 이끄는 공통된 문제점이 있다. 비판적 사고의 폭을 좁히고 잘못된 결정을 내릴 위험이 있는 생존자 편향오류에 빠지지 않으려면 실패의 교훈을 더 크고 중요하게 보아야 한다. 모든 상황이 똑같지 않은 비대면 선거에서 다른 성공의 사례가 쉽게 보여질 수 있지만, 비대면 언택트의 세계는 많은 시간과 노력의 사전준비가 필요하기에 한 번 그 경지에 오른 경쟁 후보자를 따라잡는 것이 보여지는 것보다 훨씬 더 어렵다. 성공의 교훈이든 실패의 교훈이든 목표는 성공을 위한 것이다. 성공으로 나아가는 과정에서 만나는 전략적 결정의 순간에 그것이 데이터 기반이 되도록 하는 것이 중요한 포인트이다.

[나만의 창의적 융합]

〈창의적 통찰력〉〈온오프 일체화〉〈콘텐츠 경쟁력〉 각 항목을 응용하여 전략적 결정이 남다르게 하는 나만의 실행방안은?

100　　　　　　정확성

가장 두려운 것은 보이지 않지만 멀리서 정확히 맞추는 적이다.
안전한 곳이 없다는 공포심을 심어주는 심리전의 핵심이다.
매우 동작이 빠른 도요새^{Snipe}를 사냥할 정도로 총을 잘 쏜다.
'스나이퍼^{Sniper}'는 통상 500m에서 표적을 단발에 명중시킨다.
아프간에서 2,475m 저격에 성공한 것이 가장 먼거리 기록이다.

스코틀랜드의 양치기가 휴대용 사냥용 옷으로 개발한 위장용 길리 슈트 Ghillie Suit를 입고 자신의 몸을 은신시킨다. 전혀 예기치 못한 발견하기 힘든 곳에 숨어있다가 필살의 총탄을 날려 정확하게 저격하는 고도로 훈련된 사격의 달인들이다. 적에게 공포를 심어주고 행동을 제약하게 하는 고도의 심리전도 수행한다. 많은 소설 영화 게임 등에서 소재로 다루어졌다.

심리전 무기

삶과 죽음의 경계를 넘나드는 전쟁터에서 전투흐름을 한순간에 가르는 결정적인 한 방을 날리는 보이지 않는 스나이퍼의 존재는 적에게는 심리적으로 공포 그 자체이다. 21대 총선은 2020.04.15에 있었지만 선거일 이틀 전인 2020.04.13에 일부 언론에 〈"선거는 과학" 양정철이 도입한 빅데이터, 민주당 효과 봤다〉는 제목의 빅데이터에 관한 보도가 있었다. 1천표가 당락을 좌우하는 수도권의 치열한 싸움에서, '빅데이터=스나이퍼'를 운영한 민주당의, 부동층과 중도층을 겨냥한 심리전 싸움을 승리로 이끄는 결정적인 필살의 한 발 이었다. 빅데이터는 심리전 무기로 핵심적인 역할을 하는 스나이퍼와 같은 존재이다. 모든 전투를 스나이퍼가 다 수행할 수 없듯이, 모든 선거를 빅데이터가 다 치를 수는 없다. 결정적 순간에 승리와 패배의 흐름을 바꿀 뿐이다.

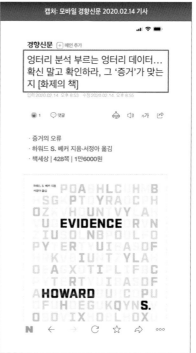

현실적 제약

비대면 선거 현실에서는 선거운동에 참고하고 활용할 수 있는 데이터 자체가 아직은 상당히 부족한 편이다. 필요성에 대한 인식도 부족하고 전문 인력도 부족하고 전문 시스템도 부족하다. 일부 온라인 모니터링 시스템을 갖춘 중견 빅데이터 회사들이 있지만, 후보자가 서비스를 이용하기에는 비용이 만만치 않아서 아직 대중적이지 못하다. 후보자 개인이, '078 인프라'에서 언급한, 직접 선거에 적용 가능한 수준의 데이터를 수집 분석 활용하는 것이 현재는 최선의 선택이다.

정치적 현실

한국정치의 외적인 변동가능성이 큰 것도 데이터 기반 선거를 늦추는 하나의 요인이었다. 선거에 출마하는 후보자는 정당의 공천과 관련된 외적인 변수를 대처하는 것에 훨씬 더 신경을 쓴다. 비대면 선거를 잘 치를 수 있는 데이터 기반 선거 준비가 잘 되어 있다고 해서, 현실적으로 국민이 알아주고 정당의 지도부가 알아주고 공천에 유리하게 작용하는 경우가 이제까지 거의 없었다. 그러나 이제는 정치의 주체인 국민들의 데이터 선거에 관한 인식이 상당히 많이 변하였다. 미래는 준비하는 후보자의 것이다.

당선 가능성

국민들의 일상은, 모바일을 보는 그 순간부터 데이터로 시작되고 데이터로 하루가 지나가는, 모든 것이 데이터와 관련된 삶을 살고 있다. 개개인의 모바일 검색과 클릭 행동 데이터는 기업에서 수집되고 분석되고 활용되어 추천 알고리즘 등의 형태로 개개인에게 다시 나타나고 있다. 그러나 비대면 정치와 선거는 아직 국민들의 삶의 수준을 따라가지 못하고 있다. 정치와 선거에 관련된 행동 데이터들이, 다른 마케팅분야의 데이터 활용처럼, 대중화된 수준으로 친숙하게 활용되어야 하는 것이 향후 데이터 과학화 선거가 나아가야 할 길이다. 데이터는 국민들의 니즈를 세대별 성별 지역별로 세분화하고 정밀하게 분류하여 정확하게 알려준다. 이를 바탕으로 기획한 정책과 공약은 국민들에게 어필되고, 자신과 관심사를 함께하는 후보자에게 국민들은 남다른 지지를 보낸다. 이러한 것들이 하나의 커다란 흐름으로 만들어져서 인지도를 높이고, 여론조사 결과수치를 높이고, 당선 가능성을 높인다. 데이터 과학화가 만들어내는 비대면 선거의 흐름이다.

[나만의 창의적 융합]

〈창의적 통찰력〉〈온오프 일체화〉〈콘텐츠 경쟁력〉 각 항목을 응용하여 정확성이 남다르게 하는 나만의 실행방안은?

4장 예측과 정확성이 다른 데이터 과학화 전략

비대면 선거의 제왕

글 윤재우 | **발행인** 김윤태 | **교정** 김창현 | **발행처** 도서출판 선 | **북디자인** 화이트노트
등록번호 제15-201 | **등록일자** 1995년 3월 27일 | **초판 1쇄 발행** 2021년 10월 20일
주소 서울시 종로구 삼일대로 30길 23 비즈웰 427호 | **전화** 02-762-3335 | **전송** 02-762-3371

값 23,000원
ISBN 978-89-6312-608-1 03340